ES V

75 JAHRE 1924 – 1999
ERICH SCHMIDT VERLAG

GRUNDLAGEN DER GERMANISTIK

Herausgegeben von Werner Besch und Hartmut Steinecke

17

Einführung in die deutsche Wortbildungslehre

von

Johannes Erben

4., aktualisierte und ergänzte Auflage

ERICH SCHMIDT VERLAG

Die Deutsche Bibliothek – CIP-Einheitsaufnahme

Erben, Johannes:
Einführung in die deutsche Wortbildungslehre / von Johannes Erben.
4., aktualisierte und ergänzte Aufl. – Berlin : Erich Schmidt, 2000
(Grundlagen der Germanistik ; 17)
ISBN 3-503-04954-1

NE: GT

GERDA SCHOTT-ERBEN
(1936–1998)
gewidmet

1. Auflage 1975
2. Auflage 1983
3. Auflage 1993
4. Auflage 2000

ISBN 3 503 04954 1

Dieses Papier erfüllt die Frankfurter Forderungen der Deutschen Bibliothek
und der Gesellschaft für das Buch bezüglich der Alterungsbeständigkeit
und entspricht sowohl den strengen Bestimmungen der US Norm Ansi/Niso
Z 39.48-1992 als auch der ISO-Norm 9706

Satz: Neufeld Media, Neuburg/Donau
Druck: Danuvia Druckhaus Neuburg, Neuburg/Donau

Inhaltsverzeichnis

Inhaltsverzeichnis

Vorwort zur 1. Auflage

Vorliegender Band will in ein wichtiges Teilgebiet der Grammatik einführen, dessen besondere, ja zentrale Stellung zwischen Syntax und Lexikon zeitweilig übersehen, im letzten Jahrzehnt aber unter neuen Gesichtspunkten einsichtig gemacht worden ist. Anders als die mehrbändige Darstellung unserer Innsbrucker Forschungsstelle des Mannheimer Instituts für deutsche Sprache kann diese Einführung nicht die Gesamtfülle aller Probleme und Details ausbreiten. Vielmehr soll der Wissensuchende hier durch eine möglichst schlichte Darstellung Zugang zu den Grundfragen und wissenschaftlichen Verfahrensweisen bekommen; er soll aber auch über einzelne theoretischmethodische Einsichten hinausgeführt und vertraut gemacht werden mit den Grundzügen des Fach- und Sachgebiets selbst sowie mit aufschlußreichen Teilbefunden, deren empirische Grundlage („Materialbasis") hier verständlicherweise nicht vollständig vorgeführt werden kann. Es scheint besonders wichtig, zur funktionalen Betrachtungsweise hinzulenken, welche die funktionalen Zusammenhänge zwischen verschiedenartigen sprachlichen Ausdrucksalternativen wahrzunehmen vermag und konkurrierende Wortbildungsmittel von einem Bezugspunkt der Leistung her überschaubar macht. Wesentlich scheint weiterhin, daß die ‚Deutsche Wortbildung in s y n c h r o - n i s c h e r und diachronischer Sicht' dargestellt wird, wie der Verfasser das schon auf der Bonner Tagung der deutschen Hochschulgermanisten (1963) in seinem gleichnamigen Vortrag (Wirk. Wort 14, 83 ff.) nachzuweisen suchte. War dies damals gegenüber der ausschließlich historischen Behandlung der Wortbildung geltend zu machen, so heute gegenüber der Einseitigkeit nur synchronischer „Syntaktisierungs"-Versuche. Freilich muß für eine Einführung der Grundsatz gelten: „multum, non multa". Wer mehr Beispiele sucht, sei auf die Wörterbücher, vor allem das „Wörterbuch der deutschen Gegenwartssprache", Maters „Rückläufiges Wörterbuch der deutschen Gegenwartssprache" und das große historische Wörterbuch der Brüder Grimm verwiesen. Wer sich weiter und genauer informieren will — auch über seltener genutzte Formen und Baumuster der Wortbildung —, sei auf die vorliegenden Handbücher, vor allem auf die mehrbändige Darstellung unserer Innsbrucker Forschungsstelle des Mannheimer Instituts für deutsche Sprache hingewiesen, zu deren Studium die Einführung anreizen und befähigen will. Möge es dem Büchlein gelingen, im Hinblick auf einen reizvollen, Teilnahme verdienenden Erfahrungsgegenstand das Wissenwollen zu wecken und dem Suchenden die Richtung zum wissenschaftlich-methodischen Finden zu weisen, ohne die eigenen oder „konformistisch-trendgemäßen" Auffassungen dogmatisch aufzudrängen. Freilich: ‚Nichts ist schwerer zu schreiben als ein Lehrbuch. Lehren heißt: vom innern Reichtum abgeben; man muß am Ende stehen, wenn man andern den Anfang zeigen will' (Kurt Tucholsky).

Es bleibt die angenehme Pflicht zu danken, vor allem Hugo Moser, der als Präsident des Instituts für deutsche Sprache in Mannheim die Arbeiten der Innsbrucker Forschungsstelle durch freundliche Förderung hat zustande kommen lassen, und der auch diese Einführung angeregt hat, ferner meinen Innsbrucker Mitarbeitern, ohne deren z. T. schon vorliegende Bestandsaufnahme der deutschen Wortbildung von heute eine einigermaßen zureichende Einführung nicht hätte geschrieben werden können, wenn dieser auch die anwachsenden Materialien einer mehrfach gehaltenen Vorlesung über Probleme deutscher Wortbildung zugute gekommen sind. Ich danke besonders Frau Dr. Ingeburg Kühnhold und Herrn Dr. Hans Wellmann für einzelne Verbesserungsvorschläge, den Herren cand. phil. Heinrich Hahn und Oskar Putzer für das Nachprüfen der Zitate und die Druckkorrektur sowie Frau Dagmar Putzer für die umsichtige Herstellung der schwierigen Druckvorlage.

Innsbruck, im August 1974   J. E.

Vorwort zur 4., aktualisierten und ergänzten Auflage

Die Neuauflage gibt — im Rahmen einer gewissen Umfangsbegrenzung — Gelegenheit zu Besserungen und Ergänzungen. Wie an Publikationen und Diskussionen deutlich geworden ist, hat die Wortbildung zunehmend Beachtung gefunden — in der Forschung wie im Unterricht an Schulen, Hochschulen und Kursen für Deutsch als Fremdsprache. Möge sich diese Einführung weiterhin als nützlich erweisen und mithelfen, die geistig-sprachliche Kreativität, die sich in Wortbildungsprozessen manifestiert, erkennbar zu machen. Für Mithilfe bei der Neubearbeitung danke ich Herrn Dr. Erwin Schlimgen, der mir beim Sichten einschlägiger Fachliteratur und beim Herstellen der Druckvorlage tatkräftig zur Seite stand. Ich widme diesen Band meiner allzu früh verstorbenen Frau, Dr. Gerda Schott-Erben (1936–1998), mit der mich auch das gemeinsame Interesse an der Wortbildung verbunden hat.

Bonn, im Sommer 1999   J. E.

I. Bemerkungen zur Forschungsgeschichte

1 Wissen um Vorgänger erhöht die Bescheidenheit. Wer Bescheid weiß, ist bescheiden und sieht sich nicht mit einer Handvoll alter Ideen am Beginn aller Entwicklung. Darum erscheint es gerade in einer Einführung, wo es auch um die Gewinnung einer angemessenen geistigen Haltung geht, nicht unnütz, eine Skizze früherer Bemühungen um die deutsche Wortbildung voranzustellen, zumal alte, vielleicht nur beiläufig geäußerte Gedanken im Zusammenhang mit einer neuen Forschungslage besondere Bedeutung bekommen können, und daher das Studium älterer Werke nicht nur antiquarisches Interesse verdient.

2 Schon die ältesten Grammatiken des Neuhochdeutschen (Albertus 1573; Ölinger 1573; Clajus 1578) unterscheiden zwischen „einfachen" und „zusammengesetzten" Wörtern (*simplicia — composita*) sowie zwischen „ursprünglichen" und „abgeleiteten" Wörtern (*primitiva — derivativa*); auch vermerken sie — mehr oder minder vollständig — bei den einzelnen Wortklassen die auffälligen wortbildenden Endsilben (*terminationes derivandi*).[1] Eine „Wortbildungslehre" als selbständiges Teilgebiet der Grammatik kennen sie freilich noch ebensowenig wie die Tradition der lateinischen Schulgrammatik[2], an die sie beim Versuch einer grammatischen Erfassung der Muttersprache anschließen.

3 Im 17./18. Jh. gewinnen die gelegentlichen Bemerkungen der Grammatiker an Umfang und Folgerichtigkeit; sie machen nun — etwa in den großen normativen und normfestigenden Lehrgebäuden von Schottelius (1663) und Adelung (1782) — beinahe Hauptstücke der Darstellung aus[3], wobei nicht zu

---

[1] Vgl. die Ausgaben der drei Grammatiken. Vgl. hierzu auch Jellinek, Geschichte 1, 67 und 139 sowie 2, 127 ff. und 163.
[2] Vgl. Ising, Herausbildung 17. Auch den Griechen ist — anders als den Indern — ‚die Kunst, eine Wortform genetisch zu analysieren, niemals aufgegangen (weshalb ihre Vorstellung von der Bildung der Worte stets verworren ... geblieben ist)' Schulze, Sprachwissenschaft 144.
[3] Vgl. Jellinek, Geschichte 1, 139 sowie 2, 128 ff. und 163 ff; ferner Takada, Grammatik 137 ff.

übersehen ist, daß beide Grammatiker auch um die zureichende Erfassung des deutschen Wortschatzes bemüht waren. Schottel ließ daher seinen Abschnitten ‚von der Ableitung (*de derivatione*)‘ und ‚von der Doppelung (*compositione*)‘ am Ende seines Buches ein alphabetisches Verzeichnis von ca. 5000 ‚Stammwörtern (*radices*)‘ der deutschen Sprache mit lateinischer Erklärung folgen — ein erster Versuch, den deutschen Wortschatz von den Grundelementen und Aufbauregeln her zu beschreiben.[4] Hingegen hat Adelung sogar als Lexikograph begonnen und zunächst den ‚Versuch eines vollständigen grammatisch-kritischen Wörterbuches der Hochdeutschen Mundart‘ (1774—1786) gemacht, ehe er sich — auf Grund reicher Erfahrung — der Grammatik zuwandte und damit den Fragen der ‚Bildung der Wörter‘ (1. Teil, 2. Kap.).

4 Die feste Zusammensetzung *Wortbildung* scheint Adelung noch nicht geläufig zu sein, obwohl sie sich bereits in einer zeitgenössischen Anzeige von 1794 findet, wo über eine arabische Grammatik rezensierend gesagt wird: ‚Im zweyten Abschnitt wird gehandelt von der Wortbildung‘ (Allg. dt. Bibliothek 116, 582); auch Campe bucht in seinem ‚Wörterbuch der dt. Sprache‘ 5 (1811) 776 bereits einen Beleg dafür. Vgl. im übrigen Grimm, Wörterbuch 14 II Sp. 1550.

5 Von Adelung wird ansatzweise schon zwischen „produktiven“ und „nicht produktiven“ Suffixen unterschieden[5], und er weist bei ‚der Composition oder Zusammensetzung der Wörter‘ (1. Teil, 3. Abschnitt) nicht nur die später geläufigen Bezeichnungen ‚Grund-‘ und ‚Bestimmungswort‘ auf (§555), sondern bedient sich zur Erklärung auch schon des Verfahrens der syntaktischen Umschreibung: *Apfelbaum* → Baum, der Äpfel trägt.[6]

Die frühe Beliebtheit dieser Methode bestätigt uns Tobler, Wortzusammensetzung 52 f.: ‚So geschieht denn auch die erklärung oder definition eines zusammengesetzten wortes wo möglich am liebsten und natürlichsten durch wiederauflösung desselben in seine bestandtheile, was freilich oft nur durch aufnahme der letztern in den zusammenhang einer künstlichen umschreibung stattfinden kann.‘

6 Im 19./20. Jahrhundert wird die Wortbildungslehre Teil der großen historischen Grammatiken, wobei zum bestimmend werdenden g e n e t i s c h e n Aspekt, der besonders für die Wortbildung aufschlußreich wird, der s p r a c h - v e r g l e i c h e n d e kommt — mit Einbeziehung germanischer, ja indogermani-

---

[4] Vgl. Faust, Schottelius’ concept; Gützlaff, ‚Stammwort‘ und zur Geschichte der Stammwortlexikographie und der Wortfamilienwörterbücher Holly, Wörterbuch 197 ff. sowie Augst, Wortfamilienwörterbuch 1149.
[5] Vgl. Jellinek, Geschichte 1, 348.
[6] Vgl. Jellinek, Geschichte 2, 176.

scher Parallelen, dazu mancher Begriffe der nun bekannt werdenden altindi-
schen Grammatik[7] —, während andererseits im Wissenschaftsbereich der
entstehenden Germanistik die normative ebenso wie die philosophisch-logi-
zistische Grammatik der Aufklärungszeit zurückgedrängt wird. Die Norm
schien ja durch Adelungs Werke kodifiziert und die zeitgemäße Aufgabe nunmehr zu sein: Beobachtung dessen, was ist und sich entwickelt hat, also Herausfinden der Bildungsgesetze, die in den Verzweigungen des germanischen
Sprachstamms wirksam geworden sind. So wird nicht zufällig der Wortbildungslehre besonderer Raum gegeben. J. Grimm widmet Band 2 und 3 (zuerst
1826 und 1831) seiner ,Deutschen Grammatik‘, die beinahe eine vergleichende Grammatik der germanischen Sprachen ist, der Wortbildung. Bei W. Wilmanns ist der zweite Band seiner ,Deutschen Grammatik‘ ebenfalls die um-
fangreichste Abteilung seiner vierbändigen Darstellung (zuerst 1896).
Aufgezeigt werden die verschiedenen Wortbildungsweisen und damit ,die
Bahnen …, in denen sich die Bildung des Wortschatzes vollzieht‘ (Einleitung), jeweils vom Gotischen bis zum Neuhochdeutschen. Für die Anordnung sind hier die Wortklassen bestimmend: Verb, Substantiv, Adjektiv, aber
auch Pronomina, Numeralia, Adverbia und Interjektionen werden behandelt.

7 Während hier der Nachdruck auf die älteren Stufen des Deutschen gelegt
ist, rückt H. Paul den Akzent auf das Neuhochdeutsche (besonders die
Literatursprache des 18./19. Jhs.); doch hat seine Wortbildungslehre, die den
fünften und letzten Band seiner ,Deutschen Grammatik‘ darstellt (1920) infolge der gesundheitlichen Behinderung des Verfassers nur 142 Seiten, obwohl H. Paul außer seinem bis heute wichtigen ,Deutschen Wörterbuch‘
(zuerst 1897) auch eine beachtliche Sonderstudie ,Über die Aufgaben der
Wortbildung‘ (1896)[8] vorgelegt hat, wo er ,die Notwendigkeit nachweist, die
Bedeutungslehre und auch Teile der Syntax bei der Wortbildungslehre
zu berücksichtigen‘.[9] Man müsse die Wortbildung nicht nur von der Form-
seite aus, sondern — wie bei der Flexion — auch von der Funktion her untersuchen und anordnen, also ,bei jeder einzelnen‘ Funktion prüfen, ,welche
lautlichen Ausdrucksformen dafür neben einander zur Verfügung stehen
und nach einander aufkommen oder untergehen‘.[10] Hier findet sich also

---

[7] z.B. „Dvandva“ (altind. *dvandva* Paar) für die Zusammensetzung paarig verbunde-
ner bzw. gleichgeordneter Glieder (z.B. *drei-zehn* = 3 + 10). Vgl. im übrigen Arens,
Sprachwissenschaft 167 f. und Krahe, Einleitung 93 f.
[8] als Münchener Akademievortrag, s. Schriftenverzeichnis.
[9] V. Michels, Deutsch 503.
[10] Paul, Aufgaben 694.

schon der synchronische[11] und diachronische Aspekt der Wortbildung, ein Ansatz auch zum (später eindeutiger bestimmten und benannten) Begriff des „Wort-" oder „Funktionsstandes", welcher Bildungen verschiedener Form, aber gleicher Funktionsrichtung (Wortbildungsbedeutung) umfaßt, und die Einsicht, ‚daß die Konkurrenz gleichbedeutender Ausdrucksformen ein wesentlicher Faktor in der geschichtlichen Entwicklung ist'.[12] Interessant sind daher weniger die ‚isolierten Wörter', ‚die sich nur noch historisch in das Wortbildungssystem (!) einreihen lassen'[13], als ‚G r u p p e n' verwandter Bildungen. ‚Bei der Gruppierung müssen die gesamten möglichen morphologischen und funktionellen Gesichtspunkte berücksichtigt werden. Ohne solche allseitige Berücksichtigung läßt sich nicht ausmachen, w e l c h e B i l d u n g s w e i s e n in einer bestimmten Epoche noch l e b e n d i g sind, so daß sie zur Neuschöpfung von Wörtern verwendet werden können, und innerhalb welcher G r e n z e n'[14], d. h. zu klären wäre eben auch, ‚in welchen Fällen ein jedes Wortbildungsmittel z u l ä s s i g ist'; denn im Gegensatz zum Wörterbuch, das alle tatsächlich gebildeten Wörter eines bestimmten Üblichkeitsgrades darbietet, ‚lehrt die einzelsprachliche Grammatik das Zulässige, mithin das, was in jedem Augenblicke thatsächlich werden kann'.[15]

8 Um 1900 sind also der deutschen Wortbildungslehre bereits sehr wichtige Aufgaben gestellt, die freilich im Rahmen einer historischen Grammatik nicht zu erfüllen waren. Auch in einbändige Grammatiken der deutschen Gegenwartssprache, wie sie — den Wünschen nach einer Beschreibung des heutigen Deutsch entsprechend — seit den 50er Jahren vorgelegt worden sind, hat die Wortbildung nur skizzenhaft einbezogen werden können, wenngleich man bemüht war, die wichtigsten Möglichkeiten der Bestandsvermehrung in den drei „o f f e n e n" Wortklassen (Substantiv, Adjektiv-Adverb und Verb) mitsamt ihren semantischen und syntaktischen Bedingungen zu vermerken.[16]

---

[11] Pauls ‚Beschreibung der nhd. Wortbildung' zeigt auch eine ‚in vieler Hinsicht adäquate Erfassung synchroner Gegebenheiten' Reis, Paul 191.
[12] Paul, Aufgaben 694.
[13] Paul, Aufgaben 699.
[14] Paul, Aufgaben 700.
[15] von der Gabelentz, Sprachwissenschaft 122. Vgl. Grimm, Grammatik 2, 380.
[16] Vgl. Erben, Abriß 42 ff., 60 sowie 63 ff., 124 ff., 166 ff., ferner Brinkmann, Sprache 17 ff., 116 ff., 222 ff. u. ö. (s. Sachreg.) und die Duden-Grammatik 408 ff., der P. Grebe ein besonderes Kapitel ‚Die Wortbildung' beigegeben hat, seit der 4. Auflage von H. Wellmann neubearbeitet.

9 Versuche, die deutsche Wortbildungslehre aus dem Verband der Grammatik
zu lösen und als e i g e n e Disziplin in selbständig erscheinenden Veröffentli-
chungen zu behandeln, gibt es freilich schon im 19. Jahrhundert: K. F. Becker,
Die deutsche Wortbildung oder die organische Entwickelung der deutschen
Sprache in der Ableitung[17] (1824); A. Jeitteles, Neuhochdeutsche Wortbildung
auf Grundlage der historischen Grammatik für weitere Kreise bearbeitet
(1865). — Zu Anfang unseres Jahrhunderts erschien ein originelles Büchlein
von K. Mühlefeld, Einführung in die deutsche Wortbildungslehre mit Hilfe
des Systems der Bedeutungsformen (1908), das auf 38 Seiten eine Gruppierung
der Wortbildungsarten nach logisch-syntaktischen Gesichtspunkten versucht
und das Nebeneinander verschiedener Bildungsarten im Dienste der gleichen
‚Bedeutungsform‘ (etwa ‚Subjekt der Tätigkeit‘: *Reiter, Tischler, Hornist* usw.)
stichwortartig vor Augen stellt, wobei ‚undurchsichtig‘ gewordene Bildungen
wie *Bote, Büttel* von solchen getrennt werden, wo das ‚Bedeutungsverhältnis‘
‚für das lebendige Sprachbewußtsein‘ klar ist (Vorwort und Einleitung). Interessant ist auch trotz des puristisch-normativen Standpunkts Th. Steche, Neue
Wege zum reinen Deutsch (1925) — ‚ein Hilfsmittel für die Neubildung deutscher Wörter‘, das die Bildungsmöglichkeiten zusammenstellt und versucht,
‚alle diejenigen Wörter zu einer „Bedeutungsgruppe“ zusammenzufassen, die
zu ihren Stammwörtern in gleichem Bedeutungsverhältnis stehen und deren
Stammwörter der gleichen Wortklasse angehören‘ (177).

10 Im übrigen sind vor allem drei bewährte Handbücher zu nennen: Fr.
Kluge, Abriß der deutschen Wortbildungslehre (²1925), W. Henzen, Deutsche Wortbildung (³1965) und W. Fleischer, Wortbildung der deutschen Gegenwartssprache (⁵1982). Die ersten beiden gehen vorwiegend „d i a c h r o -
n i s c h“ vor, verfolgen also die Wortbildungsweisen „durch“ die Zeiten,
wobei Henzen soweit möglich auch die sprachräumliche Verbreitung in den
deutschen Mundarten einbezieht; das dritte ist der methodisch umsichtige
und pädagogisch geschickte Versuch einer primär „s y n c h r o n i s c h e n“ Darstellung, welche die „gleichzeitig“ und im Zusammenhang desselben Sprach-

---

[17] Becker behandelt auch die „Zusammensetzung“ als Stufe der „Ableitung“ (s. Wortbildung 15 ff. und 369 ff.), die nach seiner Auffassung Ausdruck der ‚sich fortschrei-
tend verzweigenden Begriffsdifferenzen‘ (58), d.h. der ‚Individualisierung‘ der
Allgemeinbegriffe (375) ist. Über Beckers Versuch, historische und philosophisch-
logische Sprachbetrachtung in einem System zu vereinigen, vgl. Haselbach, Grammatik 222 ff., 229 ff. u. 264 sowie Fleischer, Becker 22 ff. An Becker und J. Grimm
schließt 1835 C. F. Meyer an: ‚Die Vor- und Nachsylben der hochdeutschen Sprache‘
(alphabetisch, jedoch mit ansatzweisem Vergleich funktionsähnlicher Affixe).

systems gegebenen ‚Wortbildungsmuster und Worttypen der deutschen Sprache der Gegenwart' (Vorwort) beschreiben will, und zwar für jede der ausbaufähigen Wortklassen. Freilich erlaubten es weder der Forschungsstand noch der Umfang eines knappen Hochschullehrbuchs, näher auf das gegenseitige Verhältnis der konkurrierenden Formen einzugehen und allen programmatischen Forderungen zu entsprechen, wie sie von Sprachtheoretikern der verschiedenen neuen Richtungen (Sprachinhaltsforschung, Strukturalismus, generative Transformationsgrammatik u.a.) erhoben worden sind.[18]

Dies gilt auch für die bemerkenswerte Neufassung (W. Fleischer und I. Barz 1992/1995), die nun eine ‚onomasiologisch-nominationstheoretische Orientierung' (V) aufnimmt sowie eine ‚Orientierung auf Wortbildungsmodelle' (11) anstrebt und ‚das „Wortbildungsvermögen" der Sprecher des Deutschen ... als Beschreibungsgegenstand' (11) sieht. Doch bestimmt den Hauptteil der Darstellung im wesentlichen weiterhin das ‚morphologisch-strukturelle Ordnungsprinzip' (12); und es wird deutlich, daß trotz aller ‚Diskussion um die Modellierung der Wortbildung im Rahmen der generativen Grammatikmodelle' (53) ‚der Forschungsgegenstand nicht die Voraussetzungen für eine entsprechende Gesamtdarstellung des Systems' (54) einer Einzelsprache bietet.

11 Programme entwerfen ist freilich einfacher, als sie zu verwirklichen, besonders wenn sich die empfohlenen Darstellungsweisen z.T. ausschließen.[19] Immerhin gibt es für das strukturell verwandte Englische eine ausführlichere moderne Darstellung der Wortbildung von H. Marchand ([2]1969). Dem Mangel eines ausführlicheren Handbuchs der deutschen Wortbildungslehre, das berechtigte Erwartungen hinsichtlich empirischer Grundlage (repräsentative „Materialbasis") und theoretischer Durchleuchtung der strukturellen Zusammenhänge im neueren Deutsch erfüllt, suchte die Innsbrucker Forschungsstelle des Mannheimer Instituts für deutsche Sprache abzuhelfen; vgl. meine Einführung im ersten Hauptteil des auf mehrere Bände veranschlagten Werkes: Deutsche Wortbildung, Typen und Tendenzen in der Gegenwartssprache (Erscheinungsbeginn: 1973). Inzwischen sind drei Bände und ein Registerband erschienen, in denen sich die Ableitungsmöglichkeiten deutscher Ver-

---

[18] Vgl. die im Schriftenverzeichnis genannten Arbeiten von Brekle, Dokulil, Erben, Gauger, Marchand, Motsch, Naumann, Pennanen, v. Polenz, Weisgerber sowie von Aronoff, Caroll/Tanenhaus, Coseriu, Halle, Lipka. Auch innerhalb der generativen Grammatik wird keine einheitliche Position vertreten, wie vor allem die Kontroverse zwischen „Transformationalisten" und „Lexikalisten" zeigt (s. Motsch, Plädoyer; weiteres unter IV Anm.1); selbst im Rahmen der lexikalistischen Hypothese hat sich noch keine einheitliche Lexikonkonzeption durchgesetzt (s. Grote, Lexikon 195).

[19] Vgl. den Forschungsbericht von Holly, Wortbildung 89 ff., bes. 104.

ben, Substantive und Adjektive beschrieben finden; dazu zwei Bände, die Möglichkeiten der Zusammensetzung darstellen. Erfreulicherweise gibt es zunehmende Bemühungen um weitere Einsicht in die angemessene Beantwortung von Einzelfragen wie um die Weiterentwicklung der Wortbildungstheorie, ja sogar um die Aufhellung der Wissenschaftsgeschichte, wenngleich die Gesamtgeschichte der Wortbildungsforschung seit der frühen Sanskritgrammatik von Pāṇini (wohl 4. Jh. v. Chr.) noch ungeschrieben ist.[20] Erfreulich ist auch, daß ‚unterschiedliche Beschreibungsansätze' oft ‚komplementär und nicht mehr konkurrierend diskutiert werden'[21] und daß der Traditionsbruch durch eine ‚Wiederannäherung' überwunden wird: ‚Während die ursprüngliche Position der Vertreter der Generativen Grammatik sich sehr extrem von der traditionellen Forschung abhob, gelangte man im Verlauf der inneren Entwicklung erneut zu Problemen und Lösungsansätzen, die bereits in der traditionellen Forschung behandelt worden sind.'[22] Natürlich gibt es noch immer Divergenzen, unterschiedliche Auffassungen selbst im Rahmen der Generativen Grammatik. Doch ‚sowohl im Hinblick auf Fakten als auch im Hinblick auf mögliche Alternativen zu den eigenen Prämissen' ist ein ‚Austausch über Paradigmengrenzen hinweg'[23] nützlich, und die Kenntnisnahme anderer Bemühungen um den jeweiligen Gegenstandsbereich entspricht dem Geist einer undogmatischen Wissenschaft.

Auf den Innsbrucker und Leipziger Forschungen fußend, bietet jetzt Motsch einen umfassenden ‚Überblick über die semantischen Grundlagen deutscher Wortbildungen'[24], wobei er – einen ‚strikt lexikalistischen Ansatz' (s. Anm. 18) wählend – ‚auf eine Diskussion unterschiedlicher Beschreibungsansätze verzichtet'[25] und für sein ‚Hauptanliegen, die Beschreibung der Muster'[26], vor allem ‚Mittel der logischen Semantik'[27] verwendet.

---

[20] Vgl. einstweilen Brekle/Kastovsky, Wortbildungsforschung 7 ff.; ebda 32 ff. eine Skizze über ‚Die Stellung der Wortbildung in F. Schmitthenners (1796—1850) Grammatiksystem'. Verwiesen sei auch auf Seppänens Studie ‚Zur Beziehung zwischen Satz (Wortgruppe) und Kompositum bei Grimm, Paul und Brugmann'.
[21] Holly, Wortbildung 104.
[22] Motsch, Wortbildungsforschung 119.
[23] Motsch, Wortbildungsfakten 63.
[24] Motsch, Grundzüge 3.
[25] Motsch, Grundzüge XI.
[26] Ebda.
[27] Motsch, Grundzüge 2.

II. Grundfragen der Wortbildungslehre

1. Die Frage der Definition

12 Zunächst stellen sich zwei zusammenhängende Grundfragen: Wie ist „Wortbildungslehre" zu de fi ni eren? Welche Probleme und Phänomene fallen in ihren Zuständigkeitsbereich? Eine einigermaßen zureichende Antwort wird sich erst am Ende dieses Hauptteiles (II) ergeben haben, da sich diese Fragen nur durch die Klärung aller anderen Grundfragen befriedigend beantworten lassen. Zu Anfang kann allein die vorläufige und globale Definition stehen: Wortbildungslehre ist derjenige Teil der Grammatik, der die Wortbildung, die Bildung neuer Wörter unter wissenschaftlichen oder praktischen Gesichtspunkten darstellt und dadurch sowohl angemessene Urteile über Wortbildungsprozesse und ihre Bedingungen ermöglicht, als auch über Wortbildungsergebnisse, die Struktur und Funktion vorhandener und möglicher Wörter (s. u. 49, 72 ff., 86 und 227).

13 Wer von deutscher Wortbildung und der Bildung neuer Wörter im Deutschen spricht, setzt voraus, daß es im Deutschen Wörter gibt, daß das Wort im Zeichensystem der deutschen Sprache als definierbare Einheit gegeben ist und nicht nur jeweils als sekundärer Komplex der Einzelrede, also in jedem Fall als Gelegenheitsbildung des Sprechers, erzeugt wird (aktualisierende Wortverwendung ≠ Wortbildung).[1] Der Verfasser gehört zu denjenigen, die in Übereinstimmung mit dem Urteil zahlreicher Fachkollegen und mit der Intuition des durchschnittlichen Sprecher-Hörers diese Annahme für zutreffend halten, wenngleich es schwierig ist, eine exakte und allen Sprachen angemessene Definition des Wortes zu finden. Zwar scheinen alle Sprachen einen Wortschatz, ein Inventar lexikalischer Einheiten aufzuweisen, doch ist die strukturelle Festigkeit und formale wie inhaltliche Autonomie des Wortes („autonomen Syntagmas"[2]) in den einzelnen Sprachen verschieden groß, im

---

[1] Vgl. 227 sowie Erben, Abriß 30 (Abschn. 27).
[2] Vgl. Martinet, Grundzüge 103 ff., dazu die „operationale" Definition des Wortes von Rohrer, Wortzusammensetzung 214, welche die enge Zusammengehörigkeit der zu einer lexikalischen Einheit verbundenen „Elemente" und die relativ große „Autonomie" der ganzen Verbindung deutlich macht: ‚eine Sinn-Form-Einheit, die nur global modifizierbar ist'.

Deutschen offensichtlich größer als etwa im Französischen. Läßt man die Fragen der Wortstruktur zunächst beiseite und begnügt sich mit einer Kurzdefinition[3], so könnte man etwa das Wort bestimmen als ein „satzfähiges Lautsymbol" (Bühler) mit der Eignung, „ein Stück Wirklichkeit zu meinen" (Porzig). Ersteres bezieht sich auf die grammatische Eigenschaft des Wortes, satzwertig oder satzaufbauend fungieren zu können, wobei bestimmte Regeln die Anwendung steuern. Letzteres bezieht sich auf den Zeichencharakter des Wortes, seine Eignung, auf etwas signalisierend hinzuweisen oder sich auf etwas zu beziehen, es symbolhaft zu repräsentieren und damit für alle Sprachteilhaber gleicher Zunge (hinlänglich gleicher Sprachkompetenz) verfügbar zu machen, ohne daß man das Gemeinte immer vorzeigen müßte.

14 Im Hinblick auf zahlreiche ausdrucksnotwendige Sachverhalte, über die man sich klarwerden und mit anderen verständigen muß, stellt jede Sprachgemeinschaft dem hineinwachsenden Sprecher einen geordneten Zeichenvorrat — die lexikalischen Paradigmen des Wortschatzes (z.B. die Reihe der Zahlwörter, Farb- oder Verwandtschaftsbezeichnungen) — bereit, ein Potential differenzierter Ausdrucksmittel, das er sich weitgehend zu eigen machen und zur sprachlichen Fassung seiner Erlebnisdaten wie zur Bewältigung seiner Sprechsituationen nutzen (aktualisieren), ja im Bedarfsfall weiterbilden kann. Diese Grundausstattung mit einem Schatz an Wörtern, dieses Teilhaben an der Gemeinschaftsform der Sprache, bedeutet für den einzelnen einen großen Vorteil, aber auch — bis zu einem hohen Grade — Gebundenheit an die Begriffe und Wortbräuche der Gesellschaft, wie ja überhaupt Bräuche ‚Zwang wie Rückhalt'[4] sind, doch Freiheit und Weiterentwicklung nicht ausschließen. P. Handke hat in seinem bekannten Bühnenstück „Kaspar" geschildert, wie Kaspar Hauser, der Sprachlose, zu einem *homo loquens* wird und sich das konventionelle Sprachverhalten aneignet: ‚Ich lernte alles was leer war / mit Wörtern zu füllen / und lernte wer wer war / und alles was schrie / mit Sätzen zu stillen'; ‚alles, was ich beim Namen nennen kann, ist nicht mehr unheimlich'.[5] Was hier für die Entwicklung eines einzelnen Menschen festgestellt wird, gilt im Grunde auch für die Entwicklung einer Sprachgemeinschaft. Auch sie hat — im Laufe von Generatio-

[3] Vgl. Erben, Abriß 29 ff.
[4] Ortega y Gasset, Mensch 367. Über ‚Sprachzwang' s. ebda 344; vgl. jedoch Gipper, Relativitätsprinzip 248: ‚Wenn menschliches Denken sich in Relation zu verfügbaren Sprachen objektiviert, so heißt dies aber nicht, daß es damit geistig determiniert wäre.'
[5] Handke, Kaspar 83 und 42.

nen und unter dem Einfluß wortführender, wortprägender Gruppen —
gelernt, ihre gelebte Welt, den Raum ihres sinnlich-geistigen Erfahrungshori-
zonts, mit globalen und speziellen Wörtern zu füllen, womit zugleich begriffliche Gliederungen, klassifizierende Einordnungen und Einstufungen
(nützlich — schädlich u.ä.) verbunden sind. Wörter helfen den Sprechern,
sinnlich und geistig Erfahrenes zu fixieren und zu artikulieren, als ein
„Stück" Wirklichkeit abzuheben und symbolhaft zur Sprache zu bringen —
auch das, was nicht unmittelbar als Gegenstand vorzeigbar (*Gott*) oder kein
von Natur scharf abgegrenztes Objekt ist (vgl. z.B. die Bezeichnung für die
menschliche Kopfgegend zwischen Auge und Ohr, *Schläfe*, eig. ‚die Stelle, auf
der man schläft'). Man könnte beinahe von einer ‚Primärstrukturierung der
Erfahrung mittels der Wörter"⁶ sprechen.

2. Wortschöpfung oder Wortbildung?

15 Für eine entwickelte Kultur- und Literatursprache wie das Deutsche
oder Englische ist natürlich die Anfangsphase der Wortschöpfung, der
erstmaligen Zuordnungen völlig neuer Lautformen zu bestimmten Inhalten
und der Konventionalisierung als Sprachzeichen, die verständlich und re-
produzierbar sind, längst vorbei. Von einer bestimmten Stufe der Entwicklung an gewinnt man neue Wörter in der Regel nicht durch völlige Neuschöpfung, sondern durch zumindest teilweisen Rückgriff auf bereits
vorhandene sprachliche Einheiten, durch Weiterbilden des Überkommenen oder Entlehnten, obwohl die grundsätzliche Möglichkeit nicht auszuschließen ist, daß eine bisher unübliche Lautkombination erstmals mit
einem bestimmten Signalwert bzw. einer bestimmten Sachvorstellung verbunden werden könnte.

16 Am ehesten möglich scheint dies bei der Wiedergabe eines Schalles oder Ge-
räuschs, also bei schallnachahmenden Bildungen (sog. „Onomato-poetica") wie
plumps oder Namen für Tiere, die man mehr hört als sieht und nach ihrem Ruf be-
nennt (*Uhu, Kuckuck*). Solche „onomato-poetischen" Bildungen sind lautlich motiviert und setzen bereits das Lautsystem der jeweiligen Sprache voraus (phonetische
bzw. phonologische Motivation), in Fällen wie *summ-en, Summ-er* auch schon das
Formensystem (morphologische Motivation). Sehen wir von der Kindersprache ab,
wo sich beinahe die Situation der Frühzeit wiederholt und es trotz des Sprachange-
bots der jeweiligen Umgebung zu spielerisch-versuchsweisen Wortschöpfungen kom-

---

⁶ Coseriu, Einführung 2.

men kann[7], so scheint selbst die Neubenennung von Geräuschen mit lautmalenden Bildungen sehr schwierig.[8] Aufschlußreich ist auch eine Äußerung von Tucholsky: ‚Mir fehlt ein Wort. Ich werde ins Grab sinken, ohne zu wissen, was die Birkenblätter tun. Ich weiß es, aber ich kann es nicht sagen. Der Wind weht durch die jungen Birken; ihre Blätter zittern so schnell, hin und her, daß sie … was? Flirren? Nein, auf ihnen flirrt das Licht; man kann vielleicht allenfalls sagen: die Blätter flimmern … aber es ist nicht das. Es ist eine nervöse Bewegung … Was man nicht sagen kann, bleibt unerlöst‘.[9] Selbst P o e t e n, welche die Wirklichkeit schärfer zu fassen, unentdeckte oder verstellte Wirklichkeit zu erhellen trachten, will offensichtlich Wortschöpfung ohne Anschluß an vorhandene Sprachelemente, die man höchstens variieren, isolieren oder experimentierend neu kombinieren kann, nicht gelingen.

3. Warum ist Wortbildung nötig?

17 Ist es denn für Sprecher einer „entwickelten“ Sprache überhaupt noch erforderlich, neue Wörter zu gewinnen? Spielt die W o r t b i l d u n g eine so wichtige R o l l e, daß sich die wissenschaftliche Beschäftigung mit ihr lohnt? Offensichtlich ja. Auch und gerade in einer Sprachgemeinschaft, die Träger einer entwickelten Sprache ist, besteht ein ungeheurer B e d a r f a n N e u - w ö r t e r n, da die geistig-sprachliche Auseinandersetzung mit der vielseitigen und veränderlichen Wirklichkeit weitergeht, und nach wie vor die kommunikative Notwendigkeit besteht, alles, was man k e n n e n lernt oder lehrt, auch n e n n e n[10] zu müssen — nicht nur das, was man vorfindet oder im Laufe der Forschung herausfindet, sondern auch das, was man empfindet, erfindet oder entwirft, was man ahnt und was man — auf neuen Tätigkeitsfeldern

---

[7] Vgl. jedoch Stern, Kindersprache 385: ‚Die wahre Spontaneität der kindlichen Wortbildung äußert sich nicht im Schaffen aus dem Nichts, sondern im freien Schalten und Walten mit dem gegebenen Material‘; freilich kann auf späteren Altersstufen ‚das Spielen mit Lautgestalten zuweilen zum „Erfinden“ im eigentlichen Sinne führen‘ 392. Doch wird nach Jakobson ‚die Entdeckung des Satzes … im sprachlichen Verhalten des Kindes durch ein allmähliches Erstarren der Wortbildung begleitet‘ (Kindersprache 13). ‚Alles in allem ist der Grad der Übereinstimmung mit dem von der Norm der Sprache Vorgegebenen erstaunlich‘ Augst/Bauer/Stein, Grundwortschatz 56.

[8] Vgl. die Ergebnisse der sprachpsychologischen Versuchsreihe von Wissemann, Onomatopoiie 236 f.

[9] Werke 3, 189 f.

[10] Zur ‚Begriffs- und Benennungsbildung‘ vgl. Barz, Nomination 46, über Benennungsversuche bei der sprachlichen Erschließung eines Phänomenbereichs s. Erben, Nominationsvarianten.

oder in neuen Organisationsformen — plant. So waren die Wörter *Weltraum-fahrt, Mondfähre* oder *Umweltschutz* längst da, bevor das Gemeinte volle Wirklichkeit geworden ist.

18 Zu den o b j e k t i v e n Ausdrucksnotwendigkeiten kommen s u b j e k t i-ve, die weniger mit der zu benennenden Sache als mit Bedürfnissen des Spre-chers und eventuell beabsichtigten Wirkungen auf den (die) Hörer zusam-menhängen; z.B. stellt *Weltraumspaziergang* den Ausstieg der Astronauten als erholsamen, mühe- und gefahrlosen Ausflug hin, so wie *Herzspender* — analog zu *Blutspender* gebildet — eine Art von großzügiger Freiwilligkeit sug-geriert. Auch muß nicht selten schon Benanntes neu benannt werden, und dies nicht nur aus stilistischen Gründen in poetischen Texten (s.o.) oder in der Sprache der Technik, wo es darum geht, einer veränderten, modernisier-ten Sache eine neue Bezeichnung zu geben (z.B. *Blinker* statt *Winker* für den Fahrtrichtungsanzeiger, der nun nicht mehr einer winkenden Hand gleicht) und sie damit nun auch sprachlich als modernisiert zu präsentieren. Oft ge-nügt einem einfach der alte Ausdruck nicht mehr, er ist zu abgenutzt, zu we-nig anschaulich, nicht ausdrucksstark genug; oder er enthält eine bestimmte Wertung und Sehweise, die man nicht mehr für angemessen hält, sondern durch eine andere zeitgemäße ersetzen will. Bezeichnungswandel oder gar die sprachliche Neustrukturierung ganzer Begriffsfelder ist dann Ausdruck wechselnder Urteile, Haltungen oder Absichten. Man vgl. *Greifvogel* (vorur-teilsfreiere und dem Tierschutz dienlichere Benennung als *Raub-v.*), *Gastar-beiter* (statt *Fremd-a.*, ein Akt sprachlicher Eingliederung), *Raumpflegerin* (statt *Putz-* oder *Reinemachefrau*, soziale Aufwertung), *Bevölkerung* (neutraler und administrativer als das magische Wort *Volk*[11]), *Verteidigungsministerium* (eine friedliche Politik kundtuend, statt *Kriegs-m.*). Die Sprache der Werbung und Propaganda bedient sich gezielt neuer Wörter, um Aufmerksamkeit zu wecken (Reizfunktion), die jeweilige Ware oder Politik durch gewünschte As-soziationen in ein günstiges Licht zu rücken bzw. anderes polemisch abzu-werten. Neuwörter werden aber nicht nur gebraucht, um Meinungen zu be-einflussen und das (Kauf- oder Wahl-)Verhalten bestimmter Gruppen zu steuern; sie dienen auch zur Selbstbehauptung, zur Stärkung des eigenen Gruppenbewußtseins und zur Abgrenzung gegenüber anderen, was keines-wegs nur im politischen Raum eine Rolle spielt (man vgl. den Sonderwort-schatz der sog. Halbstarken).

---

[11] Vgl. Brecht, Schwierigkeiten 94: ,Wer in unserer Zeit statt *Volk Bevölkerung* und statt *Boden Landbesitz* sagt, unterstützt schon viele Lügen nicht.'

Auch können Wortbildungen dazu dienen, einen S p r e c h a k t auszudrücken (*ab-sagen, an-ordnen*) oder zu modifizieren, z.B. in dem schmerzlich-erstaunten Ausruf *Ach Gott-chen!*, wo ,sich die pragmatische Bedeutung der Diminutivbildung nicht auf dieses Wort, sondern auf den ganzen Sprechakt bezieht' Dressler, Wortbildung 50 (s.u. 130).

19 Außer den objektiven und subjektiven Ursachen der Wortbildung, die in außersprachlichen Gegebenheiten liegen, wirken sich mehr oder weniger auch s p r a c h s t r u k t u r e l l bedingte Notwendigkeiten aus — teils lexikalischer, teils grammatischer Art. Im Bereiche des Wortschatzes besteht ein starkes Bedürfnis nach m o t i v i e r t e n Zeichen[12] oder d u r c h s i c h t i g e n Wörtern[13], deren Aufbau durchschaubar ist und die nicht isoliert im Zeichensystem der Sprache stehen, sondern mit anderen sprachlichen Einheiten durch Motivationsbeziehungen verbunden und im Sprachbewußtsein verankert sind; z.B. ist *Lenz* (ursprünglich zu *lang*, auf die länger werdenden Tage bezogen) unmotiviert geworden und daher zunehmend durch *Früh-jahr* oder *Früh-ling* verdrängt, *Perron* weithin durch *Bahn-steig* ersetzt.

20 Übrigens hemmt diese Tendenz die allzu weitgehende Übernahme von F r e m d w ö r t e r n, die meist nur im System der Ausgangssprache motiviert sind, und sie fördert andererseits v o l k s e t y m o l o g i s c h e Anschlüsse unverstandener oder nicht mehr verstandener Wörter; vgl. *Hänge-matte* (< span. *hamaca*) oder *Fried-hof*, das an *Frieden* angelehnt ist, weil der Bezug zu *ein-fried-igen* verdunkelt ist; *ver-bleu-en*, jetzt *ver-bläu-en* geschrieben, weil auf *blau* bezogen (nicht mehr auf *bleuen* ,schlagen', vgl. Bergmann, Das morphologische Prinzip 249 ff.). Es geht also um die ,sekundäre Verankerung in Wortfamilien' zur Aufhebung der ,Wortisolation' (OLSCHANSKY, Volksetymologie 229 f.). Neben den motivierten oder scheinmotivierten Wörtern gibt es freilich noch eine nicht unbeträchtliche Reihe von Wörtern, die nur t e i l m o t i v i e r t sind, wo also wenigstens ein Bestandteil nicht mehr als Bauelement anderer Wörter wiederkehrt und unverständlich geworden ist: *Be-ginn(-en)*, *be-quem*, *Him-beere*, *Nacht-i-gall*, *Un-flat*, *Un-ge-ziefer*, *ver-geud-en*, *ver-pön-t* u.a.; ferner zahlreiche Wörter, die u n d u r c h s i c h t i g geworden sind: *Bug*, *Bühne*, *Pflicht*, *flott*, *grell* u.a. Wer sie kennt, hält sie als Vokabeln für bestimmte Kontexte bereit (s.u. 78 ff. und Seebold, Etymologie).

21 Ein weiteres Streben geht dahin, sprachliche Zeichen nicht mit zuviel Inhalten zu belasten und damit allzu vieldeutig werden zu lassen. Da man neue Sachverhalte zunächst mit dem alten Zeichenbestand auszudrücken sucht, nimmt die P o l y s e m i e (Mehrsinnigkeit) der Wörter außerordentlich zu, deren verständigunggefährdendes Ausmaß man durch Bildung neuer Wörter abbaut. Ein einfaches Bsp. ist *Stoff*, das als vieldeutiges und harmloses Wort

---

[12] Vgl. de Saussure, Grundfragen 156 und Barz, Motivation.
[13] Vgl. das gleichnamige Buch des Romanisten Gauger.

in bestimmten Kreisen auch noch verhüllend für Rauschgift gebraucht wird, eindeutig hingegen: *Kleider-stoff, Roman-stoff.* Andererseits kann auch die störende Nähe eines lautgleichen Wortes anderer Bedeutung zur Wortbildung Anlaß geben, also Homonymie beseitigt werden, indem man z.B. *Bauer* zu *Vogel-bauer* verdeutlicht.

22 Daneben gibt es grammatisch bedingte Notwendigkeiten der Wortbildung. Es geht da z.T. um die Beseitigung morphologischer Mängel im Flexionssystem, wobei etwa die fehlende Pluralform durch Wortbildung „suppliert" wird (vgl. *Schnee: Schnee-massen, Regen: Regen-fälle; Trost: Tröst-ung-en, Liebe: Lieb-schaft-en*) oder die mangelnde Steigerungsform geschaffen wird (vgl. *tot: mause-tot, feind: spinne-feind, schade: jammer-schade; wert: wert-voll-er* statt *wert-er*).

23 In sehr viel stärkerem Maße aber bestehen strukturelle Notwendigkeiten der Syntax, Bedürfnisse nämlich der Einpassung lexikalischer Einheiten in verschiedene Kontexte und Konstruktionen. Wortbildung ermöglicht nämlich u.a. den Wechsel der Wortklasse (Transposition) und damit der flexionsparadigmatischen Reihe; sie vermehrt also die syntaktischen Einsatzmöglichkeiten der „Grundmorpheme" (s.u. 34), von denen her bestimmte Sachbereiche in allen Aufgliederungen sprachlich erschlossen werden können (vgl. *fahr-en; Fahr-er, Fahr-zeug, Fahr-bahn; be-fahr-bar*). Das ist ökonomisch und schafft Reihen klar motivierter Bildungen. Weiterhin wird die Flexibilität der syntaktischen Ketten erhöht; denn Wortbildung hilft mit, die grammatische Umstrukturierung (Transformation) einer Aussage herbeizuführen, d.h. eine syntaktische Konstruktion („Basiskette") in eine andere Form zu bringen, die situationell oder kontextuell angemessener ist.

24 Beispiele: *Franz ist im Nebenberuf* **Imker** (Ist-Prädikation, klassifizierende Bestimmung durch ein substantivisches Prädikatsnomen); *Franz* **imker-t** *gern* (Verbalisierung zur Tut-Prädikation); *die* **Imker-ei** *macht ihm Spaß* (Nominalisierung des Verbs zum „Tätigkeitsnamen", der Subjekt der neuen Aussage wird). *Die Schule stellt Anforderungen;* **schul-isch-e** *Anforderungen sind zuweilen recht hoch* (Attribuierung des Subjekts der ersten Aussage zum Tätigkeitsnamen, der dann als Subjekt der Folgeaussage erscheint). *Der Lärm belastet die Nerven; die* **nerv-lich-e Belast-ung** *muß vermindert werden* (doppelte Nominalisierung: Adjektivierung des Objekts und Substantivierung des finiten Verbs, das damit Kern des neuen komplexen Subjektgliedes werden kann); s. 135 und 181 f.

25 In diesem Zusammenhang muß auch schon die strukturelle Tendenz zur Univerbierung erwähnt werden, d.h. das Bestreben, statt einer umständlichen, mehrgliedrigen Zeichenkette ein einziges komplexes Wort als grammatischen Baustein im Satz und als Benennung der bezeichneten Sache zu gewinnen. Wortbildung dient also auch zur Informationsverdichtung, hilft mit bei Begriffsbildungsprozessen (s. u. 28) und vereinfacht die morphosyntaktischen Beziehungen auf der Ausdrucksebene, da größere Fertigteile, die durch die Ausbaufähigkeit des einfachen Wortes nach bestimmten Mustern gewonnen werden können, dort eine einfachere Syntax erlauben — beinahe so, wie sich der Münzverkehr, also das Bezahlen vereinfacht, wenn man statt 10 einzelner Schillingstücke nur 2 Münzen hinlegen kann, die den Wert von je 5 Schillingen haben und als Einheiten höherer Qualität praktische Vorteile bieten.

10 **26** Als sprachliche Beispiele seien etwa die Wörter *Haltestelle, Verkehrszeichen* und *verkehrs-günstig* genannt, welche die umständlichen Wortgruppen *Stelle, an der öffentliche Verkehrsmittel im Bedarfsfalle halten, Zeichen zur Regelung des Straßenverkehrs* bzw. *günstig hinsichtlich des Verkehrs mit Fahrzeugen* ersparen. Ebenso ist *pflügen* einfacher als *mit dem Pflug bearbeiten* und *bärt-ig* kürzer als *mit einem Bart/einen Bart habend.* Vgl. auch *eintrichtern* und *mit dem (Nürnberger) Trichter einflößen.* Zur ‚Funktionsaufteilung' zwischen Wortbildung und Phraseologisierung' vgl. Fleischer, Zusammenwirken 11 und 15 ff.

11 **27** Ob bei der Univerbierung die vereinfachten syntaktischen Außenbeziehungen (im Satz) zu innenstrukturellen Beziehungen (im Wort) werden, also grundsätzlich erhalten bleiben oder aufgehoben werden, gehört zu den Fragen, die umstritten sind; sie ist aber wohl zugunsten der letzteren These zu entscheiden (s. u. 28 f. und 74). Jedenfalls werden bei der Umformung zum Wort zahlreiche Elemente getilgt. Offensichtlich kann und muß man sich vielfach damit begnügen, die zur Sprache gebrachten Erscheinungen oder Sachverhalte abkürzend zu nennen. Auch hierbei vermag die Wortbildung mitzuhelfen; sie erspart oft umständliche Beschreibungen und ermöglicht, dadurch daß sie Sprachformen von einer zweckmäßigen Ungenauigkeit[14] schafft, eine knappe Verständigung.

Dies gilt also nicht nur für den bekannten Sonderfall der eigentlichen Abbreviationen, wo die Anlaute (Anlautsilben/Anfangsbuchstaben) einer umständlichen Bezeichnung (d. h. eines mehrsilbigen Wortes oder „Mehrwortnamens") zur neuen Lautfolge eines „Kurznamens" zusammengezogen werden: *Flak (< Flugzeug-abwehrkanone), Kripo (< Kriminal-polizei), Hapag (< Hamburg-Amerikanische Paketfahrt Aktiengesellschaft)* oder zu einem formelhaften meist zwei- oder dreielementigen „Buchstabenwort": *VW (< Volkswagen), PKW/Pkw (< Personen-kraft-wagen), SPD (< Sozialdemokratische Partei Deutschlands).* Die Zweckmäßigkeit solcher sprachökonomischen Kürzel wird freilich dadurch beeinträchtigt, daß dieselbe Sigle für verschiedene Grup-

[14] Vgl. Erben, Ungenauigkeit 15 f. und: Zur dt. Wortbildung 310 sowie zum komprimierten, scheinbar einfachen Stil Erben, Orientierungsskizze 10 ff.

pen etwas Verschiedenes bedeuten kann, z.B. *OB* (admin. ‚Oberbürgermeister‘, milit. ‚Oberbefehlshaber‘ und mediz. *O. B.* ‚ohne Befund‘). Über Kurzwörter des unisegmentalen Typus *Krimi(nal-film/roman)* oder *(Violon)Cello* s. u. 45 sowie Bellmann und Kobler-Trill, Kurzwort. Bemerkenswert ist, daß ein Abkürzungswort (Akronym) auch den Aufbau neuer Wortbildungskonstruktionen ermöglicht: *ÖVP-Mitglied,* *ÖVP-ler, Radar* (< engl. *radio detecting and ranging) -kontrolle.* Vgl. auch Vieregge, Gebrauch und Greule, Reduktion. *Euro(pa / päisch)* ist Kurzname für die Währungseinheit der europäischen Währungsunion und Erstglied zahlreicher Komposita (Typ *Euro-cheque, -norm);* vgl. Born, *euro.*

4. Woraus bildet man neue Wörter?

28 Wortbildung vollzieht sich gemeinhin nicht als völlige Neuschöpfung (s.15), sondern durch zumindest teilweisen Rückgriff auf bereits vorhandene sprachliche Bauelemente, durch W e i t e r b i l d e n des Überkommenen oder Entlehnten. Der im Deutschen am häufigsten vertretene Normalfall der Wortbildung ist dementsprechend: Aufbau eines neuen Wortkomplexes aus sprachüblichen Einheiten, also Aufbau eines komplexen Sekundärzeichens aus elementaren Primärzeichen. Allerdings baut sich natürlich auch der Satz als komplexes Superzeichen höherer Ordnung aus Zeichen niederer Ordnung auf, und die Frage stellt sich, wodurch sich denn W o r t b i l d u n g und S a t z b i l d u n g unterscheiden. Bei der Wortbildung ist das strukturelle Ergebnis eine fester gefügte Einheit, welche im Zusammenhang der Begriffs- und Benennungsbildung dazu tendieren kann, eine Lexikoneinheit mit spezifischem Inhalt zu werden: das Wort. Im Falle der Satzbildung kommt ein sehr viel weniger enges und — hinsichtlich der Gliedfolge — weniger festgelegtes Zeichengefüge zustande: der Satz. Der Satz ist außerdem viel ausbaufähiger, da der Basisprädikation weitere Glieder an- und eingefügt werden können, welche die Aussage oder Bezüge zur Sprechsituation verdeutlichen. Aber nicht nur das Ergebnis dieser Prozesse ist verschieden, da Wort und Satz unterschiedliche strukturelle und grammatische Eigenschaften haben, sondern auch die Klasse der kombinierten Elemente; und schließlich gelten, wie wir noch sehen werden, auch nicht dieselben Kombinationsregeln.

Daher weisen ‚Vertreter von Wortstrukturtheorien‘ eher auf die ‚Gemeinsamkeiten von Phrasenstrukturen und Wortstrukturen‘. ‚Die Gemeinsamkeiten sind jedoch minimal. Gerade die wesentlichen Eigenschaften von P h r a s e n strukturen entfallen bei W o r t strukturen.‘[15] Vgl. z.B. 55—61.

---

[15] Motsch, Wortstrukturen 450. Ferner: Syntax 74.

29 S ä t z e bauen sich aus W ö r t e r n (bzw. Wortformen aus einer flexions-paradigmatischen Reihe)[16] auf, d. h. sie konstituieren sich nach normfixierten Regeln aus den Einheiten, welche durch Wortbildung und Wortbiegung (Flexion) entstanden sind, wobei in bestimmter Situation eine einzige Wortform als „situationelles Minimalzeichen" ausreicht, um das angemessene syntaktische Programm zu verwirklichen, z.B. eine verbale Imperativform (*Geh!*). Neue Wörter können sich zwar auch aus schon vorhandenen Wörtern aufbauen (vgl. z.B. *Sport-Platz*), aber diese einfache Zusammensetzung lexikalischer Einheiten enthält keine (Satz-)Glieder, deren gegenseitige Beziehung durch eine grammatisch relevante Flexionsform[17] angezeigt wird, und sie ist außerdem nur ein Spezialfall der Wortbildung. Daneben steht z.B. der häufig vertretene Typus *Sport-ler*, dessen zweites Glied nicht als „Wort" klassifizierbar ist; und Beispiele wie *Turn-er*, *stick-ig* oder *german-isch* zeigen, daß oft beide Elemente des Wortkomplexes nicht selbständige lexikalische Zeichen sind — ganz zu schweigen von fremdwörtlichen Bauelementen wie *Astro-naut* (amerik. Weltraumfahrer), *Kosmo-naut* (russ. W.), die weder im Deutschen noch in den Ausgangssprachen selbständige Wörter sind.[18]

30 Will man die im Bereich der Wortbildung auftretenden sprachlichen Einheiten allgemein (d. h. alle Fälle umfassend)[19] definieren, so muß man den Begriff M o r p h e m (< griech. μορφή ‚Form, Gestalt') zu Hilfe nehmen, definierbar etwa als Klasse der „signifikativen Minimalzeichen"[20], der kleinsten Zeichen des Sprachsystems, die nicht nur einen Lautwert haben, sondern eine semantische Funktion (s.u. 31 f.). Offenbar werden Wörter aus e i n e m oder m e h r e r e n Vertretern der Klasse Morphem aufgebaut. Man kann da-

---

[16] Vgl. Erben, Abriß 47 ff. und: Grundzüge 14 f.
[17] Vgl. Erben, Abriß 42 und 44. Als Ausnahmefall wäre höchstens der im Deutschen schwach vertretene Typus der sog. „Satznamen" zu nennen (*Vergißmeinnicht*, *Gottseibeiuns*), dessen Glieder aber ebenfalls nicht umstellbar oder vermehrbar sind, noch durch pronominale Äquivalente ersetzbar; s. Erben, Abriß 240.
[18] Zur Lehnwortbildung s. u. Anm. 22.
[19] Außer Betracht bleibt hier lediglich der Sonderfall der „Initial-" od. B u c h s t a - b e n w ö r t e r, wo Teile (Laute, silbische Lautgruppen oder Buchstaben) verschiedener Wörter einer umfangreichen Verbindung (Zusammensetzung/Wortgruppe) abkürzend zusammengezogen sind: *Hapag* (Hamburg-Amerikanische Paketfahrt Aktiengesellschaft), *Kripo* (Kriminalpolizei). Weiteres s. u. Abschn. 27, 45 und Abriß 130. Über unikale (Pseudo-)Morpheme s. u. 78.
[20] Zu unterscheiden von den distinktiven Minimalzeichen (Phonem, Graphem), s. Vermeer, Sprachwissenschaft 172 ff. und 202 ff. sowie Erben, Abriß 23 ff.

her komplexe, mehrgliedrige Wörter als Morphemgefüge[21] auffassen. Daß diese oft sehr verschieden strukturiert erscheinen (s. u. 38), kommt vor allem dadurch zustande, daß es im Deutschen Morpheme verschiedener Art und unterschiedlichen Ranges gibt, wie schon unser Beispiel *Sport-ler* gezeigt hat.

31 Zunächst kann man gleichsam als Grundbausteine möglicher Wortbildungen die sog. Grundmorpheme abheben. Sie bilden eine große Menge, haben einen hohen Inhaltswert (semantischen Rang), sind in der Regel betont, und sie können — ungeachtet ihrer Verbindbarkeit zu Wortzusammensetzungen (s. u. 38) — den Status von freien Morphemen haben, d.h. selbständige Lexeme, also wortfähig sein (z.B. die Glieder des zusammengesetzten Wortes *Sportplatz: Sport, Platz*), oder sie sind zumindest geeignet, als Kernmorphem die Basis[22] satellitenhafter Affixe (s.u.) bilden zu können (z.B. *Turn-er, turn-er-isch, ur-german-isch* oder *Be-werb-ung*).

32 Daneben gibt es die schon erwähnten, nicht wort- und nicht basisfähigen Morpheme (z.B. *be-, ur-; -isch, -ist, -ler, -ung*), nach ihrer Funktion auch Formantien (Singular: Formans, d.h. ‚bildendes' Morphem), Formationsmorpheme[23] oder — vorschlagsweise — Derivateme[24] (zur Ableitung neuer Wörter, lat. *derivatio*, dienende Bildungselemente) genannt. Sie bilden nur eine vergleichsweise kleine Menge und zwar einen geschlossenen, kaum wesentlich vermehrbaren Bestand, haben mehr grammatischen als semantischen Si-

---

[21] Vgl. Erben, Abriß 42 ff. und Augsts Versuch eines ‚Morpheminventars'. ‚Weil es auf der Ebene der Morpheme keine Möglichkeit' gebe, die ‚semantische Variabilität sprachlicher Formen zu erfassen', will Rickheit ‚Wortkonstituenten entweder als Stämme oder Derivative' auffassen (Wortbildung 286 und 292 f.), die ‚semantisch interpretierbar' (61) seien. Doch können Stämme ‚morphologisch komplex' (287) sein.

[22] Der Ausdruck „Kernmorphem" wird von Bünting (Strukturen 27 f.) nur für wortfähige Morpheme gebraucht, so daß nicht wortfähige, aber basisfähige Morpheme unerfaßt bleiben. In der Lehnwortbildungsforschung ist für die nur basis- oder kompositionsgliedfähigen Einheiten (z.B. *therm* in *Therm-ik, exo-therm* und *Thermometer*), der Begriff Konfix vorgeschlagen worden, so daß die nur in Kombinationen vorkommenden Einheiten (Kombineme) in Konfixe und Affixe (s.32) unterschieden werden können; s. Schmidt, Kombinem 50 und 443. Fleischer möchte den Begriff „Konfixe" auch auf einige heimische Grundmorpheme anwenden, die nur „gebunden" vorkommen: *-wart, -lotter-, klipp-, kniep-, -falt* (Konfixe 63).

[23] Vgl. Erben, Abriß 24 und 42.

[24] Vermeer, Sprachwissenschaft 212 f. und 220.

gnalwert[25], obwohl auch inhaltliche Merkmale (z.B. die Bezeichnungsklasse „Person" durch *-ler*) signalisiert werden können und nicht nur grammatische Kategorien und Beziehungen wie durch die allein form-, nicht wortbildenden Flexionsmorpheme (Flexeme, Relationsmorpheme, Grammeme).[26] Dem geringeren inhaltlichen Gewicht der wortbildenden Formantien entspricht, daß sie meist neben- oder schwachtonig sind (mit Ausnahme der Fremdmorpheme französischen Ursprungs, z.B. *-ei, -eur, -tät*) und daß sie gemeinhin als g e b u n d e n e Morpheme, A f f i x e (zu lat. *affixum* ‚Angeheftetes') — entweder als P r ä f i x v o r einem Kernmorphem oder als S u f f i x n a c h der Basis — vorkommen, also nicht in völlig gleicher Form und Bedeutung selbständig erscheinen.

33 Letzeres ist wichtig zur Beurteilung a f f i x a r t i g e r Morpheme, die zwar reihenbildend auftreten, aber nicht im strengen Sinne gebunden sind, sondern auch selbständig vorzukommen scheinen, z.B. *-werk*, suffixartig gebraucht in *Busch-werk* (ein nur im Sing. gebrauchtes Kollektivum, d.h. einen Sammelnamen bildend = *die Büsche*) und *an-*, präfixartig etwa in *an-brennen* oder *an-zünden* (das Einsetzen eines Vorgangs oder einer Handlung anzeigend, die Aktionsart verdeutlichend). Die suffix- bzw. präfixartige Verwendung ist vom lexematischen Gebrauch der lautgleichen freien Morpheme *Werk* und *an* her nicht voll zu erklären und andererseits die funktionale Annäherung, ja Einbeziehung in das System der deutschen Präfixe bzw. Suffixe nicht zu übersehen (vgl. *Busch-werk* und *Ge-büsch*, *an-brennen* und *ent-brennen*), die etwa der Grammatikalisierung und Integration der sog. Hilfsverben ins Flexionsparadigma vergleichbar ist.[27]

5. Was für eine Struktur haben Neuwortkomplexe?

34 Es stellt sich nun die zentrale Frage nach den sprachüblichen Bauformen. Der e i n f a c h s t e T y p des Neuworts scheint durch p a r a d i g m a t i s c h e s U m s e t z e n eines Grundmorphems geprägt zu werden (vgl. o. 23). Bei dieser ökonomischen Möglichkeit der i m p l i z i t e n Ableitung[28] wird anders als

---

[25] Von „Bedeutung" sollte man im Hinblick auf Affixe besser nicht sprechen (s. Erben, „inhaltbezogene" Wortbildungslehre 160 f.), doch sind sie ‚Indikatoren für semantische Wortstrukturen' (Motsch, Wortbildungsaffixe 99 und 119).

[26] Vgl. Vermeer, Sprachwissenschaft 211 f. und 220 f. Von Lipka, *Kugelsicher* 128 wird die ‚flektierte Form' als ‚grammatischer Morphemkomplex' vom ‚Syntagma der Wortbildung' abgehoben und betont, daß die ‚grammatischen (funktionalen) Morpheme (wie Pluralmorphem, Tempusmorphem)' jeweils ‚mit bestimmten Wortklassen beinahe ohne Einschränkungen kombinierbar' sind.

[27] Vgl. Erben, Abriß 50 sowie Dt. Wortbildung 1, 13; 2, 165; 3, 427 f.

[28] Vgl. Fleischer, Wortbildung 72 ff.

bei der expliziten Ableitung die Form des Neuworts nicht durch ein erkenn-
bares Wortbildungsmorphem (Derivatem, s. o. 32) erweitert.[29] Implizite Ableitung dient weniger zum Ausbau der adjektivischen Reihe (vgl. jedoch
Angst, Ernst, Feind > *angst, ernst, feind*) als zur Ergänzung des Verb- und Sub-
stantivbestands: *Lärm, lahm* > *lärm-en, lahm-en*; *schau-en, tief* > *die Schau,
das Tief*. Das paradigmatisch umgesetzte Grundmorphem erscheint dann mit
den Flexionsmorphemen und syntaktischen Klassenanzeigern beider Wortklassen (z.B. *des Lärm-s, er lärm-t*), nimmt aber gelegentlich nicht an allen
grammatischen Formmöglichkeiten der Zielklasse teil (z.B. bleibt *Schau* auf
den Singular, *feind, angst* auf die „Grundstufe" sowie den prädikativen Bereich des Adjektivs beschränkt); auch kann das abgeleitete Wort durch die
Einschränkung auf einen spezifischen Inhalt oder eine spezielle Textart (z.B.
Tief auf den Wetterbericht) als „Derivat" erkennbar sein. Wichtiger für die
Entscheidung der Frage: Was ist „Basis", was „Derivat"? ist noch, sofern man
historische Argumente und Belege beiseite läßt, die Beachtung der semantischen Motivation.[30] Das Neuwort bleibt mehr oder weniger vom Wortinhalt
seiner Ableitungsbasis bestimmt, setzt diese also als „Motivationsbasis" voraus[31], z.B. *lärm-en* (= Lärm machen) das Basissubstantiv *Lärm, lahm-en* (=
lahm sein) das Basisadjektiv *lahm, Schau* (= das Schauen bzw. das, was ge-
schaut wird) hingegen das Basisverb *schau-en*, was nicht nur durch strukturelle Parallelen (vgl. *Blick* neben *blick-en*) deutlich wird, sondern auch durch die
Möglichkeit charakteristischer Weiterbildung mittels verbspezifischer Ergänzungsbestimmungen (z.B. *Aus-, Rund-* oder *Braut-Schau*).

35 Die s e m a n t i s c h e   B i n d u n g einer Ableitung an ihre Basis kann sogar dann
fortbestehen, wenn die formale Übereinstimmung durch die sprachgeschichtliche

---

[29] Nach J. Grimm, Grammatik 2, 1 geschieht Wortbildung ‚entweder durch innere
änderung oder durch äußere mehrung der wurzel. innere wortbildung hebt die einfachheit des wortes nicht auf'. Demgegenüber spricht Marchand von Ableitung durch
ein N u l l - Morphem (‚zero-derivation': Types 359) und betont die Parallele zu lautlich
ausgeprägten Syntagmen der gleichen Kategorie; vgl. im Deutschen etwa *Lauf-Ø* und
Lauf-erei. Ernst zu nehmen sind freilich Dokulils Hinweise auf die Folgen und die
Grenzen der Anwendbarkeit des ‚Konzepts vom Nullsuffix in flexiven Sprachen':
Nullableitung 63 f. S. u. Abschn. 88.

[30] Marchand, Criteria 10 spricht von ‚semantic dependence' neben den anderen Kri-
terien ‚range of usage, semantic range, and semantic pattern'.

[31] Bei der umgangssprachlichen Umschreibung des Verbinhalts wird daher ohne
Bedenken das Basiswort mitverwendet, während umgekehrt eher ein sinnverwandtes
Wort zur Paraphrasierung des Basisworts eingesetzt wird, das im übrigen natürlich
auch selbst durch das Danebenstehen der Ableitung(en) im gleichen System zum
motivierten (durchsichtigen) Wort wird.

Entwicklung gemindert worden ist. Dies zeigt sich gelegentlich bei impliziten Ableitungen von den sog. starken Verben mit S t a m m a l t e r n a t i o n (Ablaut des Stammvokals), wo die Derivate grundsätzlich an jede Ablautstufe, d. h. an jede Stammform des morphologischen Paradigmas anschließen können (vgl. *Streich — Strich* neben *streichen — strich — gestrichen, Band — Bund* neben *binden — band — gebunden*). Vereinzelt kann aber die Stammform durch Formausgleich im Paradigma des Verbs beseitigt sein (vgl. *Wurf* ,das Werfen bzw. Geworfene' neben: *werfen — warf — warfen* [**wurfen*] — *geworfen*).

36 Vom obigen Ableitungstyp, der paradigmatische Umsetzung eines Grundmorphems (evtl. einer Ablautvariante) und fortwirkende semantische Motiviertheit durch die Basis aufweist, sind Fälle zu unterscheiden, wo auch F l e x i o n s -morpheme der Ausgangsreihe beibehalten sind, wo also nur s y n t a k t i s c h e K o n v e r s i o n[32] in die Satzrolle der anderen Wortklasse vorliegt: *treff-en* > *das/ein Treffen* (mitsamt Infinitivmorphem substantiviert, doch im Genitiv das Flexiv *-s* der Substantive annehmend: *des/eines Treffen-s*), *neu* > *der/das Neu-e, ein Neu-er/Neu-es* (Substantivierung mit Beibehaltung der Adjektivflexion); Weiteres s. Abriß 126 und 284 f. sowie u. Abschn. 134.

37 Werden neue Gattungsbezeichnungen durch Umfunktionieren (semantisch-syntaktische Statusänderung) lautgleicher E i g e n n a m e n gewonnen (z.B. *Georg Simon Ohm, Graf Zeppelin* > *das Ohm, der Zeppelin*), so geht dies die Wortbildungslehre nur im Falle paradigmatischer Umsetzung in eine andere Wortklasse an: *Röntgen, Morse* > *röntg-en, mors(e)-en*.

38 In den allermeisten Fällen sind Neuwörter durch Z e i c h e n e r w e i t e r u n g entstanden, d.h. durch Zusatz weiterer Morpheme und Aufbau eines M o r p h e m g e f ü g e s nach bestimmten Regeln. Im einfachsten Falle wird einem wortfähigen Grundmorphem (s.o. 31) noch ein anderes als nähere Bestimmung hinzugefügt, z.B. *Sport* zu *Ski-Sport* spezifiziert. Wir sprechen dann von einem zusammengesetzten Wort oder einer Z u s a m m e n s e t z u n g (einem Kompositum, zu lat. *componere* ,zusammensetzen'). Wird einem wort- bzw. basisfähigen Grundmorphem (**M**) nur ein wortbildendes Morphem (**m** = Formans, s.o. 32) angefügt, wie im Falle *Sport-ler* oder *Turner*, so heißt das Gefüge A b l e i t u n g (Derivat, zu lat. *derivare* ,ableiten'). Zusammensetzungen haben also in ihrer einfachsten Form die Strukturformel

---

[32] Wir sprechen hier von „s y n t a k t i s c h e r K o n v e r s i o n", da der Ausdruck „Konversion" oft in einem weiteren Sinne und unterschiedlich verwendet wird, vgl. Naumann, Einführung 22 ff. Fleischer versteht K. jetzt als ,syntaktische Transposition von Wörtern oder Wortgruppen und Sätzen (dann Univerbierung) mit potentieller semantischer Eigenentwicklung ohne implizite oder explizite Wortbildungsmittel' Wortbildungsbeschreibung 647. Über ,syntaktische Umkategorisierung' s. auch Vogel, Wortarten 237 und 245 ff.

A + B (= M_1 + M_2 bzw. M_2 + M_1), Ableitungen — als Verbindungen von
Elementen eines verschiedenen Status — hingegen A + b (= M + m) oder a
+ B (= m + M), wenn man der Einfachheit halber die Präfixbildungen (s. o.
32 f.) mit zur Ableitung rechnet.

39 Präfixe sind ebenso wie Suffixe satellitenhaft gebunden, d. h. nicht in völlig
gleicher Form und Funktion selbständig vorkommende Morpheme begrenzter Anzahl, die wort- und reihenbildend an Grundmorpheme — und zwar davor — treten;
auch sie können — mit oder ohne Unterstützung von Suffixen — gegebenenfalls die
Wortklasse verändern, d. h. nominale Basen verbalisieren; vgl. *Schrift > be-schrift(-en),
feucht > be-/an-feucht(-en)*. Auch besteht gelegentlich funktionale Konkurrenz zwischen Präfix und Suffix, vgl. *Ge-schrei* und *Schrei-erei*. Weiteres s. o. 33 und Abriß 43.
Zum Status der „kombinatorischen Derivation" (Ableitung durch ein „Zirkumfix"
in Fällen wie *Ge-sing-e, be-sänft-igen, un-ausweich-lich* vgl. Dt. Wortbildung 2, 105; Duden, Grammatik 435 und 539 sowie Matzke und Motsch, der auch *buntbebildert* als
Zusammenbildung von *bunte Bilder* durch ‚das Zirkumfix *be-t*‘ (Grundzüge 225) auf-
faßt. Hierzu s. auch Dt. Wortbildung 3, 311.

40 Zwischen Zusammensetzungen und Ableitungen scheint also insoweit
eine strukturelle Parallele zu bestehen, als sie für gewöhnlich zwei Hauptglieder aufweisen, die sich bei einer Analyse als unmittelbare Konstituenten[33] abheben lassen. Diese Konstituenten sind gewöhnlich nicht gleichran-
gig, sondern eine — meist das zweite Hauptglied — dominiert; sie legt die
begriffliche Grundklasse (z. B. *-sport* oder *-ler* „Person") sowie die grammatische Funktionsklasse (Wortart und damit verbundene Kategorien wie z. B.
Genus) des Gesamtkomplexes fest. Die andere Konstituente bringt dagegen
spezifizierende Zusatzmerkmale hinzu: *Ski-(sport)*, das die besondere Art des
Sportes anzeigt, und *Sport-(ler)*, das das von der Person (*-ler*) Betriebene verdeutlicht. Soweit der lexikalische Morphemkomplex in dieser Weise hypotaktisch organisiert ist, ist ‚ein semantisches Determinationsverhältnis von
modifier und *head*, von Determinans und Determinatum feststellbar‘[34],
wenngleich man auch damit rechnen muß, daß sich beide Hauptglieder
mehr oder weniger wechselseitig determinieren (s. u. 52 f.). Außerdem wird
sich zeigen, daß eine zureichende Beurteilung der syntagma-internen Bezie-

[33] Vgl. Fleischer, Konstituenten. Die Hypothese Höhles, daß Zusammensetzungen
und Ableitungen in gleicher Weise strukturiert seien und kein durch Wortstrukturre-
geln bedingter Unterschied bestehe, also die Unterscheidung zwischen Komposition
und Derivation irrelevant sei, läßt sich kaum uneingeschränkt halten, vgl. die Kritik
von Reis, Kompositionstheorie.
[34] Lipka, *Kugelsicher* 130. Vgl. jedoch die einschränkenden Bemerkungen von Gauger, Determinatum 98 ff. und 105 f. sowie Rohrer, Wortzusammensetzung 11 ff. S.
auch u. Abschn.88.

hungen nur gelingt, wenn das komplexe Wort nicht isoliert betrachtet wird, sondern die syntagma-externen Beziehungen ebenso untersucht werden wie das syntaktisch-semantische Verhältnis zur Motivationsbasis und die strukturelle Analogie von Wörtern, die der gleichen Bildungsregel folgen (vgl. 97, 101 und 181). Es ist auch zu beachten, daß zweigliedrige Morphemgefüge nicht immer das Ergebnis einer einfachen und direkten Kombination zweier Morpheme sein müssen. Um dies zu beweisen, brauchen wir noch gar nicht auf das etwas schwierige Phänomen der Scheinkomposita (z.B. *Drei-zack*, *Sanft-mut*, *kur-pfuschen*, s.u. 46) einzugehen. Es genügt ein Hinweis auf Fälle wie *Er-werb* oder *Be-such*; sie lassen erkennen, daß es verschiedene Stufen der Ableitung, d.h. A b l e i t u n g e n verschiedenen G r a d e s gibt. Denn die Grundmorpheme *werb* und *such* sind offensichtlich keine Substantive, sondern gehören primär zum Paradigma der Verben *werb-en* und *such-en*. Und andererseits sind die Präfixe *er-* und *be-* keine Formantien, die unmittelbar vor eine substantivische Basis treten können; denn schwachtonige Präfixe mit dem Vokal *e* (ə) sind verbspezifisch. Schluß: *Er-werb* und *Be-such* sind s e -k u n d ä r e Ableitungen aus einem präfigierten Basisverb (*er-werb-en*, *be-such-en*) und müssen als Ganzes auf diese verbale Motivationsbasis zurückgeführt werden (wie das „Pseudoprimitivum" *Schau* auf *schau-en*[35]), d.h. wir haben die Stufenfolge:

werb-en, *such-en*	>	1. *er-werb-en*, *be-such-en*,
	>	2. *Er-werb-Ø*, *Be-such-Ø*.

Ein zusätzliches Derivatem ist zur Ableitung dieser Stufe nicht eingesetzt. Da aber z.T. parallele Bildungen des Typus *Er-werb-ung* vorliegen, könnte man ein N u l l - M o r p h e m ansetzen (vgl. Anm. 29 sowie u. Abschn. 141).

41 Ableitungen h ö h e r e n Grades weisen freilich meist z u s ä t z l i c h e For-mantien auf, so daß das Grundmorphem (M) von mehreren wortbildenden Morphemen ($m_1 + m_2 \ldots$) umgeben ist; vgl. etwa den dreistufigen Aufbau eines Ableitungskomplexes, der von einem Basisadjektiv zu einem abgeleiteten Verb und anschließender Ableitung eines deverbalen Substantivs führt: *treu* > 1. *un-treu* > 2. *ver-un-treu-(en)* > 3. *Ver-un-treu-ung*, zu formalisieren etwa als $m_2 + m_1 + M + m_3$.

---

[35] S.o. 34 u. vgl. zum Problem der deverbalen Rückbildungen Tiefenbach, Rückbildungen.

Das Suffix *-ung* (= m_3) leitet also von einer nichtprimären, komplexen Basis (*ver-un-treu-* = $m_2 + m_1 + M$) eine weitere Ableitung dritten Grades ab, deren Inhalt durch Umformung (Transformation) expliziert werden kann: ‚das Veruntreuen‘ (durch *-ung* als Klasse einer bestimmten „Aktion" gekennzeichnet). Eine binäre Gliederung kann man auch hier noch erkennen, doch ist das erste Hauptglied, die nichtprimäre Basis, mehrmorphemig (s.u. 42). Zum Problem der nichtprimären, also abgeleiteten Wörter vgl. Stein, Adjektive 27 ff.

42 Auch im Bereich der Zusammensetzung sind Stufen der Komplex-bildung zu beobachten. Ohne daß wir uns hier schon auf die unterschiedli-chen Arten und geltenden Regeln einlassen wollen, sei nur auf folgende Stu-fenfolge mehrfacher Zusammensetzung hingewiesen: *Werk* > 1. *Berg-Werk* > 2. *Kohlen-Berg-Werk* > 3. *Stein-Kohlen-Berg-Werk*, zu formalisieren etwa als $M_4 + M_3 + M_2 + M_1$, d.h. zu einem primären Kompositum (*Berg-Werk*) kön-nen weitere Grundmorpheme als vorangestellte Zusatzbestimmungen treten und ‚Decomposita‘[36] gebildet werden.

Auch hier ist noch eine binäre Gliederung des Gesamtkomplexes erkennbar, markiert durch das Fugenzeichen *-(e)n* und durch die Kopräsenz der sprachüblichen Komposita *Stein-Kohle* und *Berg-Werk*, in welche der durch mehrfache Zusammensetzung aufge-baute Gesamtkomplex von jedem, der die deutsche Sprache einigermaßen beherrscht, mühelos aufgelöst werden kann, etwa in der Umformung zu ‚*Bergwerk*, in dem *Stein-kohle* abgebaut wird‘. Die engere paarweise Zusammengehörigkeit der Grundmorphe-me im Gesamtkomplex läßt sich durch Klammern symbolisieren $(M_4 + M_3) + (M_2 + M_1)$. Auch die beiden Hauptglieder einer Zusammensetzung können also mehrmor-phemig sein. Daß im Deutschen, besonders fachsprachlich, mehrfache Zusammenset-zung von Wörtern üblich ist, ist bekannt. ‚Der gewöhnliche fall ist die composition von dreien; die von vieren ist nicht zahlreich, die von fünfen gehört zu den seltenhei-ten‘ Grimm, Grammatik 2, 902. Vgl. Knobloch, Bandwurmkomposita, und zur Fach-sprachenspezifik de Cort, Komposita. Im übrigen können natürlich Zusammenset-zungen auch wieder zur Basis von Ableitungen werden; vgl. die Stufenfolge 1. *Wirt*, 2. *Land-wirt*, 3. *Land-wirt-schaft*, 4. *land-wirt-schaft-lich*. Aus Gründen der Ökonomie werden identische Wortteile reihenhaft angeführter komplexer Bildungen allerdings oft nur einmal genannt. Beispiele für diese ‚syntaktisch bedingte Destruktion von Komposita und Derivata im Text‘ (Abramov, Destruktion 14) sind: *Betriebs-* oder *Volkswirtschaft*, *Deklinier-* oder *Konjugierbarkeit*; *Schulhefte* oder *-mappen*, *Werkzeug-maschinen-Import-und-Exportgeschäfte* (s. DUDEN, Rechtschreibung 907 und W. Müller, Ellipsen).

43 Um den strukturellen Aufbau komplexer Wörter — seien es nun Ablei-tungen höheren Grades, mehrfache Zusammensetzungen oder Verbindun-gen beider Arten der Wortbildung — zu veranschaulichen, dient am besten ein sog. Baumdiagramm (Stemma):

---

[36] J. Grimm, Grammatik 2, 902 ff. Vgl. Knobloch, Wörterbuch 529.

subst. Dekompositum

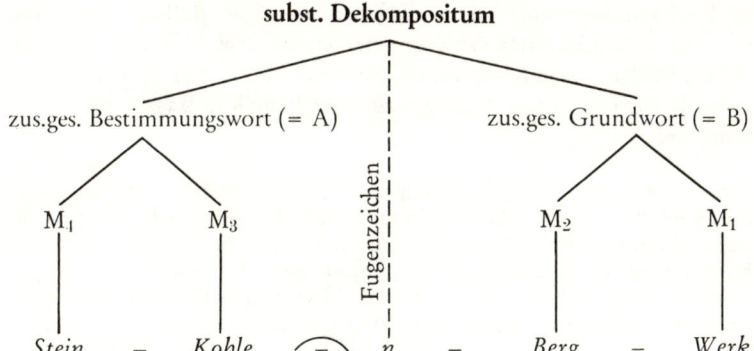

deverb. Ableitung (Verbalabstraktum)

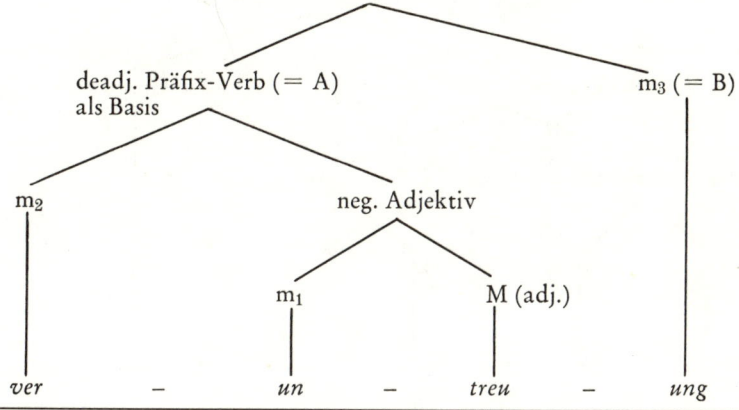

desubst. Ableitung

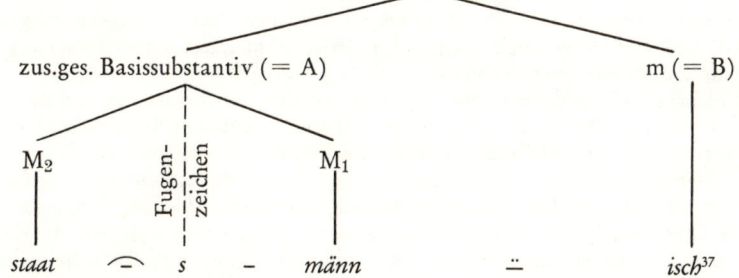

[37] *-isch* gehört zu den Suffixen, die eine kombinatorische Formvariante der Basis,

44 Ein Baumdiagramm kann uns auch den besonderen Aufbau einiger strukturell abweichender Arten der Zusammensetzung bzw. Ableitung vor Augen stellen, bei denen kein Kompositum, sondern eine W o r t g r u p p e als spezifizierende B e s t i m m u n g hinzugesetzt oder komplexe B a s i s einer Ableitung wird:

Von Z u s a m m e n r ü c k u n g kann als Sonderfall der Zusammensetzung dort gesprochen werden, wo eine syntaktische Gruppe — unter Beibehaltung der Wortfolge und eventueller flexivischer Relationsmorpheme (s.u. 32) — zu einem Wort bzw. zum Kompositionsglied eines neuen Wortes „zusammengerückt" worden ist (*Lange-weile, Saure-gurken-zeit, auf-einander-treffen*).[38] Vgl. Lawrenz, *Das Graue-Maus-Dasein* und *das Brave-Mädchen-Image.* Zu unfesten Verben s. Barz., Verben 83 ff.

Zusammensetzung (Zusammenrückung)

plur. Nominalgruppe (= A) M_1 (subst. Grundwort = B)

    attr. Adjektiv   Substantiv

M_3 fl. M_2 fl.

sau(e)r — *e*   *Gurke* — *n* — *Zeit*

---

nämlich Umlaut des Basisvokals, bewirken können; vgl. Erben, Abriß 45 und — über Form und Funktion des Fugenzeichens — ebda 44. Zur Auffassung, daß Derivationssuffixe wie *-isch* oder *-ung,* die „Grundwörtern" hypotaktischer Zusammensetzungen (s. o. *-werk* sowie u. 54) vergleichbar sind, als „K ö p f e" fungieren, s. Eisenberg, Grammatik 1, 215 sowie unter 40 und 64.

[38] Fleischer, Wortbildung 62 möchte die Bezeichnung einschränken auf ‚substantivierte Sätze und Wortgruppen, bei denen die zweite unmittelbare Konstituente nicht Wortart (und eventuell Genus) der ganzen Konstruktion bestimmt, also Fälle wie *Gernegroß, Nimmersatt, Dreikäsehoch, Vaterunser, Taugenichts ...'.* Zur These, daß in solchen Fällen eine durch Zusammenrückung gewonnene Ableitung vorliege, s.u. 108. Davon abzuheben sind natürlich univerbierte Syntagmen wie *aufgrund, trotzdem* — Zusammenschreibungen, die keiner Wortbildungsregel folgen. Vielleicht sollte der Terminus „Z." ‚der historischen Wortbildungslehre vorbehalten bleiben' Heinle, Zusammenrückung 78.

deverb. Ableitung (Zusammenbildung)

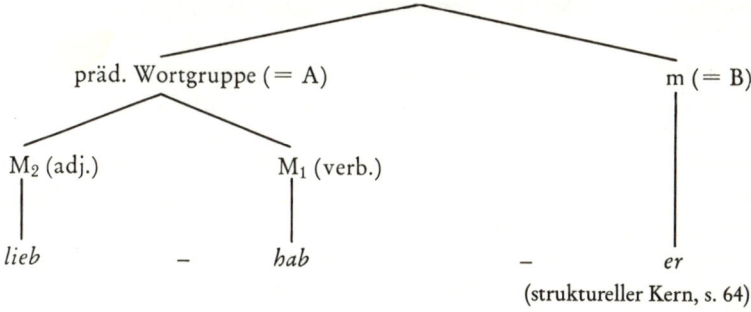

$$\text{deverb. Ableitung (Zusammenbildung)}$$

präd. Wortgruppe ($= A$)   m ($= B$)

M_2 (adj.) M_1 (verb.)

lieb   –   *hab*   –   *er*

(struktureller Kern, s. 64)

Von Zusammenbildung kann als einer besonderen Art der Ableitung dort gesprochen werden, wo eine Wortgruppe zur Basis einer suffixalen Ableitung „zusammengebildet" worden ist. Auch Beispiele wie *Schwarz-Hör-er* (= einer, der ohne behördliche Erlaubnis Radio hört) wird man aus semantischen Gründen so analysieren, also von einer verbalen Fügung *schwarz* (‚unerlaubt') *hören* ableiten, obwohl *Hörer* — rein formal betrachtet — als Glied einer direkten Zusammensetzung mit *schwarz* angesehen werden könnte. Hingegen muß eine Bildung wie *Vogelfänger* nicht von der Verbalwendung *(einen) Vogel fangen* oder von dem Kompositum *Vogel-Fang* abgeleitet werden, sondern ließe auch die Auffassung als ‚unmittelbare Zusammensetzung von *Vogel* und *Fänger*'[39] zu. Weiteres u. 159, 166 f., 179 und bei Rajnik, Bestand; über „Phrasenderivation" s. auch Lawrenz, *Zu-spät-Kommer*. Nach Leser (Problem 106 f.) ist der Begriff „Z." nicht notwendig, da sich alle Bildungen als Komposita (*Appetithemmer*) oder Derivate (*Muntermacher*) erklären ließen, wobei jedoch erhebliche semantische Probleme zu wenig überzeugenden Sondererklärungen zwingen (vgl. *Machthaber, grünäugig*). Die ‚Annahme, dass es sich um Komposita handelt, läßt sich nicht aufrecht erhalten' (Motsch, Grundzüge 9).

45 Am Ende dieses Kapitels stellt sich die Frage, ob Neuwörter nicht auch durch Zeichenkürzung entstehen können. Wer dies bejaht, denkt wohl vor allem an ökonomische Kurzformen wie *Ober(-Kellner)*, *Auto(-mobil)*, *(Omni-)Bus*, wo ein Teil des Morphemgefüges für das Ganze stehen kann, ohne daß sich Wortinhalt oder Wortart ändern. Ähnliches gilt für ‚Erleichterungsrückbildungen'[40] wie *Ausdruck* für älteres, noch bei Lessing übliches *Ausdrückung*, *Erweis(ung)*, *genial(isch)* oder *lack(ier)en*, wo die Anschlußmöglichkeit an einfachere Ableitungsmuster (*Eindruck, Beweis, kalken*) fördernde Bedingung für das Aufkommen der Kurzformen war.

---

[39] Wilmanns, Wortbildung 3.
[40] Henzen, Wortbildung 243. Zur syntaktisch bedingten „Destruktion" s. 42.

Aus der Umgangssprache bekannt sind auch Reduktionsmodelle ‚mit zusätzlicher Suffigierung' (Fleischer/Barz, Wortbildung 52): *Mutt-i* (*Mutter*), *Spont-i* (*Spontaneist*), *Pull-i* (*Pullover*).

46 Besondere Aufmerksamkeit verdient darüber hinaus derjenige Fall, wo heute eine kürzere Bildung neben einem längeren s u f f i g i e r t e n Wort a n - d e r e r W o r t k l a s s e üblich und von diesem längeren Wortkomplex her morphologisch-semantisch motiviert ist; vgl. etwa *Dreizack* (‚Stab mit 3 Zak-ken / etwas, das *dreizackig* ist') neben *dreizackig* (‚mit 3 Zacken / 3 Zacken habend'), nicht einfach durch paradigmatisches Umsetzen eines Grundmor-phems zu erklären, also nicht einfach als implizite Ableitung (s.34) zu verste-hen. Es reicht auch nicht aus, ein Null-Morphem anzusetzen (s.40 Ende). Was hier zu beobachten ist, ist offenbar Wortbildung durch T i l g u n g eines Adjektivsuffixes, Ableitung durch ein „M i n u s - Morphem", also ein ‚negati-ves Suffix'.[41] Besonders deutlich ist dies am Nebeneinander von *Sanftmut* und *Sanftmütigkeit* zu studieren; beide Feminina haben das Adjektiv *sanft-mütig* (‚sanftes Wesen habend') zur Motivationsbasis. *Sanftmut* kann offen-sichtlich, was sich auch bei rein synchronischer Analyse ergibt, nicht einfach als Zusammensetzung von *sanft* + *Mut* (mask.!) gewertet werden, die sich in ihrer heutigen Bedeutung kaum semantisch vertragen würden, sondern ist – wie *Demut* von *demütig* – als ein Ganzes vom Basisadjektiv her motiviert und durch Tilgung von *-ig* abgeleitet, wohingegen *Sanftmütig-keit* als Ablei-tung durch ein zusätzliches „positives" Suffix zu werten ist. Ähnliches gilt für *Unnatur* und *Unnatürlichkeit*, die mit „negativem" bzw. „positivem" Suf-fix von *unnatürlich* (= nicht natürlich) abgeleitet sind und ‚das Unnatürlich-Sein', ‚unnatürliches Wesen' bedeuten. Stufen der Ableitung sind etwa: (*Et-was ist*) *nicht natürlich* > 1. *un-natürlich* > 2. (*Etwas hat*) *eine Unnatur/Unna-türlichkeit*. Das Neuwort ergibt sich durch Zusatz eines weiteren Derivatems oder durch Tilgung des Basisadjektivsuffixes, wobei den Kürzungen die Sprachüblichkeit der einfachen Wörter (*Mut, Natur*) zugute kommt. Das ist offensichtlich eine wichtige Bedingung. Nicht einfache Kürzung, sondern s t r u k t u r e l l e A n a l o g i e führt zu einem Neuwort anderer Wortklasse; z.B. *mut-ig* : *Mut* = *sanftmütig* : X (> *Sanftmut*[42]) oder *natür-lich* : *Natur* = *unnatür-lich* : X (> *Unnatur*).

---

[41] Dokulil, Nullableitung 61. Weiteres u. 108 und 139.
[42] Dies wurde hier natürlich zusätzlich durch Paare wie *Hochmut* — *hochmütig*, *Schwermut* - *schwermütig* (hierzu Haas 273) gefördert. Zur Unterscheidung von ‚Wortbildung und Analogie' vgl. Höfler.

47 Eine Bestätigung ergibt sich, wenn wir die Rückbildungen von Ve r b e n einbeziehen: *notlanden* ('eine Notlandung vornehmen') und *kurpfuschen* ('sich als Kurpfuscher betätigen') sind, wie die Paraphrasierung ihres Wortinhalts zeigt, von den sprachüblicheren Substantiven *Notlandung* und *Kurpfuscher* her motiviert und als Rückbildungen mit Tilgung der Suffixe *-ung* bzw. *-er* zu werten, erleichtert durch den Anschluß an die sprachüblichen Verben *landen* und *pfuschen*, d. h. *Landung : Notlandung = landen : X (> notlanden), Pfuscher : Kurpfuscher = pfuschen : X (> kurpfuschen)*; s. Holmberg, Pseudokomposita 21 ff. Barz, Verben 88 nennt dies Tilgungskonversion.

48 Wir halten es daher für gerechtfertigt, auch bei einer synchronischen Behandlung der gegenwartsdeutschen Wortbildung mit dem Phänomen R ü c k b i l d u n g zu rechnen, wie man das für das Schwedische und Englische tut.[43] Freilich muß eine morphologisch-semantische Motiviertheit von einem suffigierten Wort anderer Klasse bestehen und nicht nur durch historische Nachweise zu belegen sein, daß z. B. *kleinstädtisch* schon im 17. Jahrhundert bezeugt ist, *Kleinstadt* hingegen erst im 19. Jahrhundert, weshalb es in diachronischer Sicht als retrograde Ableitung aus *kleinstädtisch* anzusehen wäre. Für das heutige Sprachgefühl ist jedoch *Kleinstadt* (Opposition: *Stadt, Groß-*) eine Zusammensetzung wie *Kleinbahn* oder *Kleinstaat* und andererseits die Motivationsbasis von *kleinstädtisch*; dieses — 'die Art einer Kleinstadt' charakterisierende — Adjektiv wird dementsprechend als desubstantivische Ableitung mit *-isch* empfunden, d. h. der diachronische und synchronische Befund decken sich dort nicht, wo sich die Motivationsbeziehungen im Wortschatz geändert haben.

6. Welche Regeln steuern Wortbildungsprozesse?

49 Wenn Neuwörter gebildet, also zumeist Morphemgefüge aufgebaut werden, geschieht dies nicht völlig willkürlich und regellos. Vielmehr lassen sich Regularitäten erkennen und in Regeln beschreiben, welche den Aufbau der Neuwortstrukturen in m o r p h o l o g i s c h e r wie s e m a n t i s c h e r Hinsicht, aber auch hinsichtlich der s y n t a k t i s c h e n Bedingungen (syntaktisch-kontextuellen Voraussetzungen und Folgen) darstellen. Es gilt gleichsam, das „internalisierte Regelsystem" (zu engl. *internal* 'innerlich') bewußt zu machen,

---

[43] Vgl. Holmberg, Pseudokomposita 4, die auch Rekonversion substantivierter Infinitive annimmt: 23.

dem die Sprecher aufgrund ihrer erworbenen Sprachkompetenz[44] intuitiv folgen. Dabei können allerdings grundsätzliche Abhängigkeit von den produktiven Baumustern, die beim Spracherwerb aufgenommen worden sind, und Erinnerung an vergleichbare Einzelfälle (d.h. strukturelle Analogie)[45] zusammenwirken (vgl. 18, 46 und 123).

50 Nicht zu übersehen ist, daß dem Sprecher ein Spielraum gelassen ist. Das gilt zunächst für die Wahl des Wortbildungsmusters: Zusammensetzung oder Ableitung bestimmten Typs — mit/ohne Wortklassenwechsel. Diese Wahl des Wortbildungsmusters kann freilich von der Wahl des syntaktischen Programms mitbedingt werden (vgl. o. 23 ff.). Kenntnis bestimmter Bildungen und Vertrautheit mit bestimmten — mehr oder minder produktiven — Bildungsmustern machen einen wichtigen Teil des sprachlichen Wissens aus, das zum analysierenden Verstehen wie auch zum Aufbau lexikalischer Morphemgefüge befähigt (vgl. u. 72 f., 101 und 227).

Die Kenntnis alternativer Ausdrucksstrukturen erlaubt dem Sprecher z.B., sich zu entscheiden zwischen: *Max treibt Sport* (Tut-Prädikation) — *Max ist ein sport-lich-er Typ* (Ist-Prädikation: Charakterisierung durch eine Nominalgruppe mit desubstantivischem Adjektiv) — *Max ist ein Sport-s-Mann* (Klassifizierung durch eine Zusammensetzung) — *Max ist Sport-ler* (klassifizierende Einordnung durch Ableitung einer subst. Personenbezeichnung; Suffix *-ler* statt des subst. Kompositionsgliedes *-Mann*, gleichsam eine „Pro-Form" dafür, deren Funktionswert pronominal zu umschreiben ist: ‚jemand, der das vom Basissubstantiv Genannte treibt').[46]

---

[44] Wie deren Aufbau im Bereiche der Wortbildung vor sich geht, bedarf noch der Untersuchung. Die Psycholinguistik hat bereits begonnen, sich mit den grundsätzlichen Thesen der generativen Grammatik auseinanderzusetzen, vgl. z.B. List 70 ff. Motsch hebt mit Recht hervor, daß Wortbildungsregeln ‚nicht in allen Fällen den Charakter von strengen Regeln haben, daß sie vielmehr häufig nur latent ... vorhanden sind' (Plädoyer 200); ‚die genauere Form scharfer Regeln' (Wortbildungen 65) sei umso eher gegeben, je mehr die syntaktische Funktion hochproduktiver Wortbildungsmuster ins Spiel kommt (z.B. beim substantivierten Infinitiv oder bei anderen Umkategorisierungen).

[45] ‚Daß „Wort-Bildung" nach zwei verschiedenen Prinzipien erfolgt, die man als „kompositionell-regulär" und als „analog-holistisch" bezeichnen kann' betont auch Fleischer, Produktivität 11 in Anschluß an Coulmas, words. Nach Augst/Bauer/Stein sind ‚ein sich bildendes Regelwissen und die Analogie teilweise kongruent' Grundwortschatz 61. Über ‚Analogie und Regel in der Wortbildung' vgl. ferner Motsch, Analogie und Th. Becker, Bildungsregeln 179.

[46] Zum Prinzip der pronominalen Umschreibung vgl. Wellmann, Substantiv 374. Coseriu, Wortbildungslehre 54 spricht von ‚prolexematischer Komposition'.

51 Da nicht selten eine Konvergenz zwischen verschiedenen wortbildenden Morphemen besteht, die im gleichen Wortbildungsparadigma (Funktionsstand) zusammenwirken, hat der Sprecher bis zu einem gewissen Grade
auch die Wahl zwischen Affixen, die ähnliches leisten, ja z.T. sogar als
Konkurrenten mit der gleichen Basis verbunden werden können und im gleichen Kontext ohne Informationsunterschied austauschbar sind.

Als Beispiele vergleiche man etwa: *Briefmarken muß man an-/be-feucht-en* (feucht machen). Das *Ge-knall-e/Die Knall-erei* (das wiederholte Knallen) *ist unerträglich. Die Er-
werb-ung/Der Erwerb-Ø* (das Erwerben) *von Kenntnissen ist notwendig.* Es besteht freilich eine Neigung, Doppelformen zur semantischen Differenzierung zu nutzen: *Frau-
chen* (Herrin eines Hundes)/*Fräu-lein* (Unverheiratete), *Baron-in* (Freifrau, Ehefrau eines Barons)/*Baron-ess*(e) (Freifräulein, Tochter eines Barons), *auf-wachs-en* (von Lebe-
wesen)/*er-wachs-en* (von abstr. Größen wie: Schwierigkeiten, Vorteile + fak. Dativ).

52 Auf der anderen Seite ist deutlich, daß nicht jedes Morphem mit jedem be-
liebigen anderen willkürlich verbunden werden kann. Es gibt Einschränkungen, die man herausfinden und möglichst regelhaft (Restriktionsregeln)
beschreiben muß, ebenso wie die Affinitäten (Bindungsneigungen) bestimmter Affixe zu Morphemen bestimmter Basisklassen (Wortart, Bezeichnungsklasse). Die Einschränkungen im Bereiche der Zusammensetzungen
sind am deutlichsten bei den Kopulativkomposita[47] wahrzunehmen, die
ich darum als Beispiel herausgreife. Bei diesem Typ sind beide Kompositionsglieder parataktisch verbunden. Wirkliche Nebenordnung ist aber nur
zwischen grammatisch gleichrangigen Einheiten möglich, die durch *und* verbindbar sowie grundsätzlich umstellbar sind, wenngleich eine bestimmte Abfolge normfixiert und damit der Anschein einer strukturellen Übereinstimmung mit der hypotaktischen Zusammensetzung (s.u. 54, 88 und 90) erweckt
und das Zweitglied als „dominant" empfunden (s. Breindel u. Thurmaier,
Fürstbischof) werden kann. Daraus ergibt sich als erste Einschränkungsregel:
Nur wortfähige Grundmorpheme gleicher Wortklasse können paarig
verbundene Glieder eines Kopulativkompositums werden. Hinzu kommt ferner eine semantische Einschränkung: Bedingung ist Zugehörigkeit zur gleichen Bezeichnungsklasse. Dieser syntaktisch-semantischen Forderung
genügen z.B. die Glieder von *Dichter-Komponist* (beide subst. Personenbezeichnungen), *sauer-süß* (beide adj. Geschmacksbezeichnungen), *vier-zehn*
(beide Zahlwörter), *neben-bei* (beide Raumpartikeln).

---

[47] Zu lat. *copulativus* ‚aus einer Verbindung bestehend' (vgl. *koppeln*), der anschauli-
che Ausdruck der altind. Grammatik lautet *Dvandva* (eig. ‚Paar', s. Anm. I 7). Zur
‚Semantik der koordinativen Verknüpfung' s. Lang 258 f.

53 Im Hinblick auf die parataktischen Nominalkomposita (mit substantivischen oder adjektivischen Gliedern), deren Bestand — anders als der der Zahlwörter oder Lokaladverbien — noch wesentlich ausbaufähig ist, könnte man noch präzisieren, daß ihnen eine doppelte Ist-Prädikation zugrundeliegt, und daß sie auf Größen beziehbar sind, denen jedes der beiden Kompositionsglieder als Prädikativ zukommt: *R. Wagner ist ein Dichter-Komponist* = ein Dichter, der auch Komponist ist (bzw. umkehrbar: ein Komponist, der auch Dichter ist). *Die Sahne ist sauer-süß* = sauer und zugleich süß (bzw. süß und zugleich sauer). Logisch gesehen besteht in diesen Fällen offenbar eine Beziehung der partiellen Klasseninklusion:

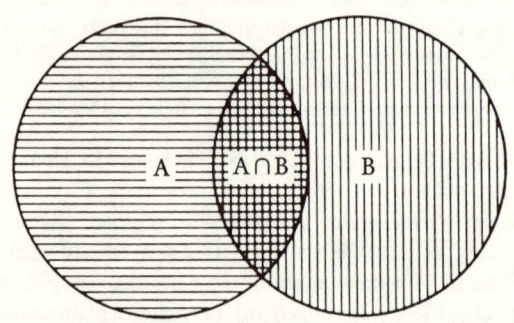

A = z. B. die Klasse der „Dichter" oder des „Sauren";
B = die Klasse der „Komponisten oder des „Süßen".

Die Schnittmenge (Untermenge von A und B) umfaßt nur diejenigen Elemente, die sowohl zu A als auch zu B gehören, also Merkmale der Klasse A und B aufweisen. Nur ein Teil aller Dichter ist zugleich Komponist, und nur wenige Komponisten sind obendrein Dichter. Auch von hier aus wird deutlich, daß Eigennamenverbindungen getrennt zu halten sind. Sie stellen meist eine ‚logische Summe'[48] dar (z. B. *Garmisch-Partenkirchen, Baden-Württemberg, Österreich-Ungarn*) oder signalisieren eine Ganzes-Teil-Relation (*Berlin-Steglitz, Wien-Floridsdorf* = Hauptort — Vorort). Zu unterscheiden ist ferner der ähnlich scheinende Typus *Farn-kraut, Eich-baum*, wo das Zweitglied B (*Kraut, Baum*) verdeutlichend die weitere/höhere Klasse angibt, welche alle Angehörigen der vom Erstglied A (*Farn, Eiche*) genannten Klasse völlig einschließt:

---

[48] Rohrer, Wortzusammensetzung 14. Vgl. jedoch Neuß, Kopulativkomposita 53. Eine ‚gemeinsame Menge von Fundierungsmerkmalen' (Lang, a.a.O.) — bei *Dichterkomponist* etwa CREATOR (lit.-mus.) — ist den EN-Verbindungen kaum zuzusprechen.

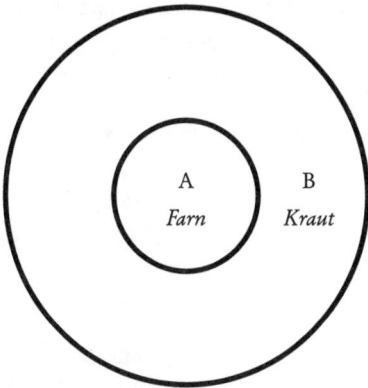

Es gilt also: *Jeder Farn/Jede Eiche ist ein Kraut/Baum,* aber nicht die Umkehrung, sondern nur: *Einige/Diese Kräuter/Bäume sind Farn-kräuter, Eich-bäume.*

54 Bei den hypotaktischen Zusammensetzungen, den sog. Determinativkomposita (zu lat. *determinare* ,begrenzen, bestimmen', s.o. 40), scheinen weniger strenge Einschränkungsregeln feststellbar. Zwar finden sich auch hier im wesentlichen nur Substantive oder Adjektive als Zweitglied (Grundwort), doch kann das Erstglied (Bestimmungswort) aus jeder Wortklasse des Deutschen gestellt werden.[49] Es muß also dem Substantiv kein Substantiv vorausgehen. Streng festgelegt ist allerdings die Abfolge: Bestimmungswort (1. Hauptglied) — Grundwort (2. Hauptglied), so daß *Bier-faß* von *Faß-bier* klar zu unterscheiden ist; ersteres ist ein ,Faß, in dem Bier aufbewahrt werden kann', letzteres ,Bier' mit dem Zusatzmerkmal: ,wird aus dem Faß abgefüllt'. Das Grundwort nennt in der Regel die begriffliche Grundklasse und bildet auch in Hinblick auf den grammatischen Status (Wortklasse, Genus, Kasus) des zusammengesetzten Wortes ,das Standbein des Gefüges'.[50]

55 Darüber hinaus gibt es weitere Einschränkungen. Ich greife hier als besonders geeignetes Beispiel den Typ Adjektiv + Substantiv heraus, z.B. *Glatt-Eis.* Hier muß also das Bestimmungswort ein Adjektiv sein, und zwar eines, das semantisch vereinbar (kompatibel) ist mit dem Grundwort und daher auch syntaktisch mit diesem verbindbar, z.B. *Das Eis ist glatt* (prädikativ)/*Das glatt-e Eis* (attributiv). Beim Zusammensetzen zum

[49] Vgl. Erben, Abriß 44. S.u. 104 und Anm. 12 (III A).
[50] Bühler, Sprachtheorie 335 f.

Wortkomplex *Glatteis* wird das Flexionszeichen ebenso wie ein eventuelles Gradadverb (*Das sehr glatt-e Eis*) in der Regel getilgt und auch nicht durch ein Steigerungspräfix ersetzt, d.h. es gilt etwa folgende Regel, in der M_1 für den subst. Kern der Wortgruppe bzw. Wortzusammensetzung und M_2 für das adj. Prädikativ, Attribut bzw. Bestimmungswort geschrieben wird:

$$D\text{-}(er/ie/as) \quad M_1 \text{ ist sehr } M_2 \Rightarrow$$

$$D\text{-}(er/ie/as) \quad sehr \ M_2 \text{ -}e + M_1 \Rightarrow$$

$$D\text{-}(er/ie/as) \quad \boxed{\varnothing \ M_2 \text{ -}\varnothing \text{ -}M_1}$$

Flexionselemente sind hier in der Kompositionsfuge (s.o. 42 f.) sehr viel seltener als beim Typus Substantiv + Substantiv. Erstens scheinen sie entbehrlich im Wortverband und zweitens würden sie die strukturelle Abhebung des zusammengesetzten Wortes von der attributiven Wortgruppe aufheben (vgl. den Ausnahmefall *die Langeweile, der Langeweile* im Unterschied zu *die/der Kurzweil* oder auch einen Personennamen wie *Liebermann* gegenüber *Liebknecht*); Weiteres u. 57 f.

Von der oben genannten syntaktisch-semantischen Regel her ist klar, daß Bildungen wie *Liebhaber, Schwarzhörer, Feinschmecker* nicht diesem Baumuster folgen, obwohl ein unflektiertes Adjektiv das Erstglied zu bilden scheint (vgl. jedoch o. 44).

56 Festzustellen ist ferner eine Regularität in m o r p h o l o g i s c h e r Hinsicht. Offensichtlich ist bei diesem Baumuster die Silbenzahl des Erstgliedes beschränkt, d.h. ein e i n s i l b i g e s, suffixloses („primäres", einmorphemiges) Adjektiv wird am ehesten als Bestimmungswort verwendet: *Alt-stadt, Hochhaus, Rot-licht.*

Mehrsilbige Adjektive mit schwachtonigem Suffix werden vergleichsweise selten genutzt. In den eingebürgerten Zusammensetzungen *Edel-mann, Eigen-name, Sauerkirsche* tritt *-el/-en/-er* wohl kaum als eigenständige Sprechsilbe hervor, ebensowenig wie *-(i)sch* in *Deutsch-land*. Immerhin wagen Vertreter bestimmter Fachsprachen Bildungen wie *Fertig-gericht, Flüssig-gas* und *Niedrig-wasser*, doch ist das Suffix *-isch* in *Polit(-isch-es)-Büro* und *Polit-ökonomie* getilgt, wobei man freilich an entsprechende russ. Wörter mit *polit-* anschließen konnte. Man sagt zwar außer der *Heilige Abend* auch *Heilig-abend*, aber nicht **Heilig-geist* (höchstens Komposita wie *Heilig-geist-amt/kirche*) und keinesfalls **Eisig-Fläche* oder **Eilig-zug*, weil hier der Typus *Eis-fläche* (Subst. + Subst.) bzw. *Eil-zug* (Verbale Basis + Substantiv) dominiert. Der Markenname *Kölnisch Wasser* kann laut Duden auch zusammengeschrieben werden, doch werden Stadtnamen wie *Schwäbisch Gmünd* oder *Schwäbisch Hall* gewöhnlich getrennt geschrieben, Ländernamen wie *Französisch-Guinea* mit Bindestrich, wobei das attributive Adjektiv unflektiert bleibt.

57 Wichtiger als die Einschränkung der Silbenzahl ist offenbar noch, daß eine betonte Silbe dem Grundwort voransteht. Diese Bedingung wird von einsilbigen (einmorphemigen) Adjektiven erfüllt, aber auch von mehrsilbigen (mehrmorphemigen), die endbetont sind und ohne weiteres erstes Kompositionsglied werden können; z.b. heimische Adjektive mit schwachtonigem Präfix: *Geheim-kontakte, Gesund-brunnen* oder fremdwörtliche Adjektive mit Endbetonung: *Effektiv-wert, Elementar-schule, General-amnestie*[51], *Minimal-betrag, National-rat, Normal-zustand, Polar-eis, Präsidial-verfassung, Privat-leben, Universal-erbe.*

58 Schwachtonige Flexionselemente würden dieser Bedingung widersprechen. Das gleiche gilt natürlich für die Komparativendung *-er*, nicht aber für das unsilbische Signal des Superlativs *-st*[52]; daher gibt es neben *Hoch-form*, keine **Höher-form*, wohl aber: *Höchst-form*, entsprechend *Klein-* neben *Kleinst-wagen, Schwer-* und *Schwerst-verbrecher*. Nicht selten gibt es überhaupt nur die Bildung mit der Höchststufe des Adjektivs: *Best-zeit* (aber: *gute Zeit*), *Mindest-lohn*, zumal Superlative keine Nennung einer Vergleichsgröße fordern. Damit wird zusammenhängen, daß ‚die begriffskonsolidierende Funktion der . . . Nominalkomposita mit komparativischem Adjektiv viel weniger ausgeprägt' ist (Willems, Tageshöchsttemperaturen 59).

59 Daß auch inhaltliche Bedingungen formuliert werden müssen, zeigt sich, wenn wir attributive Fügung und formal entsprechende Zusammensetzung vergleichen, z.B. *die alte Stadt, die Alt-stadt; ein hohes Haus, ein Hochhaus* oder *eine dunkle Kammer, Dunkel-kammer*. Beide sprachlichen Einheiten sind offensichtlich nicht inhaltsgleich. Daher kann Th. Mann diese semantische Unterscheidung ausnutzen und am Anfang von Kapitel 12 seines „Dr. Faustus" formulieren: ‚*Halle war, wenn auch keine Großstadt, so doch eine große Stadt*'. Hier ist deutlich erkennbar, daß das Adjektivkompositum Teil einer abstufenden sprachlichen Reihe ist: *Klein-, Mittel-, Großstadt* (gewöhnlich mit einer Einwohnerzahl über 100 000).

60 Besonders Fach- und Sonderprachen nutzen dieses Baumuster gern zur terminologischen Unterscheidung. Die Verwaltungssprache unterscheidet *Kinder*[53], *Klein-kinder* (,bis zu 6 Jahren'), *Kleinst-kinder* (,bis zu 2 Jahren'), die Techniker heben als gegensätzliche Arten *Schwach-* von *Stark-strom* ab, die Jäger *Rot-* vom *Schwarz-wild*, die Meteorologen etwa *Kalt-* und *Warm-front, Schlecht-* und *Schön-wetter*, die Germanisten sogar *Alt-hoch-deutsch, Mittel-* und *Neu-h.-d.*

61 Hingegen gibt es in der Allgemeinsprache z.B. nicht **Schön-stadt*, obwohl *eine schöne Stadt* üblich ist. Das ist nun nicht den unergründlichen

---

[51] Aber nicht: **Generell-*. Bsp. einer ellipt. Bildung ist *Polar*(gebiets)*forscher*.
[52] Nur bei dentalem Basisauslaut findet sich die Vollform *-est: Mind-est-lohn*.
[53] Die Zusammensetzung **Groß-kind* wäre möglich, aber überflüssig.

Entscheidungen einer „Norm" zuzuschreiben, sondern einer Aufgabenverteilung zwischen Wortgruppe und Wortzusammensetzung. Hauptaufgabe der Zusammensetzung mit adjektivischem Erstglied ist es offensichtlich, etwas als Sonderart oder Sonderkategorie abzuheben, wo dies dem Sprecher bzw. einer Sprechergruppe sachlich erforderlich erscheint. Daher gibt es zwar *Hoch-haus*, aber nicht **Niedrig-Haus*; *Glatt-eis* (für eine gefährliche Art von Eis auf Verkehrswegen), hingegen nicht **Glatt-Tisch*, da spezielle Tischarten in der Allgemeinsprache nicht unterscheidungsnotwendig sind. Es werden daher als Erstglieder weniger wertende als artkennzeichnende Adjektive gewählt, so daß Komposita wie *Gut-mensch* oder *Dumm-deutsch* selten, ja auffällig sind (s. auch Motsch, Grundzüge 379 f. und zum semantisch abweichenden Typ *Dumm-, Schlau-kopf* u. 107). Die spürbare Tendenz zur semantischen Spezialisierung der Komposition, die bis zur Entwicklung völlig neuer Inhaltsmerkmale gehen kann (vgl. *Groß-* ‚alt, auf vorelterlicher Generationsstufe' in: *Groß-vater*), erklärt sich aus der Aufgabe, eine Sonderart kategorial abzuheben, die eine Subklasse (Teilmenge) der vom Grundwort allein genannten Klasse darstellt:

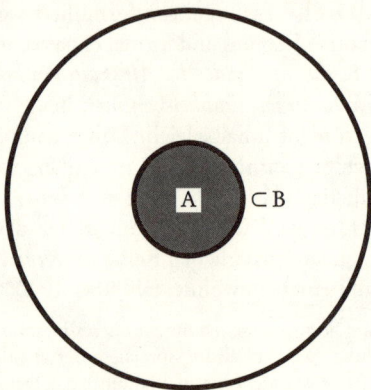

A = z.B. Wildschwein oder Hochhaus;
B = Schwein oder Haus

Formaler Ausdruck dieser Funktion ist die Übernahme des Wortakzents durch das adjektivische Bestimmungsglied: *ein wildes Schwein, ein hohes Haús* ⇒ *ein Wíld-schwein, Hóch-haus*.

62 Durch Aufgeben der Flexionselemente, pausenlose feste Bindung an ein substantivisches Grundwort, Übernahme des Neuwortakzents und inhaltliche Spezialisierung hebt sich das Adjektivkompositum von der attributiven Gruppe ab. Das ist allerding auch sehr nötig, da ein adjektivisches Attribut im syntaktischen Vorfeld des Substantivs, also unmittelbar vor dem substantivischen Kern der Wortgruppe steht, während ein substantivisches Attribut gewöhnlich nachsteht und schon durch diese Abfolge vom entsprechenden Kompositum strukturell abgehoben ist (vgl. *Fest der Kinder* und *Kinder-fest*).

63 Ein Photograph, der für seine Arbeit einen speziellen Raum, *eine Dunkelkammer*, braucht, läßt im übrigen die Möglichkeit offen, von *einer dunklen Kammer* zu sprechen, ebenso der Historiker, der mit *Neu-zeit* den modernen Abschnitt der Geschichte von der Vorzeit, besonders dem Mittelalter, abhebt, im übrigen aber den freien syntaktischen Gebrauch *eine neue Zeit* (*bricht an* usw.) nicht behindert. Neben *Neu-zeit* gibt es übrigens — gleichzeitig im 19. Jahrhundert aufkommend — auch die Bildung *Jetzt-zeit*; offensichtlich ein Ansatz, die Restriktionsregeln des Baumusters auszuweiten und auch Beiwörter als erstes Kompositionsglied zuzulassen, die sonst nur a d -
v e r b i a l gebraucht werden. Vgl. noch *Links-partei*, die Partei derer, die nach ihrer ursprünglichen Sitzordnung im Parlament links saßen; *Sofort-programm*, ein Programm, das sofort verwirklicht werden soll. Fördernde Bedingung war — außer der Tatsache, daß sich adj. und adv. Beiwörter funktional nahe stehen — auch das Vorhandensein von Scheinmustern mit einem Zweitglied, das eine Handlung oder einen Handelnden bezeichnet, so daß die gesamte Bildung aus einer verbalen Fügung ableitbar ist: *Links-rutsch, Sofort-hilfe* (aus: *nach links rutschen, sofort helfen*); *Allein-koch, Grob-schmied* (einer, der *allein kochen, nur grobe Arbeiten schmieden* kann). Der °*Früh-invalid-e* ist natürlich Substantivierung der Zusammenrückung (*Er ist*) *früh invalid*, die auch Basis einer Ableitung werden kann: *Frühinvalid-ität*. Zu 59 ff. vgl. Erben, Zur dt. Wortbildung 302 ff. Zu den nur eingeschränkt üblichen Bildungen des Typs *Fast-ebene, Noch-geschäft, Nur-sportler, Beinahe-kollision* vgl. Fleischer, Wortbildungsaktivität 126 f. sowie Dt. Wortbildung 4, 693 ff.

64 Auch für die A b l e i t u n g e n gelten offensichtlich Einschränkungen, die es herauszufinden und regelhaft zu beschreiben gilt. Zunächst sind die Affixe den drei offenen Wortklassen der deutschen Sprache zugeordnet, deren Bestand noch wesentlich vermehrbar ist: Substantiv, Adjektiv (-Adverb) und Verb.[54] Zur Vermehrung ihres Bestandes stehen jeweils w o r t k l a s s e n s p e -
z i f i s c h e A f f i x e bereit, d.h. man kann mit *-ung* nur ein Substantiv, mit *-lich* nur ein Adjektiv und mit *-ier(-en)* nur ein Verb ableiten.

Sofern solche Formantien in Wörtern einer anderen Klasse auftreten, sind sie ein Zeichen sekundärer oder tertiärer Ableitung (s. o. 40 f.) und in der Regel durch ein weiteres Derivatem, das die Zielklasse der neuen Wortbildung bestimmt, umprogrammiert; vgl. *Lack-ier-ung* (= M-m_1-m_2), *Ver-wirk-lich-ung* (= m_2-M-m_1-m_3), Ergebnis der Stufenfolge *Lack* > *lack-ier(-en)* > *Lack-ier-ung* bzw. *wirk(-en)* > *wirk-lich* > *ver-wirk-*

[54] Vgl. Erben, Wortbildung 86 und Abriß 60.

lich(-en) > *Ver-wirk-lich-ung*; *-ung* (= m$_2$ bzw. m$_3$) signalisiert dann den Substantivcharakter beider Ableitungen. Es bildet gleichsam ‚den strukturellen K e r n (oder „Head") der Wortstruktur' und bestimmt ‚die morphosyntaktischen Eigenschaften (Kategorie, Genus, Flexion usw.) des komplexen Wortes' Olsen, Wortbildung 99.

65 Weiterhin besteht eine weitgehende Spezialisierung der wortbildenden Morpheme in der Hinsicht, daß einige vorwiegend oder ausschließlich der syntaktischen oder semantischen M o d i f i k a t i o n eines Basislexems dienen, ohne dessen Wortklassenzugehörigkeit zu ändern (d.h. Subst. 1 > Subst. 2, Adj. 1 > Adj. 2, Verb 1 > Verb 2), andere hingegen vorwiegend oder ausschließlich der T r a n s p o s i t i o n in eine andere Wortklasse und deren Positionsmöglichkeiten (s.o. 23 f.) dienen[55]:

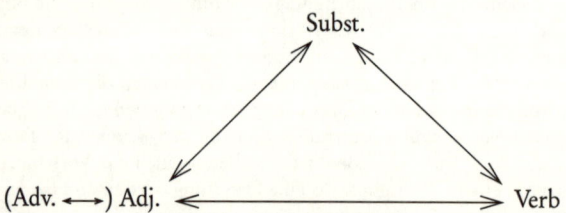

Subst.

(Adv. ⟷) Adj. ⟵ Verb

Mittels *-chen* kann man z.B. nur ein Substantiv modifizieren (*Stein* > *Steinchen*), mittels *-ung* hingegen nur ein Verb (bzw. eine verbale Fügung) in die Klasse der Substantive transponieren (*stell-en* > *Stell-ung, in Stand setzen* > *In-stand-setz-ung*).[56]

Am wenigsten ‚für bestimmte Kategorien des Basiswortes spezialisiert' sind wohl adjektivbildende Suffixe: ‚*-lich* verbindet sich mit Verben (*erklärlich*), Nomen (*polizeilich*) und Adjektiven (*ärmlich*)' Motsch, Grundlagen 207.

66 Weiterhin bestehen Einschränkungen der K o m b i n i e r b a r k e i t zwischen bestimmten A f f i x e n und bestimmten B a s e n (basisfähigen Grundmorphemen). Sie sind teils in der semantischen Unverträglichkeit begründet

---

[55] Im nachfolgenden Schema weiche ich etwas von Gauger, Wörter 64 ab, indem ich z.B. der Tatsache Rechnung trage, daß im Deutschen auch ein Adverb wie *dort, sofort* zum Adjektiv umgeprägt werden kann: *dort-ig, sofort-ig.*

[56] Der Typus *Wald-ung* (s. Paul, Grammatik 5, 73 f.) ist nicht mehr produktiv. Die Affixe lassen sich natürlich auch nach der Kombinierbarkeit mit Basen unterschiedlicher Wortart in „Distributionsklassen" einteilen (vgl. Fleischer, Produktivität 16). Zur systematischen Aufgliederung in „Modifikation" und „Transposition" vgl. Wellmann, Substantiv 107 ff. bzw. 209 ff. Dazu „Mutation" (Seidelmann, Grundzüge 161) für „semantosyntaktische" Änderungen, doch wird angesichts der Abgrenzungsschwierigkeit gemeinhin auf die Annahme einer dritten Veränderungsart verzichtet.

(vgl. *Ries[e]-chen* oder *zer-blühen*), teils gibt es lautlich-formale Gründe (*Bach-chen*, *Stühl-lein* oder das *Ge-án-streich-e*, *Ge-organ-isíer-e*), z.T. auch das Hemmnis einer Inkongruenz der Stil- bzw. Sprachschicht (*Ess-erei*, aber nicht *Speis-erei*; *Brutal-ität*, aber nicht *Wild-ität*)[57], oder es besteht keine sachliche bzw. textliche Notwendigkeit zu bestimmten Kombinationen (zwar *der Hund, die Hünd-in*, aber nicht *der Floh, die *Flöh-in*). Andererseits kann auch die wirksame „Konkurrenz" eines anderen Bildungstyps bestimmte Kombinationen verhindern (z.B. *Stech-ung*, weil *Stich*; *Bell-ung*, weil *Gebell*; *Sterb-ung*, weil *das Sterb-en* und die Hemmung durch das unmotiviert gewordene, aber sprachübliche Verbalabstraktum *Tod*, zu ahd. *touwen*; vgl. engl. *death* neben *to die*).

Über das Bestreben, einer störenden Homonymie auszuweichen (*Leb-er*) s.u. 134. Weiteres über ‚Blockierungsphänomene' in der Wortbildung bei A. Werner.

67 Wo mehrere Affixe gleicher oder ähnlicher Funktion sprachüblich sind (vgl. o. 51), besteht zwar für den Sprecher eine größere Möglichkeit der Auswahl, doch in der Regel keine uneingeschränkte Freiheit der Wahl. Sehen wir einmal vom einfachen Fall der Verkleinerungsbildungen ab, wo die Entscheidung für das Deminutivsuffix -*chen* oder -*lein* außer von der sprachlandschaftlichen Zugehörigkeit des Sprechers vor allem vom Basisauslaut abhängt[58], und nehmen wir als aufschlußreiches Beispiel die sog. Vorgangskollektiva, die ein wiederholtes Tun oder Geschehen bezeichnen. Eine verbale Aussage wie *Es pfeift wiederholt* kann natürlich durch eine Konstruktion mit dem substantivierten Infinitiv nominalisiert werden (⇒ *Das wiederholte Pfeifen*), wobei das charakterisierende Beiwort als Attribut gesetzt werden muß. Doch steht neben dieser etwas umständlichen grammatischen Möglichkeit ein besonderes Wortbildungsmuster zur Verfügung, dessen Paradigma die Affixe *Ge-* BV -(*e*)[59] oder BV -(*er*)*ei*[60] als wortbildende Morpheme zugehören. Treten sie an ein Basisverb (BV), so wird gemeinhin das geschilderte Geschehen als „lästig" abgewertet; vgl. *das Ge-pfeif-e, die Pfeif-erei* oder

---

[57] Fremdmorpheme bilden mehr oder weniger periphere Sondersysteme; vgl. Reihen wie *real, Real-ität, Real-ist, Real-ismus; Transport, transport-ier-en, Transport-eur, transport-abel*. Über die eingeschränkte Kombinierbarkeit entlehnter Basen und Affixe vgl. Munske, Mischsprache 66.

[58] Vgl. o. 66 und Erben, Abriß 127 f.

[59] Besonders nach -*el/-er* wird das -*e* meist nicht gesetzt: *Ge-tümmel, Ge-hämmer*; aber auch: *Ge-heul-e* mit Verstärkung der „frequentativen" bzw. „pejorativen" Komponente (neben *Ge-heul*).

[60] Wenn das Basisverb schon auf -*er* oder -*el* endet, gilt die Kurzform -*ei: Hämmer-ei, Drängel-ei*. Vgl. zum Folgenden Naumann, Differenzierungserscheinungen.

das Ge-sing-e, die Sing-erei. Diese Ableitungen können zwar grundsätzlich durch den substantivierten Infinitiv des Basisverbs vertreten werden, doch geht dabei der Hinweis auf die unerwünscht hohe Frequenz und damit die Wertung verloren (vgl. *das Pfeifen, Singen*), wenn nicht das Basisverb ohnehin tadelnden Charakter hat (*das Pfusch-en/ die Pfusch-erei*).

68 Steht es jedem Sprecher nun völlig frei, welches der beiden Affixe er mit irgendeinem Basisverb verbindet? Keineswegs. Es liegt zunächst auf der Hand, daß die zahlreichen Basisverben, die schon ein Präfix oder einen prä-fixartigen Verbzusatz haben, nur mit *-erei* verbindbar sind: *die Versteck-erei, Vor-sag-erei, Herum-steh-erei.*

Das gleiche gilt für komplexe Verben, die selbst von einem zusammengesetzten Basis-substantiv abgeleitet sind: *Schul-meister-ei* (*das Schul-meister-n*, d.h. den Schulmeister spielen), oder die in verbspezifischen Fügungen stehen, wenngleich intransitive Ver-ben auch bei *-erei* die Hauptmasse der Basen stellen[61]: *Schön-red-erei, Wahr-sag-erei*[62], *Lebewohl-sag-erei, Zigaretten-rauch-erei.*

69 Nicht weniger wichtig als die morphologisch-syntaktischen Bedingun-gen sind die s e m a n t i s c h e n . Unter diesem Aspekt erweisen sich die *-erei*-Bildungen als Ableitungen von Verben, die sich fast ausschließlich auf m e n s c h l i c h e s Verhalten (besonders menschliche Bewegungen, Auseinan-dersetzungen und Äußerungen) beziehen und mit entsprechenden Sub-jektnominativen verbunden werden. Da man auf lästige oder als unsozial empfundene menschliche Verhaltensweisen zielt, überrascht es nicht, daß die *-erei*-Bildungen auch mit dem Pluralzeichen *-en* verbindbar sind und aus-drücklich eine Vielheit unerwünscht häufiger Aktionen anzeigen können: *die Lauf-erei-en, Neck-erei-en, Schönred-erei-en*. Bildungen mit *Ge-* hingegen sind numerusindifferent und mehr globale Bezeichnungen, wobei die Nähe der desubstantivischen Sammelnamen (*Ge-tier, Ge-stänge* = die Tiere, Stan-gen insgesamt) spürbar ist. Außerdem setzen sie nur z.T. Basisverben voraus, die sich auf ein menschliches Agens beziehen (*Ge-tu-e, Ge-frag-e*), häufiger

---

[61] Bei den wenigen „reflexiven" (rück- oder wechselbezüglichen) Basisverben entfällt das Reflexivum: *sich verstell-en, sich prügel-n* ⟹ *die Verstell-erei, Prügel-ei*. Auch transi-tive Verben geben gewöhnlich ihr obligatorisches Akkusativobjekt auf: *Quäl-erei, Hänsel-ei.*

[62] Daneben steht *Wahr-sag-er*, wie *Groß-tu-er* neben *Groß-tu-erei* (zu *sich groß tun*) und *Zech-prell-er* neben *Zech-prell-erei* (zu *die Zeche prellen*), wobei auch mit d e s u b s t a n -t i v i s c h e r Ableitung des Vorgangskollektivs zu rechnen ist: *Zechpreller-ei* (*das Zech-preller Sein, die Betätigung als Zechpreller*), vgl. *Schurkerei* (*das Schurke Sein, Verhalten eines Schurken*).

solche, die eine kaum unterscheidbare Masse als Handlungsträger haben (*Getümmel*, *Ge-dräng-e*) oder nichtmenschliche Subjektgrößen (*Ge-bell*, *Ge-donner*, *Ge-dröhn-e*, *Ge-tös-e*), wo Bildungen mit *-erei* kaum üblich sind. Es besteht also zwischen beiden Affixen bis zu einem gewissen Grade eine k o m - p l e m e n t ä r e   D i s t r i b u t i o n, d.h. sie ergänzen sich; wo das eine nicht kombinierbar ist, tritt das andere ein, wenngleich eine „Überlappung" des Anwendungsbereiches festzustellen ist (*Ge-heul-e/Heul-erei*).

70 Grundsätzlich läßt sich festhalten, daß zwar „K o n v e r g e n z e n", ja „Konkurrenzen" (s.o. 51) sprachüblich sind, daß aber k e i n e s w e g s eine g e - n e r e l l e   A u s t a u s c h b a r k e i t funktionsähnlicher Morpheme besteht.[63]

Diese ist natürlich dort überhaupt nicht gegeben, wo die gleiche affixale Lautform im Dienste eines anderen Wortbildungsmusters steht, also am besten durch eine abweichende Hochzahl als anderes Morphem unterschieden wird; z.B. folgt *Ge-* in begrenztem Ausmaß auch dem „Subjekttyp" (*Ge-röll*, *Ge-wächs* = das Rollende, Wachsende) und *-erei* dem „Lokaladverbialtyp" (*Fleisch-er-ei*, *Gieß-er-ei* = Betrieb, in dem Fleischer, Gießer arbeiten). Vgl. Dt. Wortbildung 2, 50 und 68.

71 Auch wo m e h r e r e   A f f i x e zur Verwirklichung desselben Wortbildungsmusters herangezogen werden können, besteht gewöhnlich eine k o m - p l e m e n t ä r e   D i s t r i b u t i o n (s.o. 51, 67 u. 68 f.), und selbst im Falle der „Überlappung" gibt es k e i n e   G l e i c h w a h r s c h e i n l i c h k e i t der Kombination mit entsprechenden Basisklassen.

Es gibt z.B. denominale Eigenschaftsbezeichnungen mit *-heit* (*Krank-*, *Narr-heit*) und *-schaft* (*Schwanger-*, *Freund-schaft*), die auf „Basissätze" mit einem adj./subst. Prädikativum zurückführbar sind und als „Nominalisierungen" der Ist-Prädikationen angesehen werden können: *Sie ist krank/schwanger. Er ist ein Narr/Freund* ⟹ *Ihre Krankheit/Schwanger-schaft* bzw. *Seine Narr-heit, Freund-schaft*. Man kann jedoch mit ziemlicher Wahrscheinlichkeit voraussagen, daß deadjektivische Eigenschaftsbezeichnungen in der Regel mit *-heit* gebildet werden, desubstantivische hingegen mit *-schaft*, vgl. 135.

72 Wissenschaftliche Voraussagen über die W a h r s c h e i n l i c h k e i t   k ü n f - t i g e r   W o r t b i l d u n g e n und über ihre voraussichtliche Akzeptabilität, d.h. darüber, welche Bildungen größere Aussicht haben, allgemein angenommen zu werden, sind freilich nicht allein intuitiv oder nur auf eine ad-hoc-Befragung weniger Informanten gegründet zu machen, ebensowenig wie sich überhaupt eine vertretbare generative Wortbildungsregel formulieren läßt, ohne daß eine genaue Untersuchung aller schon gemachten Bildungen dieses oder jenes Baumusters vorgenommen ist und eine Prüfung, ob eine beliebig große oder eingeschränkte Anzahl geeigneter Basen für weitere Neuwortbil-

---

[63] Vgl. Erben, Bemerkungen zur „inhaltbezogenen" Wortbildungslehre.

dung eines Musters zur Verfügung steht. Der Synthese muß die A n a l y s e
vorausgehen, d.h. man muß sich schon die Mühe machen, die reihenhaft
vorliegenden, deutlich motivierten (durchsichtigen) Wortbildungsstrukturen
zu analysieren und auf wirksam gewordene Gesetzmäßigkeiten (m o r p h o -
l o g i s c h e, s y n t a k t i s c h e, s e m a n t i s c h e Regularitäten bzw. Restriktionen) hin zu prüfen.[64] Erst auf Grund einer repräsentativen, usuelle wie okkasionelle Bildungen umfassenden Materialbasis, die auch s t a t i s t i s c h e
Aussagen erlaubt, wird man das Ausmaß bestehender Konvergenzen und
Konkurrenzen beurteilen sowie die — besonders für die Sprachpflege aktuel-
le — Frage beantworten können, ‚in welchen Fällen ein jedes Wortbildungsmittel zulässig‘[65] ist und welchen Spielraum der Sprecher hat, für gewöhnlich
oder in besonderen Situationen bzw. Textarten (p r a g m a t i s c h e r und s t i -
l i s t i s c h e r Aspekt der Wortbildung, s.u. 75). Ohne Zweifel besteht eine
‚dialektische W e c h s e l b e z i e h u n g zwischen den wortbildenden P r o z e s -
s e n und dem F u n k t i o n i e r e n der Wortbildungsstrukturen‘, eine ‚Wech-
selbeziehung der Prozesse und der Ergebnisse, die selbst wieder zu Bedingungen neuer Prozesse werden‘[66] und darum durch eine zureichende Analyse
durchleuchtet werden müssen.

73 Selbst u n p r o d u k t i v scheinende Wortbildungsstrukturen, die aber durchsichtig
und durch Motivationsbeziehungen im System des Wortschatzes verankert sind, dür-
fen nicht unbeachtet bleiben, da die Wahrscheinlichkeit eines weiteren Ausbaus der
Reihe nicht auszuschließen ist und sie allein durch ihre Kopräsenz im Sprachschatz als
potentielles Muster wirken oder das eventuelle Üblichwerden anderer Morphemgefüge hemmen können.[67]

74 Eine wissenschaftliche Beschreibung der deutschen Wortbildung muß
also einiges mehr umfassen, als nur einige formalisierte Faustregeln zur Bildung lexikalischer Syntagmen als Anhängsel zum Syntaxteil der Grammatik.
Der syntaktische Aspekt der Wortbildung ist wichtig, aber nicht der einzig
wichtige. Auch dürfte schon deutlich geworden sein (vgl. 29 sowie 61 f.) und
im folgenden Hauptteil III noch klarer werden, daß selbst eine Zusammen-

---

[64] Vgl. jetzt auch Motsch: ‚Das ganze Aufgabengebiet einer Wortbildungstheorie
wird besser umrissen, wenn man zunächst die Regeln aufsucht, nach denen im Lexikon existierende derivierte Wörter analysiert werden können. Daran müssen dann
Angaben darüber angeschlossen werden, welche Regeln aktiv sind und in welchem
Grade sie produktiv sind‘ Wortbildungsregeln 215.
[65] Gabelentz, Sprachwissenschaft 122.
[66] Dokulil, Theorie 206. Vgl. auch Tompa, Grammatik 104 sowie Porzig, Sprache
132.
[67] Weiteres in: Dt. Wortbildung 1, 9 f. u. Erben, Zur dt. Wortbildung 301 f.

setzung schon vorhandener Wörter zu einem Kompositum nicht einfach als ‚ein kondensierter, geschrumpfter Satz‘[68] aufzufassen ist. Das komplexe Wort ist zwar mit einer äquivalenten (annähernd bezeichnungsgleichen) syntaktischen Kette vergleichbar, aber keineswegs gleich, sondern eine sprachliche Alternativform e i g e n e r   S t r u k t u r, die nicht einfach — unmittelbar und eindeutig — syntaktische Beziehungen widerspiegelt[69], noch allein durch Beachtung syntaktischer Verbindungsregeln aufzubauen ist (s.u. 227).

Man wird also die in der ‚Deutschen Wortbildung der Innsbrucker Gruppe‘ zu findenden ‚Anregungen für eine vertiefte semantische Analyse‘ aufnehmen und sich weiter um eine ‚fundierte s e m a n t i s c h e Analyse von Wortbildungstypen‘ bemühen, in der begründeten Annahme, daß ‚die Besonderheiten der Laut-Bedeutungsbeziehungen in komplexen Wörtern durch Regeln dargestellt werden können‘ (Motsch, Grundlagen 195 und 209), wenn dies auch — auf Grund der ‚Unschärfe von Wortbildungsregularitäten‘ — gewöhnlich nicht ‚strikte Regeln‘ (Motsch, Grundzüge XI) sein können; vgl. Anm. 44.

7. Sind Wortbildungsregeln überall und immer gültig?

75 Ohne Zweifel nicht. Weder sind die Wortbildungsmuster und -mittel der hochsprachlichen Norm alle in der gleichen Vollständigkeit und gleichen funktionellen Belastung auch in den deutschen M u n d a r t e n dominant[70], noch gelten sie gleichermaßen in allen T e x t a r t e n der gesprochenen und geschriebenen Standardsprache. Es gibt offensichtlich funktionalstilistische Unterschiede sowie areal- und soziolinguistisch bemerkenswerte Differenzierungen. Im Märchen sind z.B. Deminutivbildungen texttypisch (*Hänsel und Gretel, Dornröschen, Brüderchen und Schwesterchen, das kluge Schneiderlein, Spieglein an der Wand* u.a.), hingegen haben Bildungen mit *-ismus* nur in Zeitungstexten und geisteswissenschaftlichen Schriften eine vergleichsweise hohe Frequenz, da sie leicht eine grobe Einordnung bestimmter Phänomene im geistigen oder politischen Raum ermöglichen, ohne daß sich die Verfasser immer darauf einlassen müssen, genauer zu bestimmen, was denn nun *Ex-*

---

[68] Gauger, Wörter 159.

[69] Vgl. Dokulil, Verhältnis 217. Weiteres in: Dt. Wortbildung 1, 8.

[70] Vgl. z.B. die Diss. von Küng über die Verbalpräfixe in den tirolischen Mundarten, wo etwa statt der hochsprachlichen Präfixe *ent-*, *er-* und *zer-* gemeinhin *der-* sprachüblich ist und ein vergleichsweise eingeschränktes Präfixsystem gilt. Daß das Adjektivsuffix *-ig*, um ein zweites Beispiel zu nennen, nicht nur im Tirolischen viel produktiver ist als in der Hochsprache, zeigt u.a. Löfflers Bericht über eine kontrastive Grammatik von alem. Mundart und Hochsprache.

pression-ismus oder *Marx-ismus* wirklich bedeutet. Nun ist *-ismus* ein Fremd-morphem, das seit dem 16./17. Jahrhundert so in das deutsche Sprachsystem integriert worden ist, daß heute meist eine korrelative Personenbezeichnung mit *-ist/-iker* daneben steht sowie eine Adjektivbildung auf *-(ist-)isch*: *Er ist (schreibt/malt als) Expression-ist* oder *expression-ist-isch. Sein Expression-ismus erregt Aufsehen.*

76 Ohne Zweifel sind zunächst zahlreiche fertige Bildungen ins Deutsche entlehnt worden: *Atheismus — Atheist* (< Nlat., 16. Jh.), *Calvinismus — Calvinist* (< Franz., 16./17. Jh.), *Sozialismus — Sozialist* (< Franz., 1. Hälfte 19. Jh.). Damit waren M u s t e r gegeben, weitere entsprechende Strukturen zu bilden; denn die bei all den Ent-lehnungen wiederkehrenden Endsilben mit ihrer deutlichen grammatisch-semanti-schen Funktion waren leicht abhebbar und mit anderen nominalen Basen des Fremdwortbestandes oder mit Eigennamen kombinierbar.[71]

77 ‚M o r p h e m a t i s i e r u n g fremdsprachiger Elemente‘[72] kann also zur Änderung und Bereicherung des Affixbestandes führen, ebenso wie das schon erwähnte U m f u n k t i o n i e r e n wortfähiger Grundmorpheme zum Präfix oder Suffix (s. o. 33). Damit ist bereits grundsätzlich festgestellt, daß weder der Bestand an wortbildenden Morphemen noch die Kombinations-geln der Wortbildungsmuster in allen Sprachen gleich sind (vgl. 209) und un-veränderlich starr festliegen. Auch bestehende Restriktionen können sich än-dern.

Während Campe[73] 1801 im Hinblick auf das eingebürgerte Fremdpräfix *ex-(Consul)* noch streng formuliert: ‚Man setzt dieses lat. Verhältniswort, welches a u s bedeutet, zu T i t e l n und bildet die seltsamen Zusammensetzungen: *Ex-Minister, Exprofesser, Ex-rath* usw. Wir können dafür der gewesene, der ehemalige Minister, Professor, Rath usw. sagen‘, heißt es im ‚Wörterbuch der deutschen Gegenwartssprache‘ (1966 ff.) 1169 bereits: ‚heute produktive Vorsilbe, die vor P e r s o n e n b e z e i c h n u n g e n a l l e r A r t treten kann‘. Und in der Tat finden wir bei Tucholsky z.B. einen *Ex-Urlauber*[74], und in heutiger Zeitungssprache Bildungen wie *Ex-Seemann, -Taxifahrer, -Nazi, -Nonne, -Verlobte.* Vielleicht ist diese Ausweitung, die sich schon in Heines Gedicht ‚Der Ex-Nachtwächter‘ ankündigt, der Grund dafür, daß man stattdessen bei Titeln neuerdings gern das verbindlichere und an Ehrentitel wie *Alt-meister* erinnernde Kom-positionsglied *alt-* gebraucht: *der Alt-Bundespräsident, Alt-Bürgermeister.* Daß sich im Bereich der Zusammensetzungen einschränkende Regeln lockern können, haben wir

[71] Vgl. Wellmann, „Ismen“. Über Versuche der Nachbildung des engl. Typs *roll-in, sit-in* vgl. Schmidt, ROLL-IN; zum bildungssprachlichen Typus *kafka-esk* s.u. 184.

[72] Fleischer, Tendenzen 138.

[73] Verdeutschung 343. Campe empfiehlt die Schreibung *Professer* (vgl. ebda 550). Zum Musteraufkommen im Französischen und Deutschen s. Hoppe, *ex-* 169 f. und 173 ff.

[74] Werke 3, 944.

im übrigen bereits am Typus *Jetzt-Zeit*, der im 19. Jh. neben *Neuzeit* aufkommt, gezeigt (s. o. 63).

78 Damit ist bereits einsichtig geworden, daß die Wortbildung nicht nur streng s y n c h r o n i s c h betrachtet werden kann, sondern auch d i a c h r o n i s c h untersucht werden muß. ‚Diachronie und Synchronie sind beides historische Aspekte ein und desselben sprachlichen Entwicklungskontinuums'[75], die sich gerade im Bereich der Wortbildungslehre ergänzen müssen. Verschiebungen der Produktivität bestimmter Baumuster, Änderung des Affixbestandes und der Konvergenzen zusammenwirkender Affixe desselben Wortstandes sowie Modifizierung von Restriktionsregeln erfordern und verdienen Beachtung. Selbst wenn wir von der offensichtlichen Dynamik des sprachlichen Lebens und des unter neuen kommunikativen Bedingungen sich ändernden Verhaltens der Sprecher absehen wollten, sind die G r e n z e n einer rein s y n c h r o n i s c h e n Betrachtungsweise nicht zu übersehen. Sie bleibt uns eine Erklärung des gegebenen Sprachzustandes mitsamt einer stattlichen Reihe auffälliger Seltsamkeiten schuldig (vgl. z. B. die Bildung *art-ig* zu *Art*, aber *bärt-ig* zu *Bart* oder das Nebeneinander von *Un-* als Negationspräfix und Steigerungspartikel: *Un-ordnung, Un-kosten*). Zudem muß sie alles, was sich nicht in eine präzise Regel fassen läßt, als A u s n a h m e beiseiteschieben, ganz abgesehen einmal von den sog. u n i k a l e n Morphemen, die heute außerhalb aller Funktionszusammenhänge stehen und ohnedies dem etymologischen Wörterbuch überlassen werden müssen (vgl. o. 20). Nimmt man solche Ausnahmen einmal unter die historische Lupe, so kann sich unter Umständen herausstellen, daß es eigentlich gar keine Ausnahmen sind.

79 Bei der synchronischen Analyse kann man z.B. die Regel aufstellen, daß niemals zwei Präfixe gleichzeitig vor ein Grundwort treten. Wo D o p p e l p r ä f i x e im Deutschen auftreten, bildet stets eine schon vorhandene, sprachübliche Präfixbildung die Basis, vor die ein weiteres Präfix tritt, den Raum- bzw. Zeitbezug präzisierend oder die aktionale Abstufung verdeutlichend: *auf-er-steh(-en), aus-verkauf(-en)*, nicht selten auch ein schon präfigiertes Basissubstantiv verbalisierend: *ver-aus-gab(-n), be-an-spruch (-en)*.[76] Nur *ein-ver-leib(-en)* und *an-be-raum(-en)* scheinen der Regel zu widersprechen. Aber es läßt sich zeigen, daß auch hier ein Präfix vor eine Präfixbildung getreten ist. Im späten Mittelhochdeutschen stand nämlich *ver-līb-en* (in einen „Leib" bringen) neben *īn-līb-en*, beides Versuche, lat. *in-corporare* deutsch wiederzugeben, die im 15./16. Jh. kombiniert werden zu *ein-ver-leiben*. Im anderen Falle ist das 2. Präfix zwar nicht an *be-raum-en* getreten, wohl aber vor *be-ram-en*, Präfixbildung zu mhd. *rämen* ‚als Ziel (= mhd. *rām*) ins Auge fassen'; spätmittelhochdeutsch *be-rämen* heißt

---

[75] Ungeheuer, Sprache 55.
[76] Weiteres vgl. Kühnhold, Doppelpräfigierung.

also ‚etwas als Ziel festsetzen‘ (mit betontem Objektbezug). Der große Lexikograph der Goethezeit, Adelung (vgl. o. 3), erklärt dann: *einen Termin berahmen* oder *beraumen* ‚nur noch in der Schreibart der Kanzelleyen für bestimmen, ansetzen üblich. siehe *an-berahmen*, welches gewöhnlicher ist‘ (Wörterbuch 1, 855). Die volksetymologische Anlehnung (s. o. 20) der nicht mehr verstandenen Basis *ra(h)m* an *Raum* und die Doppelpräfigierung ist also erst für das 18. Jahrhundert bezeugt. Demgegenüber ist im Niederländischen die einfache Präfixbildung *be-ramen* (‚planen‘) bewahrt.

✗ **80** Was heute als unerklärliche Ausnahme erscheint, war nicht immer irregulär. Es kann sich sogar herausstellen, daß ein scheinbar abseitiger R e s t b e - s t a n d (Ausnahmeblock) eine a l t e, einst allein produktive W o r t b i l d u n g s - m ö g l i c h k e i t bewahrt hat, so daß sich das heutige widerspruchsvolle Nebeneinander[77] als entwicklungsgeschichtliches Nacheinander erweist.

Beispiel dafür ist der desubstantivische Adjektivtypus *frucht-bar*, eig. ‚Frucht tragend‘ (zu althochdeutsch *beran* tragen, neuhochdeutsch *ge-bär-en*). Erst in Anschluß an doppeldeutige Fälle wie *dank-* oder *ehr-bar*, die auch auf Verben beziehbar waren, ist die heute allein produktive deverbale Ableitung als neues Baumuster aufgekommen: *brenn-, haft-bar* (< intr. Verb, ‚kann/muß brennen, haften‘); *eß-, greif-bar* (< trans. Verb, ‚kann gegessen, gegriffen werden‘).

81 Ohne hier weitere Beispiele zu häufen, halten wir abschließend die Einsicht fest, daß man nicht bei einem nur synchronischen Befund der Gegebenheiten im Bereich der heutigen Hoch- und Schriftsprache stehenbleiben sollte, sondern gerade im Bereich der Wortbildung versuchen muß, den gegenwärtigen Sprachzustand — in seiner Besonderheit und seinen Entwicklungstendenzen — durch Kontrastierung mit der Bestandsaufnahme einer früheren Entwicklungsstufe des Deutschen zu erhellen, Zufälligkeiten, Uneinheitlichkeiten oder Regelwidrigkeiten historisch zu erklären und neben der S t a t i k eines scheinbar stabilen Gleichgewichtszustandes unserer Gegenwartssprache eben nicht die D y n a m i k zu übersehen, d.h. die Spannung zwischen „Norm“ und „Verstößen“ sowie die norm- oder gar systemverschiebende Bewegung: sich anbahnende Änderungen im Bestand der wortbildenden Morpheme oder im Regelwerk ihrer Fügungsweisen, Produktivitätsverschiebungen, Vordringen oder Rückgang bestimmter Wortbil-

---

[77] Nach Motsch sind ‚in einer synchronen Beschreibung ... a k t i v e und i n a k t i v e Regeln zu unterscheiden. Nur die aktiven determinieren die möglichen derivierten Wörter einer Sprache, während inaktive und aktive die usuellen derivierten Wörter des Lexikons analysieren‘ Wortbildungsregeln 215. ‚Weshalb werden Regeln inaktiv? Weshalb werden Regeln unterschiedlich häufig benutzt? . . .‘ sind ‚interessante Fragen‘, ‚keine Mysterien im Sinne Chomskys, die man besser aus der wissenschaftlichen Aufgabenstellung ausschließt‘ Motsch, Analogie 32.

dungstypen in bestimmten Textarten bzw. Sprachschichten u. ä. Auch der Geograph kann sich ja nicht mit der einfachen Kartographie, z. B. dem Luftbild einer Landschaft und einer dürren Statistik begnügen, sondern muß die Aufnahme und die Zahlen kritisch zu deuten versuchen, d. h. als Ergebnis bestimmter Prozesse und bewegender Faktoren interpretieren, wonach dann auch vorsichtige Voraussagen möglich werden.

82 Wo Regeln der Wortbildung verletzt werden, können diese „Ve r s t ö ß e" auf fehlerhafte Texte einzelner beschränkt bleiben; sie sind ökonomiebedingte Fehlkonstruktionen (*Reitende Artillerie-Kaserne*), individuelle Wortmischungen (*fürcht-erbar < fürcht-erlich + furcht-bar*)[78] oder Interferenzfehler durch Einfluß fremdsprachlicher oder mundartlicher Strukturen (*fürcht-ig* statt *fürcht-erlich* nach alem. *fiərchtig*)[79], die ohne Nachwirkung bleiben. Verstöße können aber auch — bewußte oder unbewußte — Vo r s t ö ß e zur Ausweitung der normalen Ausdrucksmöglichkeiten sein und unter Umständen auch erfolgreich wirken.[80] So gesehen hat die Fehleranalyse auch einen sprachgeschichtlichen Aspekt.

83 Im übrigen ist natürlich mit dem bewußten Ü b e r s p i e l e n der Norm zu rechnen, dort nämlich, wo damit offensichtlich ein besonderer s t i l i s t i s c h e r Effekt, die sprachliche Einwirkung auf eine bestimmte Zielgruppe, die man aufmerksam machen will u. ä., angestrebt wird. Fehlerhaft, doch vielleicht werbewirksam ist z. B. die Bildung *frisch-wärts* (*-wärts* sonst nie mit einem Basisadjektiv verbunden). Interessanter sind natürlich literatursprachliche Abweichungen, z. B. die unübliche Suffixkombination *Fremd-ling-in*

[78] Wortkreuzung (Kontamination) kann freilich auch bewußte Wortbildungsart sein; vgl. ‚*Stagflation (das Zusammenfallen von Inflation und stagnierender Beschäftigung)*' Tiroler Tageszeitung v. 28. 12. 72; ‚Informatives, das immer häufiger als „*Infotainment*" daherkommt, zu „*Entertainment*" degradiert' FAZ 5. 10. 95; sodann die Meldung in der Süddt. Zeitung vom 21. 7. 72: ‚*Einziger „Liger" der Welt gestorben . . . eine Kreuzung aus Löwe und Tiger*' oder den Buchtitel ‚*Ustinovitäten. Einfälle und Ausfälle von Peter Ustinov*' (1972). Zu verweisen ist auch auf *jein* (< *ja* + *nein*) als Antwortpartikel der Unentschiedenheit. Weiteres bei Meid, Zeichen.
[79] Vgl. Löffler, Werkstattbericht 107. Wenn ein Schüler *spitz-ig* statt *spitz* bildet, kann außer dem produktiven Adjektivsuffix der Mundart (vgl. Anm. 70) auch die Assoziation eines sinnähnlichen Adjektivs wie *eck-ig* mitwirken.
[80] So wird der fehlerhafte Bezug eines Adjektivattributs auf das substantivische Erstglied einer Zusammensetzung oft schon nicht mehr als Fehler empfunden, wenn das Adjektiv auch mit dem Zweitglied vereinbar ist: *deutsche Literatur-geschichte* (eig. ‚Geschichte der deutschen Literatur'); vgl. Bergmann, Verregnete Feriengefahr.

(bei Sternheim und Trakl)[81], die lexematische Verselbständigung des Suffixes: *Mein Liebling — mein Feigling — mein Ling* (Musil)[82] oder satirisch-agitatorische Ableitungen von Eigennamen: ‚Sein Verhalten hat seinen Namen gebräuchlich gemacht: *jemand barzelt, benimmt sich barzelhaft, gehört zur Barzelei*' (Grass).[83] Auch sprachspielerische, poetisch wirksame Zusammensetzungen wie *Purzel-wald* (nach *Purzel-baum*, bei Morgenstern)[84] oder *Nachtwindhund* (ebda)[85] verdienen Beachtung, ebenso wie das effektvolle Auflösen sprachüblicher oder vermeintlicher Komposita: ‚*Ein Stiefel wandern und sein Knecht*' (ebda)[86]; ‚*Drüben am Walde/Kängt ein Guruh —/Warte nur balde/Kängurst auch du*' (Ringelnatz).[87] Selbstverständlich, aber nicht unwichtig ist, daß selbst eine u n e r w a r t e t e Zusammensetzung zweier Wörter, die semantisch wenig zueinander zu passen scheinen, stilistisch wirksam sein und geradezu eine zentrale thematische oder spannungweckende Funktion haben kann (vgl. u. 100 und 102). Besonders gilt dies für ‚emblematische Komposita' wie *Gnaden-Frucht*.[88] Ungewöhnliche Komposita können ungewöhnlichen syntaktischen Fügungen entsprechen, wie sich das z.B. bei Trakl beobachten läßt, in dessen Versen *der Abend ist blau* mit *blauer Abend* und *abendblau* oder *der Duft der Rosen ist schwer* mit *schwerer Duft* und *duft-schwer* wechselt.[89] Natürlich finden wir auch in den poetischen Texten der Frühzeit eindrucksvolle Beispiele dafür, daß der s t i l i s t i s c h e Aspekt der Wortbildung beachtet werden muß.[90]

84 Ich hebe hier nur zwei Sonderprägungen der älteren Dichtersprache heraus; aus Zeile 4 unseres althochdeutschen Hildebrandsliedes: *sunu-fatar-ungo*, das im Deutschen beispiellose, archaisch anmutende Kopulativkompositum (s. o. 52) mit Suffix, das nachdrücklich kundtut: hier bereiten sich Sohn und Vater zum Kampf gegenein-

---

[81] Vgl. Fleischer, Aspekte 484. Zu Trakl vgl. Doppler, Bild 13.
[82] Zit.: Erben, Abriß 131.
[83] Grass, Schnecke 120.
[84] Galgenlieder 70. *Purzelbaum* ist natürlich von *sich bäum-en* motiviert.
[85] Galgenlieder 42. Morgenstern kombiniert *Nacht-wind* und *Wind-hund* (eig. wendischer H.).
[86] Galgenlieder 152. Vgl. u. 102.
[87] Auswahl 29. Parodie der berühmten Goetheverse (Wandrers Nachtlied 2).
[88] Vgl. Möller, Thränen-Samen 95 ff. und über Komposita mit metaphorischem Zweitglied Erben, Vergleichsurteile 318 ff.
[89] Weiteres bei Pilhak, Adjektiv 234 ff. und 277 ff.
[90] Vgl. Erben, Textspezifische Gelegenheitsbildungen des Kompositionstyps Adjektiv + Substantiv in althochdeutschen Texten sowie Erben, Komposition und Tradition im „Ackermann aus Böhmen".

ander; sodann die Komposita im berühmten Alterslied Walthers von der Vogelweide:[91] *sīn lilje-rōse-varwe* (seine, nämlich meines Leibes, weiße und rote Farbe, die wie die der Lilie und Rose war) wart *sō karkel-var* (eig. ‚nach dem Kerker [der Seele] aussehend‘, eine höchst ungewöhnliche Bildung, als Kontrast zur Doppelung der Blumennamen in der ersten Zusammensetzung). Als Mitte der Schlußstrophe weisen sie in der Aussage einer knappen Verszeile auf den unerwartet raschen Wandel zur Hinfälligkeit.

85 Unsere grundsätzlichen Vorbemerkungen können also mit der Feststellung schließen, daß die Wortbildung auch unter dem Gesichtspunkt der literarischen Stilistik Beachtung verdient, weil sie Wesentliches zur Textkonstitution beitragen kann. Daher muß auch die Frage nach der stilistischen Leistung eines Neuworts (Neologismus) gestellt werden[92], und nach seinem Aufschlußwert für die geistige Haltung eines Autors[93] oder einer Zeit — ein interessantes Aufgabenfeld für gemeinsame Studien von Sprach- und Literaturwissenschaftlern.[94]

[91] Edition Lachmann-Kraus 97 (68,2). Vgl. Erben, Sprachstil 33 ff.

[92] Vgl. Erben, Neologismen und Gataullin, Textpotenzen. Über ‚die Zusammenhänge von Wortbildung und Textbildung im Dienste virtuoser effektvoller Theaterkritik‘ (bei A. Kerr) vgl. Erben, Vorstöße 8 sowie: Nominationsvarianten 399 ff.

[93] So kann sich Subjektivismus auch als ‚sprachlicher Subjektivismus‘ zeigen und die ‚Neigung zu Neologismen‘ — etwa bei Heine — auch als ‚Protest gegen sprachliche Normensysteme‘ (Koopmann, Lyrik 316) zu deuten sein. Über ‚Wortbildung und Literatur‘ vgl. Handler.

[94] Vgl. Erben, Wortbildung und Textbildung 548 ff.

III. Grundzüge der deutschen Wortbildungslehre

A. in synchronischer Sicht

Allgemeines

86 Nachdem die Grundfragen und Grundbegriffe umrissen sind, soll der systematische Aufbau des Fachgebietes überschaubar gemacht werden. Er ergibt sich aus den verschiedenen Arten der deutschen Wortbildung, die von der Wortschöpfung (s.o. 15), der Formenbildung (s.o. 32) und von der Satzbildung (s.o. 28 f.) abgegrenzt worden ist. Wortbildung wird verstanden als geregelter Aufbau lexikalischer Einheiten aus einem oder mehreren Vertretern der Klasse Morphem (s.o. 30—33). Geregelt nennen wir den Aufbau deshalb, weil er von morphologischen, syntaktischen und semantischen Einschränkungsregeln (s.o. 49 und 72) sowie von mehr oder weniger reihenhaft produktiven Baumustern bestimmt wird (s.u. 227). Nebenstehende Skizze (= Abschn. 87 S. 59) faßt die elementaren Möglichkeiten der deutschen Wortbildung zusammen.

88 Auf die strukturelle Ähnlichkeit der produktivsten Bildungsarten, Zusammensetzung und Ableitung (A + B und A + b), ist bereits im Abschnitt 40 hingewiesen worden. Eine völlig einheitliche Interpretation aller Wortbildungsarten nach dem Aufbauschema „Determinans — Determinatum" wäre allerdings nur durch einige zwar systemlogische, aber sprachfremde Annahmen erreichbar. Vor allem müßte man annehmen, daß die parataktische Zusammensetzung (52 f.) nur ein unbedeutender Grenzfall der hypotaktischen (Determinativ-)Komposition (54 ff.) sei[1] und daß beim einfachen Wortklassenwechsel (Typus der impliziten Ableitung oder der Konversion: 34 ff.) ein „Nullmorphem" Worbildungshilfe leiste. Das Nullmorphem (Ø) hätte dann freilich bald Suffix-, bald Präfixwerte unterschiedlicher Art: *Lauf-Ø* in struktureller Analogie zu *Lauf-erei*, *Ø-Lauf-Ø* in Entsprechung zu *Ge-lauf-e; öl-Ø-en* analog zu

---

[1] Diese Annahme empfiehlt sich auch deshalb nicht, weil die Erscheinung, daß kein Glied einer Fügung dominiert, sondern eine wechselseitige Bestimmtheit zweier gleichgeordneter Glieder besteht, auch in der Syntax festzustellen ist. Entweder gibt man dann die Überzeugung einer strukturellen Entsprechung zwischen Wortgruppe und Wortzusammensetzung auf, oder man muß auch die beiordnende Wortgruppe zum Sonderfall der unterordnenden Gruppe erklären.

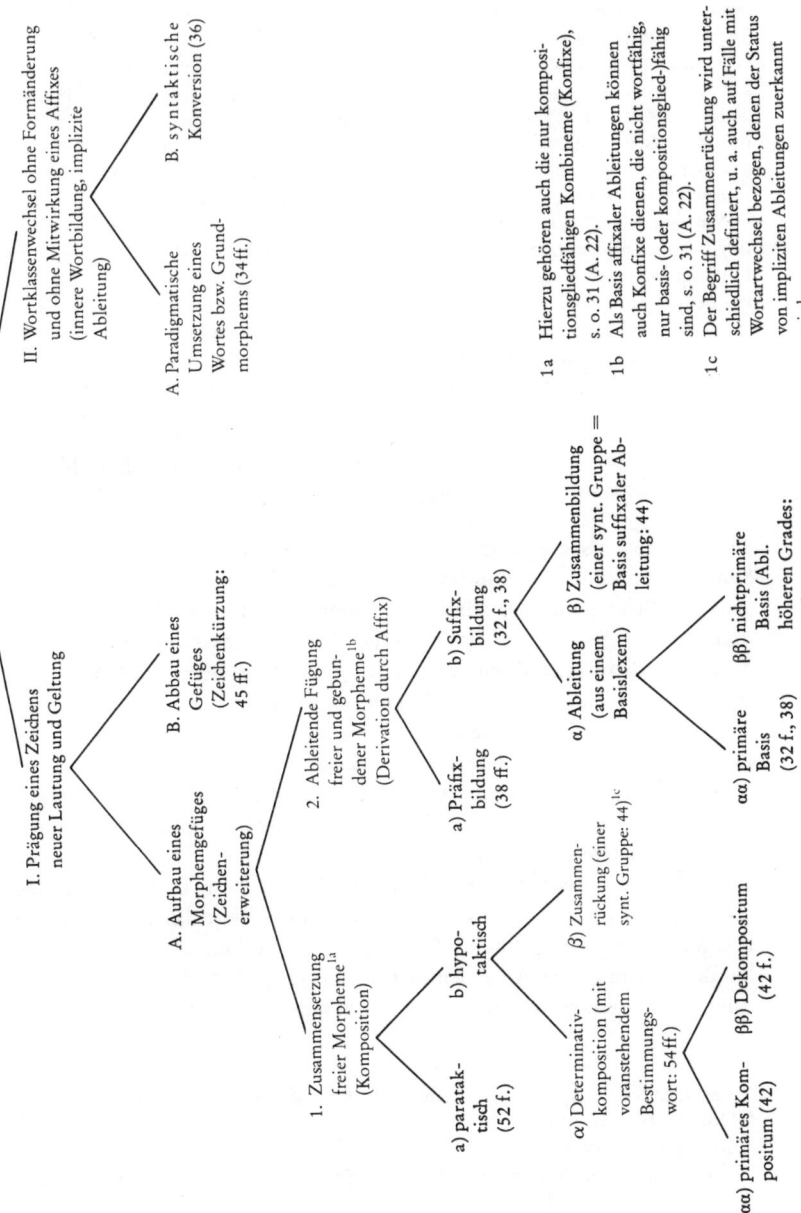

asphalt-ier-en, aber eigentlich auch *Ø-öl-en* gemäß *ver-kork-en, be-fleck-en* („ornative" Verben: ‚mit dem, was das Basissubstantiv nennt, versehen'). Da ein Nullmorphem in verschiedenen Entsprechungsreihen angenommen werden kann — man könnte es z.B. bei Nomina actionis (*Dank, Abstoß* = ‚das Danken, Abstoßen') wie bei Nomina agentis (*Abfall, Anhang* = ‚das Abfallende, Anhängende') ansetzen, und zwar mit Genus masc. (s.o.) wie auch mit Genus fem. (*Arbeit, Rast* = ‚das Arbeiten, Rasten') —, avanciert es zu demjenigen Morphem, das die meisten und verschiedenartigsten Funktionswerte haben kann[2]; zuweilen könnte es sogar für ein getilgtes („negatives") Suffix stehen: *Sanftmut-Ø* (aus *sanftmüt-ig,* s. 46). Das weitgehende Rechnen mit einem Nullsuffix würde also u.a. dazu zwingen, ‚ein „positives Nullsuffix" (als Null vor dem Hintergrund eines positiven Suffixes …) von einem „negativen Nullsuffix" (als Null vor dem Hintergrund eines negativen Suffixes …) zu unterscheiden'.[3] Jedenfalls gibt es anscheinend ‚kein geschlossenes Formensystem, das die Bedeutung einer Form mit Ø-Bildungssuffix von der bestimmter Ableitungen prägnant abgrenzen würde'.[4] Daher wird man prüfen müssen, wie weit das Rechnen mit einem Nullmorphem bzw. Null-Allomorphem grundsätzlich vertretbar und im Hinblick auf die Struktur der Objektsprache angemessen ist (s. 40 und 141). Andererseits ist der Vorteil, ‚alle vermeintlichen nicht-kombinatorischen Wortbildungstypen auf eine zugrundliegende kombinatorische Operation reduzieren'[5] zu können, nicht gering zu veranschlagen.

89 Wichtiger als die eingehende Beschäftigung mit weniger produktiven Sonderarten der Wortbildung (s.o. 87: I B und II) ist für eine Einführung die genauere Behandlung der am meisten genutzten Ausbaumöglichkeiten der drei offenen Wortklassen (Substantiv, Adjektiv-Adverb und Verb, s.8): K o m p o s i t i o n (d.h. Zusammensetzung freier Morpheme) und D e r i v a t i o n durch Affix (d.h. ableitende Fügung freier und gebundener Morpheme). Diese beiden Hauptverfahrensweisen der ‚Benennungsbildung'[6] dienen zur Bestandsvermehrung der offenen, d.h. ausbaufähigen Klassen. Sie unterscheiden sich in ihrer Leistung dadurch, daß die Zusammensetzung im wesentlichen der semantischen M o d i f i k a t i o n von substantivischen oder adjektivischen Primärwörtern, d.h. von „Nominalkonzepten" dient, die Ableitung außer der semantisch-syntaktischen Modifikation von Basislexemen auch und vor allem die T r a n s p o s i t i o n in eine andere Wortklasse, also eine Umkategorisierung ermöglicht (s. 65). Meist fixiert das Derivat ‚einen kategorialen Begriff von großer Allgemeinheit, während durch die lexikalische Bedeutung des Grundwortes im Kompositum ein Begriff mit einer größeren

---

[2] Vgl. auch Kastovsky, Nullmorphem 9 und Aronoff, Word Formation 70 f.
[3] Dokulil, Nullableitung 63.
[4] Tompa, Grammatik 86.
[5] Olsen, Konversion 203. Zum Null-Allomorphem vgl. Naumann, Einführung 21.
[6] Barz, Wortbildung 22.

Anzahl spezifischer Merkmale erfaßt wird.[7] Aus sachlichen und pädagogischen Gründen erörtern wir zunächst die wichtigsten Kompositionstypen, dann die Wortbildungsparadigmen (s. 51) der Ableitung im heutigen Deutsch.

1. Kompositionstypen[8]

a) Kopulativkomposition

90 Zusammensetzungen weisen in der Regel zwei Hauptglieder auf (s. 40). Im einfachsten Falle sind diese einmorphemig: A + B = M_1 + M_2 bzw. M_2 + M_1 (s. 38), doch können sie auch mehrmorphemig sein, wenn zu einem primären Kompositum weitere Grundmorpheme als Zusatzbestimmungen treten und ein Dekompositum gebildet wird (s. 42 f.) oder wenn Affixbildungen zu Kompositionsgliedern gemacht werden. Sind beide Glieder parataktisch verbunden, also gleichgeordnet und auf Größen beziehbar, denen jedes der beiden Kompositionsglieder als prädikative Bestimmung zukommt, so müssen beide der gleichen Wort- und Bezeichnungsklasse angehören (s. 52 f.). Es besteht allerdings zwischen ihnen eher ein antonymisches als ein synonymisches Verhältnis, da es gerade um die Verbindung unterschiedlicher Bestimmungen einer doppelten Wesensart, Erscheinungsform, Funktion u.ä. geht: *Gott-Mensch, sauer-süß.* Dieser Typ der Kopulativkomposita (s. 52) ist vergleichsweise selten, doch durchaus noch bei Substantiv und Adjektiv produktiv: *Arzt-Kosmonaut, Schauspieler-Autor, Kinder-Gangster, Radio-Fernseher;* ,*ein neu-alter Freund*' (Hesse), ,*solchen bösguten und gutbösen Menschen*' (Musil).[9] Das Zustandekommen solcher Bildungen auch in der Umgangssprache zeigt ein trübsinniger Dialog zweier Sachsen über das schlechte Wetter: ,(Er) *So naß.* (Sie) *Jahah — unn so galld drbei.* (Er abschließend) *Hm! Richdich naß-galld*';[10] das Kopulativkompositum faßt als Verbindung zweier gleichgeltender Ist-Prädikationen den abschließenden Befund zusammen: *naß-kalt.*

---

[7] Barz ebda. ,Das Repertoire der Generalia auf der Seite der Derivationen ist stark begrenzt' Meineke, Substantiv 270; bei der Substantivderivation nennt Meineke 10 Generalia oder „Kategorialbegriffe" (269 und 443 ff.).

[8] Vgl. Ortner, Kompositaforschung sowie Meineke, Tradition, ferner die Übersicht und Typenbeschreibung in Dt. Wortbildung 4, 126 ff. und 145 ff. sowie 5, 32 ff. und 168 ff.

[9] Zit. bei Erben, Abriß 168.

[10] Merian, Sachsen 50.

Beim Verbum wirken solche „Koppelungen" ungewöhnlich (vgl. Donalies, *keuchgrinste*): *Wie Zacconi mit sperroffenem Munde gelegentlich lachweint* (Kerr zit. bei Erben, Vorstöße 4). *‚Bevor der Berliner aber tadelt oder lobtadelt'* Tucholsky, Werke 2, 327; *‚er fluchbetet nicht mehr'* Max v.d. Grün (zit. bei Fleischer, Wortbildung 306). Doch werden sie z.T. fachsprachlich genutzt (*man fließpreßt Formteile*), meist in infiniter Form. Daher finden sich auch sondersprachliche Substantivkomposita mit einem Doppelverb als Bestimmungsglied: *Koch-wasch-mittel, Bet-sing-messe*, vgl. u. 106.

Als Besonderheit der Adjektivbildung abzuheben ist die mehrgliedrige ‚Anreih-Komposition aus Farbbezeichnungen' (Dt. Wortbildung 5, 15): *weiß-rot-blau*; ferner die Bündelung verschiedener Aspekte durch ‚gleichgeordnete Beziehungs- oder Eigenschaftsbegriffe' (ebda): *christlich-puritanisch-asketisch-e Quellen*.

b) Determinativkomposition

α) mit substantivischem Grundwort

91 Während Kopulativkomposita nur in beschränktem Ausmaß produktiv geworden sind, spielen die Determinativkomposita (s. 54) nach Häufigkeit und Leistung eine außerordentlich wichtige Rolle. Sie sind eindeutig hypotaktisch organisiert, d.h. das wortschließende Zweitglied — ein Substantiv oder Adjektiv[11] — legt die grammatische Funktionsklasse (Wortart und damit verbundene Kategorien wie z.B. Genus) des Gesamtkomplexes fest sowie die begriffliche Grundklasse, in die ein Bezeichnetes eingeordnet wird; das vorangestellte Erstglied — in der Regel ein Substantiv, Adjektiv oder verbales Grundmorphem[12] — gibt intensivierende oder spezifizierende Zusatzmerkmale (s. 40) und trägt in der Regel den Hauptakzent des zusammengesetzten Wortes. Was als dominierendes Grundwort (M_1

---

[11] Zur Hypothese, ‚daß als Kopf eines Kompositums universal nur [+ N]-Kategorien, nämlich Nomina und Adjektive, zugelassen sind', wobei eine Sprache ‚den Kopf entweder als Erstglied oder als Zweitglied festlegt', s. Wunderlich, Wortstruktur 210 und 243.

[12] Gefüge mit einem nicht wort- oder basisfähigen Präfix (s. 31 f.) als Erstglied, z.B. *Un-Zeit, Miß-Ernte*, zählen wir nicht zu den Zusammensetzungen (s.38 f.). Über adv. Erstglieder s.o. 63. Für subst. Erstglieder können auch Substantivierungen anderer Wortklassen eintreten sowie Wortgruppen und Sätze, stilistisch wirksame Gelegenheitsbildungen wie *‚Undstil … Mit-Und-Novellen* und *Ohne-Und-Novellen'* Fontane, Werke 1, 903; *‚Auch-das-geht-vorüber-Gesicht'* Knef (zit. Ortner, Kompositaforschung 117). ‚Der einzige Phrasentyp, der offenbar universell in der Erstposition ausgeschlossen ist, ist die Determiniererphrase' (Lawrenz, Phrasenkomposita 11): *eine *Die-Tiroler-Pässe-Fahrt* (4).

= Zweitglied) und was als Bestimmungswort (M_2 = Erstglied)[13] gewählt wird, ist bei der hypotaktischen Komposition entscheidend für die Einordnung oder Wertung des Bezeichneten.

92 Bei hypotaktischer Komposition ist die Abfolge — anders als bei der parataktischen Komposition — ganz entscheidend (vgl. o. 54). Dies kann ein Münchener Gerichtsurteil illustrieren. Ein Milchfahrer hatte nämlich einen norddeutschen Studenten, der ihn mehrmals wegen Behinderung seines Wagens angeblendet hatte, als *Preiß'nsau* beschimpft. Das Argument des Klägers: ,*Sau-Preuße* hätte ich ihm nicht übelgenommen, denn daran habe ich mich mittlerweile in Bayern gewöhnt, aber *Preußen-Sau* — das war mir denn doch des Guten zuviel', was auch das Gericht fand. Daß solche Anreihungsbeziehungen auch im Bereich der hohen Politik bedeutungsrelevant sein können, zeigt die entschiedene Erklärung eines früheren deutschen Bundeskanzlers: ,*daß wir jeden Versuch scheitern lassen, uns in Sozial-Demokraten und Demokratie-Sozialisten auseinanderzudividieren*' (laut Südd. Zeitung vom 12. 4. 73).

93 Gehören beide Kompositionsglieder verschiedenen Wortklassen an, so ist der hypotaktische Aufbau der Zusammensetzung offensichtlich (s. 55 ff.). Sind beide Glieder aber Substantive oder gehören beide zur adjektivischen Wortklasse, so müssen im Zweifelsfalle Umstell- und Umformungsproben die hypotaktische Relation aufdecken helfen.

94 So erweist sich z.B. *Gold-Blatt* als nicht gleichbedeutend mit *Blatt-Gold* und anders als dieses auch mit *ein* oder einem Pluralmorphem verbindbar: *ein Gold-Blatt, Gold-Blätt-er*. Es liegt offensichtlich kein Kopulativ-, sondern ein Determinativkompositum vor, dessen Inhalt etwa schon die Umformung in eine attributive Gruppe aufdeckt: *goldenes Blatt* oder *Blatt* (,*das*) *aus Gold* (*ist*). Ähnliches gilt für die Zusammensetzung zweier Adjektive, z.B. *hell-braun* ≠ **braun-hell*) → *helles Braun, ein Braun, das hell ist*. Das Erstglied kann in beiden Fällen auch augmentative Funktion haben, d.h. das vom Zweitglied Genannte als besonders groß oder hochgradig kennzeichnen: *Riesen-* oder *Höllen-Angst* (→ *riesige, höllische Angst*); *wild-fremd* (→ *sehr fremd*). Vgl. 128 und 155.

95 Der Kompositionstyp Substantiv + Substantiv ist besonders häufig und stark vertreten. Hierbei kann das Erstglied in der reinen Stammform (d.h. ohne eindeutige Kasus- oder Numeruszeichen) auftreten, wie im Falle von *Tag-falter*, doch können auch Flexionselemente folgen und gleichsam die Kompositionsfuge markieren: *Tag-es-Licht, Tag-e-Buch*. Als Fugenzeichen finden sich *e, (e)n, er, (e)s, ens*, also Flexive, die sonst den Plural bzw. den Genitiv Singular anzeigen, doch ist ihr sprachüblicher grammatischer Wert in

---

[13] Gauger, Wörter 145 spricht stattdessen von ,Primärwort' und ,Sekundärwort'. ,Das Primärwort ist gegenüber dem Zusatzwort im logischen Sinne primär.'

der Regel aufgehoben[14], so daß sie grundsätzlich mit der nicht markierten Fuge (Ø) wechseln können: *Wald-Ø-, Wald-es-, Wäld-er-Dunkel.*

96 Im einzelnen ist für die Wahl des Fugenzeichens von Einfluß: die Flexionsklasse, die Silbenzahl und der Auslaut der Erstgliedes sowie zuweilen das Streben nach rhythmisch angenehmen Lautfolgen, wobei natürlich das Muster reihenhaft vorliegender Zusammensetzungen mit der gleichen Formvariante beliebter Erstglieder die weitere Wortbildung steuert (nach *Bischof-s-amt, Bischof-s-sitz* usw. auch *Bischof-s-konferenz*, obwohl: *Konferenz der Bischöfe*). Ist das Erstglied sehr umfangreich, also selbst schon zusammengesetzt oder durch ein Präfix bzw. Suffix erweitert, so erhöht sich die Notwendigkeit, die Kompositionsfuge zu markieren (vgl. *Werk-Zeug* und *Hand-werk-s-Zeug*). Stammt das erste Kompositionsglied aus einer Deklinationsklasse, die z.B. den Genitiv Singular sowie den Plural mit *-en* bildet, ist die Wahrscheinlichkeit sehr hoch, daß als Fugenzeichen *-en* gesetzt wird (*Bär-en-Jagd*). Freilich muß das Flexionselement der Fuge gar nicht im heutigen Flexionsparadigma des Erstglieds enthalten sein (*Schwanen-Hals, Schmerz-ens-Geld*); und im Falle des Fugen-*s*, das nicht nur nach Bildungen auf *-ling* oder *-tum* regulär gesetzt wird, sondern auch nach den feminina-prägenden Suffixen *-heit, -keit, -schaft, -tät, -ion, -ung*, wird der Status als reines Fugenzeichen besonders klar (*Wohn-ung-s-Inhaber*, aber: *Inhaber der Wohnung*[15]).

97 Trotz der fakultativen bzw. kombinatorischen Formvarianten des ersten Kompositionsgliedes (s. 95 f.) wird das besondere Verhältnis zwischen Bestimmungs- und Grundwort (s. 91) formal nicht gekennzeichnet. Das richtige Verständnis sichert bei eingebürgerten Zusammensetzungen, deren Wortinhalt und Sachbezug eindeutig festgelegt ist, die Sprach- und Sachkenntnis[16] des Hörers (Lesers), die z.B. *Milch-Kanne* als ‚Kanne, in der Milch transportiert wird‘ und *Milch-Glas* als ‚Glas, das undurchsichtig weißlich ist wie Milch‘ verstehen läßt. ‚Das entscheidende Merkmal von *Butterbrot* etwa, nämlich daß es ein mit Butter bestrichenes Brot bezeichnet, läßt sich aus dem Verhältnis der Glieder nicht herleiten, man muß es schon wissen. Das Wort könnte „an sich" ebensowohl ein unter Verwendung von Butter gebackenes Brot bezeichnen, wie dies bei *Butterkeks* in der Tat der Fall

---

[14] Nur vereinzelt, besonders beim Versuch fachsprachlicher Differenzierung wird der übliche Signalwert genutzt: *Volk-s, Völk-er-Kunde.*

[15] Weiteres s. Erben, Abriß 44 sowie bei Žepić, Nominalkomposita 24 ff. und Wellmann-Reindl-Fahrmaier, Substantivkomposition. Dressler wertet die dt. Fugenmorpheme, die ‚nach zu vielen Stämmen und vor zu vielen Suffixen' auftreten, ‚um als Stamm- bzw. Suffixerweiterungen sinnvoll beschrieben werden zu können', als ‚Interfixe' (Interfixe 36 f.).

[16] Bei fachsprachlichen Komposita bedarf es natürlich sogar zusätzlicher Fachkenntnisse, um etwa *Draht-Glas* als ‚Glas, (in das ein) Draht(gewebe) eingewalzt ist‘ verstehen zu können. Vgl. Kutzelnigg, Wortbildungstyp 411.

ist'.[17] Allerdings wird das rechte Verständnis auch durch die zahlreichen Zusammensetzungen gesichert, in denen das Grundwort *Brot* mit einer Belags-
bezeichnung als Bestimmungswort verbunden ist: *Fisch-, Fleisch-, Käse-, Schin-
ken-, Wurst-Brot.* Noch nicht eingebürgerte, erstmals gehörte Komposita
wird der Hörer daher vornehmlich aus der meistausgebauten semantischen Nische der Zusammensetzungen mit dem betreffenden Grundwort
zu verstehen suchen, sofern ihm nicht Situation oder Kontext, die freilich gerade zum Verständnis von Augenblickskomposita oft wesentlich beitragen,
einen anderen Hinweis geben. So war z.B. die saloppe Neubildung *Sex-Welle*
vor dem Hintergrund von *Begeisterungs-, Protest-, Teuerungs-Welle* verständlich. In solchen Reihenbildungen wirken sich bestimmte Auffassungs- und
Benennungsweisen aus, wobei die kompositionelle Fügungspotenz[18] bestimmter Grundwörter genutzt wird und ihre Eignung zur Metaphorisie-
rung.

98 Anders als bei der Kopulativkomposition (s. 90) gehören bei den Determinativkomposita die beiden Kompositionsglieder gemeinhin nicht derselben Bezeichnungsklasse an, sondern ein Grundwort wird vornehmlich mit
Bestimmungen anderer semantischer Klasse verbunden, was eine Hilfe
für die Interpretation hypotaktischer Komposita darstellt. Ist das Grundwort
z.B. ein Nomen actionis, so wird gern eine Bezeichnung des Agens oder Pa-
tiens davorgesetzt (vgl. *Papst-Reise* und *Papst-Wahl* → Der Papst reist. Der
Papst wird gewählt). Ist das Grundwort eine Personenbezeichnung, so steht
als Bestimmungswort gewöhnlich die Bezeichnung der Sache, mit der die betreffende Person zu tun hat (vgl. *Buch-Drucker, Milch-Mann* → einer, der Bü-
cher druckt/Milch verkauft oder bringt).

99 Haben Zusammensetzungen deverbale Grundwörter (wie *Reise, Wahl* oder
Drucker), so liegt es nahe, sie mit Hilfe entsprechender Verben annähernd zu para-
phrasieren (Paraphrasemethode zur Analyse der Bedeutungsstruktur und der semantischen Beziehung zwischen den beiden Konstituenten, s.o. 98). Andererseits
scheinen generative Versuche der transformationellen Ableitung solcher Wortbildungsstrukturen aus einer syntaktischen Ableitungsbasis ein nützliches Verfahren
zu sein, d.h. die „Erzeugung" von Zusammensetzungen dieses Typs durch Transfor-
mationen annähernd äquivalenter Sätze oder abstrakter Basisprädikationen („Satzbe-

---

[17] Gauger, Wörter 149.
[18] Von Valenz (vgl. Stepanova, Zusammensetzung 335 ff.) sollte man vielleicht doch
im Bereiche der Wortbildung nicht sprechen, obwohl einiges dafür spricht (vgl.
Abschn. 109).

griffsstrukturen' als ,propositionalen Kern'[19] ohne situationsvariable grammatische Kategorien wie Tempus und Modus). Bei der Nominalisierung syntaktischer Basisstrukturen kann man, um einfache Möglichkeiten anzudeuten, die Thematisierung (Topikalisierung) des Prädikats vorsehen oder die des Subjekts[20]. Dementsprechend erscheint entweder ein Nomen actionis (z.B. *-reise*) oder ein Nomen agentis (*-drucker*) als Grundwort, das gleichsam das Thema (topic) nennt, welches durch das Bestimmungswort als Rhema (comment) genauer gekennzeichnet wird. Nomen instrumenti oder Nomen loci als Zweitglieder können entsprechenden Adverbialergänzungen des Basissatzes zugeordnet werden (s.u. 134): *Man klammert Wäsche mit X* ⇒ (X ist eine) *Wäsche-Klammer. Man tränkt Pferde an X* ⇒ (X ist eine) *Pferde-Tränke.*

100 Viele, ja die meisten Zusammensetzungen zweier Substantive enthalten freilich k e i n e Deverbativa als Kompositionsglied. Hier muß das Verb ,hinzugedacht'[21] werden, d.h. aus sprachüblichen, vertrauten Konstruktionsbedeutungen (s.u. 101), aus der Bedeutung einzelner Konstituenten oder aus dem Ko(n)text erschlossen werden (vgl. 97). Könnte man in einem Fall wie *Auto-Dieb* noch das Zweitglied als sprachüblichen Ersatz für **Stehler* ansehen und von einem Satz mit *stehlen* ableiten, so wird eine gewisse Willkürlichkeit des Verfahrens schon beim obigen Beispiel *Milch-Mann* offenkundig, wo *Mann* etwa als Ersatz für *Verkäufer, Verteiler, *Bringer* gewertet werden müßte[22] und es kaum möglich ist, „den" eindeutigen „Basissatz" anzugeben. Selbst wenn man lediglich eine abstrakte „Tiefenstruktur" angeben wollte, wäre man gezwungen, zumindest die Klasse des oberflächenstrukturell getilgten Verbs formalisierend anzugeben, wie das Kürschner (Nominalkomposita 169) tut, der u.a. ein ,P r o - V e r b [transferier]' annimmt, dem ,Verben wie *vertreiben, austragen, bringen, verkaufen*' entsprechen. Außerdem ist es keineswegs erwiesen, daß ein Kompositum nur als Reduktionsform eines einzigen einfachen Basissatzes anzusehen ist.[23] Wir finden, um eine extremes Beispiel herauszugreifen, in Dürrenmatts Kriminalroman „Das Versprechen" das Kompositum *Igelriese* — in der Aussage einer Mitschülerin des ermordeten kleinen Mädchens. Was freilich ein *Igel-Riese* ist, verstehen wir erst am Ende der Geschichte; da stellt sich nämlich heraus, daß der Mörder ein sehr großer Mann gewesen ist, der igelartige Trüffel aus Schokolade verschenkt hat. Hier bildet also ein Kriminal-

---

[19] Brekle, Wortbildung 29 (Auseinandersetzung mit den Thesen von Lees und Rohrer). Zur Kontroverse über ,Paraphrasenbildung und syntaktische Basisstrukturen' vgl. auch Naumann, Einführung 28 ff. Daß die in Texten tatsächlich belegten, als Entsprechung von Nominalkomposita vorkommenden syntaktischen Strukturen in der Regel von den nur ,angesetzten Paraphrasen' ,verschieden' sind, hat Dederding, Wortbildung 256 festgestellt.

[20] Vgl. Polenz, Methoden 218 ff. u. Marchands ,types of reference' Types 32. Gegen die ,Gleichsetzung von Thema und Rhema bzw. Topic und Comment im Satz mit dem Determinatum bzw. Determinans im Wort' wendet sich Herbermann, Wort 45 f.

[21] Grimm, Grammatik 2, 404. Vgl. auch o. 5.

[22] Vgl. Polenz, Wortbildung 154.

[23] Vgl. Polenz, Wortbildung 154 und Motsch, Komposita 214 sowie Thiel, Substantivkomposita 381 f. und Tancré, Abstraktkomposita 35.

roman die „Tiefenstruktur" eines Kompositums, in dessen unerwarteter Verbindung die Gesamtgeschichte spannungweckend verdichtet ist. Außer Sprach- und Sachkenntnis, Situations- und „Weltwissen" (abhängig vom jeweiligen Erfahrungsschatz, Bildungsgrad und Informationsstand) muß oft auch das Vertrautwerden mit einem Text, also Textverständnis und literarisches Wissen zu Hilfe kommen. Über ‚die Text-Instruktion neuer Komposita' sowie ‚intra- und intertextuelle Bezüge' s. auch Eichinger, Wegweiser 170 ff.

101 Angesichts der weitgespannten Möglichkeiten der Zusammensetzung des Typus „Substantiv + Substantiv" ist es verständlich, daß es bisher kaum zureichend gelungen ist, Restriktionsregeln dafür aufzustellen. Erkennbare Bedingung scheint nur zu sein, daß ein (einfaches oder selbst zusammengesetztes oder abgeleitetes) Substantiv artikellos und im allgemeinen nicht eindeutig kategorial (hinsichtlich Numerus, Kasus, Genus) festgelegt v o r ein anderes treten kann und dann inhaltliche Merkmale hinzubringt, die den Begriffsumfang des folgenden Grundwortes einschränken und das Bezeichnete als S o n d e r a r t der grundwörtlich genannten Gattung charakterisieren[24], wobei Situation und Kontext eventuelle Ungenauigkeiten der okkasionellen Augenblickskomposita[25] ausgleichen, also z.B. erkennen lassen, ob *Kanzler-Groll* der Groll des Kanzlers oder gegen den Kanzler ist. Offensichtlich bietet die deutsche Zusammensetzung des Typus „Substantiv + Substantiv" bequeme Möglichkeiten der knappen umrißhaft andeutenden Benennung (vgl. 27). Sie ist eine ökonomische Ausdrucksform, die anstelle sehr komplexer syntaktischer Verbindungen gebraucht und zur Wiedergabe sehr verschiedenartiger logischer Beziehungen genutzt werden kann. Das grundwörtlich Genannte h a t (enthält) /t u t/b e t r i f f t/s c h a f f t (produziert/bewirkt) das vom Bestimmungswort Genannte, es e n t s t e h t/b e s t e h t daraus / geschieht dadurch / ist ein Te i l davon (gehört dazu) / ist w i e dieses / ist d a r in (wirksam/stattfindend) / ist b e s t i m m t d a f ü r / dient dazu oder s c h ü t z t d a v o r u.ä. Infolge der unterschiedlichen lexikalischen Füllung erscheint dann das allgemeine Strukturschema der Komposition auf der Ebene der einzelsprachlichen Bezeichnungsnorm ausgeprägt in einer Reihe speziel-

---

[24] Vgl. hierzu Pavlov, der dem Erstglied den Status eines „Artattributs" zuspricht: Zusammensetzung 66 u. 71 f. sowie Dokulil, der — im Sinne der klassischen Definition ‚per genus proximum et differentiam specificam' — grundsätzlich ein „differenzierendes" und ein „identifizierendes" Glied („onomasiologische Basis") annimmt: Theorie 207. Auch Kürschner, Nominalkomposita 45 ff. u. ö. versteht diese Zusammensetzungen als ‚Attributkonstruktionen'.

[25] Zur Auffüllung durch ‚Kontextfaktoren' vgl. Schonebohm, Wortbildung 132 sowie Erben, Orientierungsskizze 7.

ler ‚Konstruktions-‘ bzw. ‚Relationsbedeutungen‘[26] z.B. die Relation „Betreff“: B (das vom Zweitglied Bezeichnete) betrifft A (das vom Erstglied Bezeichnete). Sie spiegeln konventionell bevorzugte Benennungsweisen und erleichtern das Bilden und Verstehen weiterer Bildungen, sofern sie noch motiviert sind.

Wer die Form der Zusammensetzung nutzt, kann knapp sein, sich auf die lexikalische Füllung des konventionell genutzten Strukturschemas sowie die Auffüllung durch den Ko(n)text verlassen und zugleich den Vorteil nutzen, sich nicht präzise festlegen zu müssen. ‚Wer je in die Lage kam, deutsch konzipierte wissenschaftliche Gedanken englisch wiederzugeben, vermag ein Lied zu singen über die Verlegenheit, in die man oft gerät, wenn deutsch nur angedeutete Beziehungen englisch ausgedeutet werden müssen; es sind … die bequemen deutschen Komposita, welche drüben als Blankoschecks nicht angenommen werden, sondern eingelöst werden müssen.‘[27] Man darf allerdings den textgrammatischen Aspekt solcher Gelegenheitsbildungen nicht außer acht lassen, die gewöhnlich an einer bestimmten Stelle inmitten eines Textes eingesetzt sind, um vorher umständlich ausgeführte Gedanken abkürzend griffig zusammenzufassen oder um gleichsam im globalen Vorgriff etwas anzukündigen, was nachfolgend genauer ausgeführt wird. Dieses Verfahren der ‚anaphorischen‘ oder ‚kataphorischen‘ Komposition[28] findet sich nicht nur in wissenschaftlichen oder literarischen Schriften, sondern auch in spontan gesprochenen Texten: ‚*Neuerdings ist zu dieser Fischerei in der Straße von Messina eine andere hinzugekommen und zwar um Malta, und diese Malta-Fischerei auf Schwertfische, is eigentlich eine Zufallsfischerei; das wird also ganz einfach alles mit Hand gemacht …*‘.[29]

---

[26] Vgl. Ortner, Kompositaforschung 130 f., Meineke, Tradition 51 f. sowie Wildgens Konzept ‚semantischer Prototypen‘ und ‚Stereotypen‘ Wildgen, aspects 138. Auf Grund des Innsbrucker Korpus haben sich bei 62 000 Substantivkomposita ‚34 Haupttypen und 123 Subtypen‘ (Ortner, Semantik 33) feststellen lassen. Motsch, Aspekte 526 nimmt ‚eine relativ begrenzte Menge von semantischen Mustern für Komposita an, die zum Bestand der Sprachkenntnisse zu rechnen sind.‘ S. auch Motsch, Grundzüge 392 ff.

[27] Bühler, Sprachtheorie 341. Zu engl. Zusammensetzungen als ‚ad-hoc names‘ s. Downing 841.

[28] Wildgen, Makroprozesse 241 ff. Über ‚Mehrwortkomposita‘, die ‚als potentielle Knotenpunkte für eine größere Anzahl von Isotopieträgern … zur Textverflechtung beitragen‘ vgl. Schröder, Wortbildungsforschung 87.

[29] Aus einer Sendung des Norddeutschen Rundfunks; in: Texte gesprochener deutscher Standardsprache I, 70.

102 Daß literarische Gelegenheitsbildungen — z.B. *Körperfürst* (für den hofrätlichen Chefarzt im „Zauberberg") — natürlich auch eine besondere stilistische Funktion haben, ist offensichtlich.[30] Sie erhellen, rücken auch schon Benanntes in ein besonderes Licht und schaffen Atmosphäre. Andererseits können konventionelle, längst lexikalisierte Zuammensetzungen, die natürlich weniger kontextbedürftig sind, poetisierend zu neuer Geltung gebracht, in syntaktische Fügungen aufgelöst und Elemente eines neuen poetischen Textes werden[31]:

> *,Die Nachtigall ward eingefangen,*
> *Sang nimmer zwischen Käfigstangen.*
> *Man drohte, kitzelte und lockte.*
> *Gall sang nicht ...'* (Ringelnatz)[32].

103 Weniger häufig, doch nicht minder wichtig sind die anderen Arten der Determinativkomposition. Da hier Glieder verschiedener syntaktischer Klasse verbunden sind, ist der hypotaktische Aufbau deutlich erkennbar. Wichtig sind vor allem die Typen „Adjektiv + Substantiv" und „Verb(stamm) + Substantiv", z.B. *Glatt-Eis* und *Treib-Eis*. Wir treffen hier im Bereiche der Substantivbildung, also des Nennens, die strukturelle Entsprechung der beiden wichtigen Formen des Aussagens wieder: die Ist- und die Tut-Prädikation. Die Ist-Aussage *Das Eis ist glatt* ergibt nominalisiert ⇒ (*das*) *Glatt-Eis*, die Tut-Aussage *Das Eis treibt* ⇒ (*das*) *Treib-Eis*. Da wir den Typus *Glatt-Eis* bereits im vorigen Hauptteil (s. 55 ff.) als Beispiel vorgestellt haben, sei hier nur noch das Gegenstück mit verbalem Bestimmungsglied genauer behandelt.

104 Ein Verb erscheint als erstes Kompositionsglied immer ohne das Morphem *-en* des Infinitivs, also in der einfachen Stammform, die freilich eine Formvariante mit *-e* aufweisen kann[33], fakultativ: *Einschreib(e)-Sendung, Leg(e)-Henne, Sing(e)-Stunde* oder obligatorisch: *Bade-Hose, Fege-Feuer, Werbe-Text, Löse-Geld, Aushänge-Schild*. Besonders wenn der Stamm *b, d, g, s* (ebenfalls stimmhaft) oder *ng* als konsonantischen Auslaut hat, wird nicht selten ein Fugen-*e* gesetzt, das eigentlich nur bei schwachen Verben (mit ursprünglich stammbildenden *j, ō, ē*) historisch berechtigt ist, heute aber nach lautlich-rhythmischen Gründen gesetzt wird, verständlicherweise nie bei sonantischem Auslaut (*Bau-Kasten, Wohn-Haus*).

---

[30] Th. Mann, Werke 2, 619. Vgl. im übrigen Gauger, Wörter 156 sowie o. 83.
[31] Vgl. als umfangreicheres Beispiel Handke, Der Rand der Wörter 1 und 2, in: Prosa 119 u. 139.
[32] Auswahl 133; ein weiteres Beispiel ebda 61.
[33] Vgl. Žepić, Nominalkomposita 68 ff.

105 Bei einer funktionalen Analyse lassen sich im wesentlichen drei stark vertretene Spielarten strukturell abheben[34]:

1. der „Subjekttypus" *Wasch-Frau* (= Frau, die wäscht);
2. der „Objekttypus" *Falt-Karte* (= Karte, die gefaltet ist bzw. werden kann);
3. der „Adverbialtypus", der z.B. ein lokales, temporales oder instrumentales Adverbiale als Grundwort haben kann: *Halte-Stelle, Einkoch-Zeit, Rasier-Apparat.*

Diese Typen treten häufig auf. ‚Bildungen, deren Zweitglied einem indirekten Objekt entspricht (*Beichtvater*), sind dagegen selten' (Motsch, Grundzüge 385). Gelegentlich besetzt das Verb ‚Argumentstellen eines Nomens' (ebda): *Anmeldepflicht* (Pflicht zu), *Druckerlaubnis* (Erlaubnis zu), oder es besteht zwischen den Komponenten beinahe eine Relation der Identität: *Anlegemanöver.*

Auch solche Komposita dienen dem a b k ü r z e n d e n Nennen (vgl. 27 und 101). Daß eine *Haltestelle* eine Stelle ist, an der Fahrzeuge und zwar des öffentlichen Linienverkehrs halten, daß man in einer *Wechselstube* nicht den Anzug, sondern heimische in fremde Währung (oder umgekehrt) zu einem bestimmten Kurs wechselt, kommt im Wort nicht zum Ausdruck. Man hat gelernt, was es bedeutet, oder entnimmt es dem Kontext bzw. der Situation. So gibt es kaum Mißverständnisse, auch wenn nicht wenige Komposita dieser Art einen besonders hohen Grad der Elliptizität aufweisen; vgl. *Sparbuch* ‚Buch, in das zum Sparen bei einer Sparkasse oder Bank eingezahlte Geldbeträge eingetragen werden' oder *Impfschein* ‚behördliche Bescheinigung, daß eine bestimmte Schutzimpfung an jemandem vorgenommen worden ist'. Möglicherweise sind einige Bildungen aus längeren Zusammensetzungen gekürzt:

Brause(Limonaden)-Pulver, Streich(Instrument)-Quartett.

106 Obwohl Verben mit Präfix keineswegs selten als Bestimmungsglied auftreten (vgl. *Ablauf-Loch, Abstell-Raum, Anmelde-Pflicht, Bestell-Zettel, Einknöpf-Futter, Einschreibe-Gebühr, Umschlag-Tuch*) und auch Verben mit betontem Suffix vorkommen (vgl. *Radier-Gummi, Rasier-Pinsel,* °‚*Diskutier-Löwen*' SZ 27. 3. 73), wird es normalsprachlich gemeinhin vermieden, eine verbale Fügung mit Objekt oder Adverb als Bestimmungsglied zu gebrauchen oder gar zwei verbale Morpheme determinierend zu setzen. Bildungen wie *Tief-kühl-* oder *Fern-seh-Truhe, Zahn-putz-Glas, Dampf-einström-*

---

[34] Die folgenden Ausführungen sind der Innsbrucker Lehramtsarbeit (1972) von A. Fahrmaier verpflichtet, die zur Dissertation ausgebaut worden ist, Kienpointner (geb. Fahrmaier), Wortstrukturen.

Rohr, Koch-wasch-Mittel oder *Bet-sing-Messe* gehören besonderen Textarten an. Doch sind natürlich auch umgangs- oder mediensprachliche Gelegenheitsbildungen aufschlußreich, so ist *Freiburg* (gemäß einer Umfrage des SW-Rundfunks) ‚die *Wohlfühlstadt Nummer eins*‘ 'Stadt, in der man sich wohl fühlt'.

107 Zu beachten ist, daß der Typus „Verb + Substantiv" ebenso wie der Typus „Substantiv + Substantiv" oder „Adjektiv + Substantiv" auch in einer abweichenden Funktion, als sog. P o s s e s s i v k o m p o s i t u m auftreten kann. Das Grundwort gehört dann meist zur Bezeichnungsklasse „Körperteil", und die gesamte Bildung wird nicht selten — im Sinne der Redefigur des pars pro toto — zur Benennung einer Größe gebraucht, welche den genannten Körperteil „h a t": *Hinke-Bein, Schlau-Kopf, Geiz-Hals* (= Hinkender, Schlauer, Geiziger), oder der die betreffende Eigenschaft v e r g l e i c h s w e i s e zugesprochen wird: *Hasen-Fuß, Schafs-Kopf* (= furchtsamer, dummer Mensch), *Grün-Schnabel* (= Unreifer).

108 Wo eine Adjektivbildung mit Suffix daneben gebräuchlich ist, wird man prüfen müssen, ob das Substantiv durch Tilgung des Adjektivsuffixes gewonnen ist (vgl. 46); vgl. *Großmaul — großmäulig, Triefauge — triefäugig, Vollblut* (neben *Vollblüt-er*) — *vollblütig.* Semantisch abweichende Bildungen lassen sich oft als Lehnübersetzungen erklären: *Blaustrumpf* (nach engl. *blue stocking*), *Heißsporn* (nach dem engl. EN *Hotspur*). Mehrgliedrige Substantive, deren Letztglied kein Substantiv ist, stimmen natürlich überhaupt nicht mehr zur üblichen Bauform der Zusammensetzung. Doch können solche — in der Hochsprache kaum produktiven — „Z u s a m m e n r ü c k u n g e n" (s. o. 44 und Anm. II 38) den Possessivkomposita funktionell nahekommen. Wer den Wahlspruch zu „haben" scheint: *Gerne-groß, Schlage-tot, Tu-nicht-gut,* bekommt im Volksmund den (Satz-)Namen (*Er ist ein*) *Gernegroß, Schlagetot, Tunichtgut* (vgl. Anm. II 17); nach Porsch 211 f. liegt ‚implizite Ableitung' vor. ‚Bei Annahme eines Nullmorphems ist eine exozentrische Auslegung der lexikalischen Bedeutung . . . nicht erforderlich' Schützeichel, Imperativsätze 239.

β) mit adjektivischem Grundwort

109 Auch beim A d j e k t i v spielen neben dem Typus *hell-braun* (s. 94) die Bauformen mit Bestimmungsgliedern anderer Klasse eine beachtliche Rolle. Offensichtlich wirkt sich die Fügungspotenz (syntaktisch-semantische Valenz) des prädikativen Adjektivs nicht nur beim Aufbau mannigfacher Wortgruppen[35], sondern auch bei der Bildung komplexer Wörter aus. Selbst wenn wir Partizipialbildungen wie *kopf-schüttelnd, zorn-glühend, weit-reichend, weit-gespannt, pflicht-vergessen, blumen-bekränzt* u. ä. einmal beiseitelassen,

---

[35] Vgl. Erben, Abriß 289 f. u. Grundzüge 40.

bleibt eine Fülle von Komposita, wo zu einem adjektivischen Grundwort entweder ein substantivisches Bestimmungsglied getreten ist: *Er ist der Ruhe bedürftig* ⇒ *ruhe-bedürftig, Er ist die Sorge los* ⇒ *sorg-los, Er ist dem Bündnis treu* ⇒ *bündnis-treu, Er ist auf seine Bildung stolz* ⇒ *bildungs-stolz*[36], *Sein Haar ist schwarz wie Kohle* ⇒ *kohl-schwarz* (über *abend-blau* vgl. o. 83 Ende); oder ein verbales Bestimmungsglied: *Er ist fähig zu gehen* ⇒ *geh-fähig* (die Fähigkeit zum erstgenannten Tun anzeigend). *Das Manuskript ist reif gedruckt zu werden* ⇒ *druck-reif* (die Eignung, dem erstgenannten Prozeß unterworfen zu werden, anzeigend). *Der Stoff ist sicher davor zu knittern* ⇒ *knitter-sicher* (Signalisierung, daß das zuerst Genannte nicht eintritt, „protektiv"). *Die Kleider sind naß genug, um zu triefen / so naß, daß sie triefen* ⇒ *trief-naß* (intensivierend, gradabstufend). Wie bei den Zusammensetzungen mit substantivischem Grundwort kommt es zu Reihenbildungen und zu semantischen Differenzierungen zwischen syntaktischer Gruppe und Kompositum. Einige besonders beliebte Grundwörter nehmen beinahe suffixartigen Charakter an[37], vgl. *sehnsuchts-voll* und *sehnsücht-ig, fett-reich* und *fett-ig* oder als Beispiele mit verbalem Erstglied: *trink-fertig* und *trink-bar, strapazier-fähig* und *strapazier-bar.*

Umfang und formale ‚Vielfalt der Bestimmungsglieder ist bei der Substantivkomposition größer als im Adjektiv- und Partizipialbereich' (Wellmann, in: Dt. Wortbildung 5, 18), wo ‚überlange, „polymorphemische" Komposita' vielleicht ‚mit der Attributfunktion nur schwer vereinbar' (Fleischer, Sprachbau 9) sind. Auch das Spektrum der semantischen Rollen, in denen Erstglieder üblicherweise gebraucht werden, ist hier weniger reich. Häufig nennen Erstglieder eine Vergleichs- oder Bezugsgröße (*grasgrün, menschen-scheu*), sie verdeutlichen raumzeitliche (*nacht-aktiv*) oder auch ursächliche Zusammenhänge (*regen-feucht*). Vgl. im übrigen die Gesamtübersicht über die Typen der Adjektivkomposition Dt. Wortbildung 5, 32 ff., über die Typen der Partizip-Bildungen ebda. 168 ff. und 299 ff.

---

[36] Für die Fugengestaltung gilt grundsätzlich das für den Typus „Substantiv + Substantiv" Festgestellte, s. o.
[37] Über ‚Suffixoide und konkurrierende Kompositionsglieder' s. Dt. Wortbildung 3, 427 ff. Über den Kompositionstyp „Substantiv + Adjektiv" vgl. auch Wilss, Wortbildungstendenzen 101 ff., über partizipiale Zweitglieder ebda 152 ff. und 167 ff.

2. Wortbildungsparadigmen der Ableitung

Grundsätzliche Vorbemerkung

110 Bei der Ableitung von Neuwörtern haben wir formal zwischen impliziten und expliziten Ableitungen unterschieden, je nachdem, ob einfaches paradigmatisches Umsetzen eines Grundmorphems (s. 34 ff.) oder Zusatz eines besonderen Wortbildungsmorphems (Affixes: Suffixes oder Präfixes, s. 32 f. und 38 f.) vorliegt. Funktional hingegen scheint es wichtig, die verschiedenen Arten der syntaktischen oder semantischen Modifikation eines Basislexems von der Transposition in eine andere Wortklasse abzuheben (s. 65). Beim Ausbau der drei offenen Wortklassen, deren Bestand im Deutschen noch wesentlich vermehrbar ist (s. 64), wird von diesen Ableitungsmöglichkeiten unterschiedlicher Gebrauch gemacht. Nicht selten sind mehrere Formmöglichkeiten in den Dienst einer bestimmten Funktion (Wortbildungsbedeutung)[38] gestellt, die sich dadurch als besonders wichtig erweist. Gerade die Konvergenz[39] zwischen verschiedenen wortbildenden Morphemen, die im gleichen Wortbildungsparadigma (Funktionsstand, s. 51) zusammenwirken, ist also für die Struktur und Funktionsweise eines sprachlichen Systems ebenso aufschlußreich wie das differenzierte Zusammenwirken synonymer Wörter, die als Glieder eines lexikalischen Paradigmas (Wortfelds) fungieren und einen für die Sprachgemeinschaft wichtigen Sachbereich sprachlich erschließen. Ohne sämtliche Wortbildungsparadigmen der deutschen Sprache im einzelnen darstellen zu wollen, geben wir im folgenden für jede ausbaufähige Wortklasse Grundinformationen über die jeweiligen Ableitungsmöglichkeiten und zeigen anhand exemplarischer Fälle den Weg zum genaueren Studium der derivationellen Funktionsstände.

a) Die Ableitung von Verben

111 Zur Ableitung neuer Verben stehen im heutigen Deutsch etwa zwei Dutzend Affixe bereit. Es sind in der überwiegenden Mehrzahl Präfixe und präfixartig gebrauchte, mit Präpositionen oder Adverbien korrespondierende Partikeln (s.o. 33), die zur syntaktisch-semantischen Modifizierung des sprachüblichen Verbbestands dienen; nämlich die normalerweise unbe-

---

[38] Barz, Wortbildungsbedeutung 65 f.
[39] Zum Begriff Konvergenz verschiedener Morpheme vgl. Wellmann, in: Deutsche Wortbildung 1, 135 (Anm.1).

tonten *be-*, *ent-*, *er-*, *ver-*, *zer-* und *miß-*; die stets betonten *ab-*, *an-*, *auf-*, *aus-*, *bei-*, *ein-*, *nach-*, *vor-*, *zu-* sowie die gleichermaßen unbetont und betont gebrauchten Präfixe *durch-*, *über-*, *um-*, *unter-*, *wi(e)der-*.[40] Zum Teil wirken sie auch mit bei der Verbalisierung von Nomina (so *be-*, *ent-*, *er-*, *ver-*, *zer-* und *ab-*, *an-*, *auf-*, *aus-*, *ein-*, *über-*), doch sind hier die meistgenutzten Mittel der Transposition die in Abschnitt 113 näher vorgestellten S u f f i x e-Ø-(*en*) und -(*is*)*ier*-(*en*), vereinzelt auch -*ig*-(*en*) und -*el*-(*n*). Suffixableitung aus Verben ist hingegen im Bereiche der heute gesprochenen und geschriebenen deutschen Standardsprache kaum noch als produktive Möglichkeit zu nennen.[41]

112 Man kann daher die wesentlichen A b l e i t u n g s m ö g l i c h k e i t e n neuer Verben durch folgendes Schema veranschaulichen, das außer der morphologisch-syntaktischen Seite dieser Prozesse auch die semantische anzudeuten versucht:

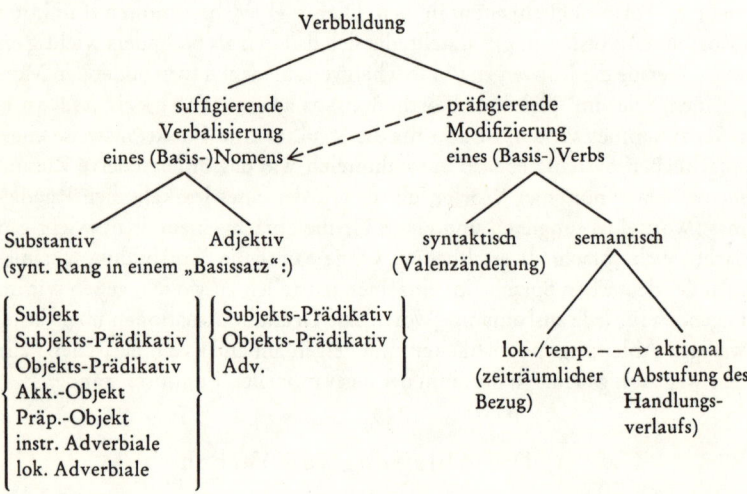

[40] Vgl. Erben, Abriß 70 ff. und Kühnhold, in: Dt. Wortbildung 1, 144 ff. Über den im Neuhochdeutschen zunehmenden weiteren Ausbau des Verbbestands durch P a r - t i k e l k o m p o s i t i o n, d.h. D o p p e l p a r t i k e l b i l d u n g e n wie *hinab-rollen* (neben *ab-rollen*) vgl. Erben, in: Dt. Wortbildung 1, 13 sowie Hinderling, Einleitung S. X und Konkurrenz 81 ff., ferner Eichinger, Raum.
[41] Über einzelne noch sprachübliche K a u s a t i v a (Bewirkungsverben) des Typus *fällen*, *setzen* (neben *fallen*, *sitzen*) und i t e r a t i v e Bildungen wie *hüsteln*, *werkeln* (neben *husten*, *werken*) vgl. Wellmann, in: Dt. Wortbildung 1, 113 ff.

113 Verbalisierung eines Nomens erfolgt zumeist mit Hilfe des Suffixes -Ø-(en)[42], d.h. sie vollzieht sich ökonomischerweise als paradigmatische Umsetzung (s.o. 34), da *-en* stellvertretend für alle übrigen Flexionsmorpheme des Verbs steht und ein besonderes Formans (vor allem *-ier-* oder *-isier-*) in der Regel nur bei der Wahl einer fremdwörtlichen Ableitungsbasis zwischen Basis und Flexionsendung eingesetzt wird, wenn wir einmal von den verhältnismäßig selten vertretenen und kaum noch produktiven Bildungsweisen mit *-(e)l-(n)* und *-ig-(en)* absehen. Das abgeleitete Verb hat also gewöhnlich die Struktur BN (Basisnomen)-Ø-(en) oder BN (fremdw.) *-(is)ier-(en)*; Beispiele etwa *film-en, weit-en* oder *spion-ieren, brüsk-ieren* bzw. *katalog-isieren, legalisieren* (Suffixvariante nach der betonten Silbe eines mehrsilbigen, nicht auf *-se* oder *-isch* endenden Fremdwortes).[43]

114 Umlaut der Basis wird durch das Suffix *-(is)ier-(en)* nie, durch *-(e)l-(n)*, *-ig-(en)* und *-Ø-(en)* hingegen öfters bewirkt, d.h. die Hinterzungenvokale *a, o, u, au* können dann als *ä, ö, ü, äu* erscheinen: *sätt-ig-en, spött-el-n, kürz-en*. Vor allem bei transitiven Verben tritt Basisumlaut häufig ein, ohne daß die synchronische Analyse genaue Regeln aufstellen kann.[44] Diachronisch läßt sich diese kombinatorische Basisvokalvariation natürlich als palatalisierende Einwirkung eines *i/j* des folgenden Suffixes erklären, das auch in *-el-(n)* und *-Ø-(en)* z.T. vorhanden war, da *-el-(n)* aus althochdeutsch *-ilōn/-alōn* und *-Ø-(en)* aus *-jan/-ōn/-ēn* entstanden ist. Hingegen hat das erst seit dem 12. Jahrhundert eingebürgerte Lehnsuffix *-ier-(en)* keine Umlauterscheinungen mehr bewirkt.

115 Hat der Sprecher sich, wie das in etwa 80% aller Fälle suffigierender Verbalisierung geschieht, für ein Basis-S u b s t a n t i v (BS) entschieden, so kann er einem von sieben produktiven Ableitungsmustern folgen. Welches er wählt, hängt in semantischer Hinsicht von der B e z e i c h n u n g s k l a s s e des BS ab und in syntaktischer Hinsicht von dessen S a t z r o l l e in einem „Basissatz" (vgl. o. 99), die durch ein „Elementarverb" (bzw. eine elementare Prädikation) expliziert werden kann. Folgende Übersicht soll Grundmög-

---

[42] Zur Schreibweise dieses „reinen Verbalisierungsmorphems" vgl. Wellmann, a.a.O. 20 f.

[43] Endet die Basis auf *-se*, so gilt die Suffixvariante ohne *-is* (*paraphras-ier-en*), oder das *-se* der Basis wird durch *-t-* ersetzt (*hypno-t-isier-en*). Ebenso wird bei fremdwörtlichen Basen das Adjektivsuffix auf *-isch* getilgt (*amerikan-isier-en, fanat-isier-en* = amerikanisch, fanat-isch machen). Weiteres zur Suffixvariation vgl. Wellmann, a.a.O. 21 f.

[44] Vgl. Wellmann, a.a.O. 23 f.

lichkeiten[45] zeigen und zugleich vor Augen stellen, wie ökonomisch desubstantivische Verben mannigfache syntaktische Beziehungen ausdrücken können:

Bezeichnungsklasse	elem. Prädikation	Beispiele
1. Tages-, Jahreszeit, Witterungserscheinung	BS (= das vom Basissubstantiv Genannte) ist da („Aktualisierungsprädikation")	*es tag-t, hagel-t*
2. Beruf, Rolle	ist (wie) BS, ist tätig (bzw. bearbeitet etwas) als BS	*schriftsteller-n schmied-en*
3. Tier, Sachgröße	verhält (bzw. bewegt) sich wie BS	*robbe-n, pendel-n*
4. Tätigkeit, Wirkung, Ergebnis	wird BS, tut/macht (etwas zu) BS	*rost-en, reise-n, most-en, bündel-n*
5. Zustand, Bereich	befindet sich (bzw. ist) in BS, kommt/bringt (etwas) zu BS	*zweifel-n, weide-n land-en*
6. Zugeteiltes bzw. entnommener Teil	gibt/nimmt (jem.) BS, d.h. macht, daß jem. (bzw. etwas) BS hat/nicht hat	*polster-n, schäle-n*
7. Mittel, Gerät	(be-)arbeitet mit BS, benützt BS	*hobel-n, hupe-n*

Welche Beziehung jeweils signalisiert wird, wird aus dem Charakter der neuen Verben deutlich, die als aktualisierend, imitativ, effektiv/resultativ, lokativ, ornativ, privativ, instrumentativ empfunden werden, da der Kontext und — als Hintergrund — die Kopräsenz aller sprachüblichen Verben des jeweiligen semantisch-syntaktischen Musters darüber wenig Zweifel lassen, zudem die jederzeit mögliche Umformung in eine äquivalente Fügung mit dem Basissubstantiv die explizitere Ausdrucksalternative bewußt

---

[45] Hinsichtlich aller Varianten und Einzelheiten sei auf Band 1 der Dt. Wortbildung verwiesen. Kaliuščenko unterscheidet ‚auf Grund der Motivierungsbeziehungen zwischen motivierenden Substantiven und denominalen Verben' (mit oder ohne Präfix) ‚fünf Grundtypen' (Verben 26), im einzelnen aber sogar 28 ‚speziellere Arten' (27), die nach Frequenz und Produktivität z.T. nur schwach vertreten sind.

machen kann. Man kann daher von ,Ereignisverben, Vergleichsverben, Übergangsverben' u.ä. (Wellmann, Wortbildung 472 ff.) sprechen und Verben wie *zweifeln* (im Z. sein/Z. haben) oder *reisen* (eine R. tun) subklassifizierend noch als „Abstraktionsverben" abheben, dazu vielleicht auch den Typ *über-nachten* (BS = Zeit verbringen) stellen (s. Prell, Verben 104 ff. sowie 229 f.).

116 Bei der etwas weniger häufigen Wahl eines Basis-A d j e k t i v s (BA) kommen weniger komplizierte Beziehungen zum Ausdruck. Es handelt sich im wesentlichen um die elementare Prädikation ,so (BA = wie es das Basisadjektiv als Subjektsprädikativ charakterisiert) sein/werden': *Sie wach-en* (= sind wach). *Sie gleich-en uns* (= sind uns gleich). *Sie reif-en* (= werden reif). Dazu kommt ,etwas so (BA als Objektsprädikativ) machen': *Sie weit-en ihre Augen* (= machen ihre Augen weit). *Sie blond-ier-en ihr Haar* (= machen ihr Haar blond) (s. o. 113). *Sie fanat-isier-en Menschen* (= machen sie fanatisch/zu Fanatikern, mit Tilgung des Suffixes); ferner ,so (BA als adv. Beiwort) handeln/erscheinen/sich bewegen': *Sie nah-en* (= kommen nahe). *Sie schnell-en empor* (= bewegen sich schnell empor). *Sie kokett-ieren* (= benehmen sich kokett). *Sie frömm-el-n* (= tun so, als seien sie fromm). Entsprechend kann man ,Zustandsverben (Durativa), Verben des Zustandseintritts (Ingressiva), Bewirkungsverben (Faktitiva)' und ,verhaltenscharakterisierende Verben' (Wellmann, Wortbildung 476 ff.) unterscheiden.

117 Bei einigen Ableitungsmustern wirken P r ä f i x e in erheblichem Ausmaß bei der Verbalisierung von Nomina mit (vgl. 111), darunter besonders oft *ver-*, das wir hier beispielhaft herausgreifen.[46] Diese Mitwirkung geschieht vor allem beim Ausdruck der Prädikation ,(zu) BS/BA werden' oder ,etwas/jem. zu BS/BA machen'; vgl. *moder-n* und *ver-steppe-n, welk-en* und *ver-arm-en* sowie *etwas schrot-en* und *ver-schrott-en, etwas schwärz-en* und *ver-deutlich-en*. Zuweilen findet sich das gleiche Basisnomen durch ein Suffix oder durch eine Kombination von Präfix und Suffix verbalisiert: *(ver-)filz-en, (ver-)blass-en; etwas (ver-)schrott-en, (ver-)besser-n*.

Auch bei der Prädikation ,(jem.) BS geben', ,(etwas) mit BS versehen' oder ,(jem./e. Sache) BS nehmen' werden sehr häufig Präfixe hinzugesetzt. Um die O r n a t i v bildungen deutlich von den P r i v a t i v a abzuheben, treten hier meist die gegensätzlichen Präfixe *be-* und *ent-* in Funktion; vgl. *be-kleid-en, be-last-en, be-waff(e)n-en, be-wässer-n* und *ent-kleid-en, ent-last-en, ent-waffn-en, ent-wässer-n*. Die Weglaßprobe zeigt, daß auf *be-* nicht selten verzichtet werden kann (vgl. *kleid-en, waffn-en, wässer-n*), wenngleich damit gewisse semantische oder syntaktische Änderungen verbunden sein können; hingegen ist *ent-* offenbar im heutigen Deutsch gemeinhin unentbehrlich, wenn der

---

[46] Weiteres in: Dt. Wortbildung 1, 126 ff. und bei Tellenbach.

privative Sinn bewahrt werden soll. Nur wo *ent-* lediglich verdeutlichend zu einem Basisverb privativer Bedeutung getreten ist, kann es ohne Informationsunterschied weggelassen werden; vgl. z.b. *einen Fisch (ent-)schuppe-n*. Da *Schuppe* (BS) als Teilbezeichnung für etwas, das von einem Ganzen (*Fisch*) entfernt wird, hinreichend kenntlich ist, genügt auch die einfache desubstantivische Ableitung *schuppe-n*. Während *be-* und *ver-* zuweilen auch mit einem präfixhaltigen Basissubstantiv verbunden werden (*beauftrag-en, ver-abschied-en*), sind bei *ent-* ‚komplexe Wörter als Basis ausgeschlossen' (Motsch, Grundlagen 203; Kühnhold, Doppelpräfigierung 197; s.u. 124); so findet sich neben *Gerümpel* nur *ent-rümpeln*.

118 Hauptaufgabe der Präfixe ist es freilich, vor B a s i s v e r b e n zu treten und sie dadurch semantisch oder syntaktisch zu m o d i f i z i e r e n (s.u. 123). Auch die Modifizierung des sprachüblichen Verbbestands ist ein wesentliches Mittel, die Ausdrucksmöglichkeiten zu vermehren, und es verwundert nicht, daß dafür im Deutschen fast zwei Dutzend Präfixe zur Verfügung stehen (s. 111). Sie bringen Inhaltsmerkmale hinzu, die eine paradigmatische Opposition ermöglichen, d.h. eine distinktive Abhebung des Präfixverbs vom Basisverb (BV) wie von Präfigierungen dieses Basisverbs mit anderen Präfixen; z.b. steht *er-blühen* sowohl in Opposition zu *blühen* wie zu *ver-blühen*, und (*jem.*) *be-lügen* sowohl zu *lügen* wie zu (*etwas*) *er-lügen* sowie (*sich*) *durch-lügen*.

Hingegen besteht kein Verhältnis der Opposition, sondern eher der Konkurrenz zwischen *er-blühen* und *auf-blühen* sowie (*jem.*) *be-lügen* und (*jem.*) *an-lügen*, d.h. es gibt nicht nur Präfixe gegensätzlichen, sondern auch solche ähnlichen Inhalts bzw. gleicher grammatischer Funktion. Dabei ist auffällig, daß gerade die formal sehr deutlich unterschiedenen betonten und trennbaren „Verbzusätze" (z.b. *an-, auf-*) funktional den schwachtonigen festen Präfixen teilweise nahezu gleichkommen, während die Konkurrenz zwischen schwachtonigen Präfixen (*er-blühen,* °*ent-blühen; er-löschen, ver-löschen*) oder zwischen betonten Präfixen (*ab-blühen, aus-blühen*) weniger häufig auftritt. Eine Beschreibung des Systems der deutschen Verbalpräfixe[47] hat dieser Tatsache gerecht zu werden und das erwähnte Zusammenspiel zwischen gleich- und ungleichartigen Morphemen möglichst vollständig wiederzugeben. Im Rahmen dieser Einführung wollen wir die Grundleistungen der Präfixe andeuten und den Typus Präfix-BV (Basisverb) exemplarisch vorstellen.

119 Wie die oben genannten Beispiele der Präfigierung von *blühen* und *lügen* zeigen, können die Präfixe sowohl zur s e m a n t i s c h e n Modifizierung

---

[47] Vgl. Kühnhold, „System" 94 ff. sowie Präfixverben, in: Dt. Wortbildung 1, 174, 202 ff., 227 ff., 288 ff., 301 ff. u. ö.

(insbesondere zur aktionalen Abstufung) als auch zur Änderung der s y n -
t a k t i s c h e n Wertigkeit (Valenz) des Basisverbs gebraucht werden. Ohne wesentlichen inhaltlichen oder grammatischen Unterschied weglaßbar sind Präfixe nur da, wo sie einfach die I n t e n s i v i e r u n g der Basisverbhandlung
anzeigen: (*ver-*)*spüren*, (*er-*)*retten*, (*ab-*)*schätzen*, (*auf-*)*sparen*, (*unter-*)*lassen*. Das
ist jedoch bei keinem Präfix die Hauptfunktion.[48] Wenden wir uns zunächst
in der gebotenen Kürze der s e m a n t i s c h e n Modifizierung von Basisverben
zu. Hier ist als eine wesentliche Leistung der Präfixe zuerst das Herstellen
r ä u m l i c h e r oder z e i t l i c h e r Bezüge der Basisverbhandlung festzustellen.
Es besteht dabei offensichtlich eine gewisse Aufgabenverteilung zwischen
den so eingesetzten Präfixen und den lokalen und temporalen Präpositionen.
Trotz großer Ähnlichkeit können sich die Präfixe von den entsprechenden
Präpositionen sowohl durch ihre Form (vgl. *ein-* und *in*, *ab-* und *von*) wie
durch inhaltliche Merkmale unterscheiden (vgl. *auf-fahren* und *auf den Berg
fahren*, *auf-schnüren* und *auf ein Brett schnüren*, *auf-bügeln* und *auf dem Brett
bügeln*).

120 Wo Präfixe und Präpositionen in Form und Inhalt nahezu gleich sind,
stellt die Präfigierung gegenüber der präpositionalen Fügung eine s p a r -
f o r m h a f t e Verdichtung dar[49], z.B. *Taxis fahren vor* (*das Haus*). *Ich hänge die
Decke vor* (*das Fenster*). *Es regnet durch* (*das Dach*). *Der Kognak schwappt über*
(*den Rand*). *Er schreibt das Wort an* (*die Tafel*). Ähnliches läßt sich für tempo-
rale Aussagen feststellen: *Wir beraten den Fall vor* (*dem eigentlichen Beraten*).
Sie ordnen das Material vor (*dem eigentlichen Ordnen*). *Er zählt das Geld nach*
(*dem vorangegangenen Zählen*, d.h. erneut). Die *Uhr geht vor/nach* (*dem Gehen anderer Uhren*, d.h. sie eilt der wirklichen Zeit voraus oder bleibt zu-
rück). *Man hat den Brief vor-/nachdatiert* (vor bzw. nach dem wirklichen Datum). Ungeachtet mancher speziellen semantischen Festlegung wirken
solche Wortbildungskonstruktionen selbstverständlich als M u s t e r für analoge Verbindungen mit Verben entsprechender Bezeichnungsklasse. Auch ist
mit der Präfigierung keineswegs immer eine Valenzreduktion (bzw. eine aus-
drucksssyntaktische Ersparung) verbunden. Oft ändert sich nicht die Anzahl,
sondern nur die A r t (bzw. grammatische Form) der syntaktisch verbundenen Ergänzungsbestimmungen: *Er sitzt vor einem Gremium* (Präpositional-

---

[48] Hinsichtlich der Einzelheiten vgl. Kühnhold, Präfixverben 354 ff.
[49] Vgl. Erben, Valenz 101 f. und Kühnhold, Präfixverben 243 u.ö. sowie Lerot, Verbzusammensetzungen 82 ff. Die folgenden Beispiele sollen selbstverständlich nur
‚erläutern, welche Art von Relation in einer Wortbildung steckt‘ Eichinger, Raum 87.

fügung) > *sitzt einem Gremium vor* (Dativobjekt, mit semantischer Verschiebung zu „präsidieren"). *Ich schaue nach dem Datum* (Präpositionalfügung) > *schaue das Datum nach* (Akkusativobjekt). *Ich schreibe meinen Namen unter das Zeugnis* (Akkusativobjekt + Präpositionalfügung) > *Ich unterschreibe das Zeugnis mit meinem Namen* (Akkusativobjekt < Präpositionalfügung; Präpositionalobjekt < Akkusativobjekt). *Er blickt um sich* (Präpositionalfügung) > *Er blickt sich um* (das intransitive BV wird ein nur reflexiv gebrauchtes Verb, d.h. die „formale Valenz" wird erhöht)[50] oder auch: *Er blickt sich um nach uns* (mit Anschluß eines weiteren, fakultativen Präpositionalobjekts als Zielbestimmung).[51]

Im Hinblick auf Fälle wie *Er klebt ein Pflaster über die Wunde* > *Er überklebt die Wunde mit einem Pflaster* spricht Olsen (Partikelverbsysteme 115) von „Präpositionsinkorporierung", wobei ,das Objekt der Präposition zum direkten Objekt des Präfixverbs wird' (116 und 135), sie möchte Ähnliches auch für Präfixverben wie *beschreiben* (schreiben auf) annehmen (118 f. und 133). Mit ,Möglichkeiten, lokale Prädikationen in Verbinhalte zu integrieren' und dadurch die ,semantische Argumentstruktur' zu ändern, rechnet auch Motsch, Grundzüge 81 ff.

121 Mit der Signalisierung räumlicher oder zeitlicher Bezüge sind — mehr oder weniger deutlich — meist schon a k t i o n a l e Inhaltsmerkmale verbunden; vgl. *auf-, an-wachsen* oder *ab-, an-, durch-, nach-reisen.* Die aktionale Abstufung der Basisverbhandlung kann jedoch auch als eine besonders wichtige Art der semantischen Modifizierung Hauptfunktion werden, die natürlich eine Differenzierung durch weitere (z.B. räumliche) Merkmale nicht ausschließt. Um das E i n s e t z e n einer Handlung oder eines Zustands anzuzeigen, stehen — statt einer Fügung mit *los* oder *anfangen zu* BV — z.B. fünf Präfixe bereit, wobei die schwachtonigen Präfixe *er-* und *ent-*(*er-blühen, ent-schlummern*) keineswegs die am häufigsten gebrauchten Funktionsträger darstellen. Sehr viel mehr Stichwörter weisen *an-, auf-* und *ein-* auf; vgl. z.B. *an-fahren, (etwas) an-schneiden, ein-schlafen, (sich) ein-arbeiten, auf-dröhnen, auf-glimmen.*[52] Zur Signalisierung der vollständigen D u r c h f ü h r u n g bzw. des A b s c h l u s s e s einer Handlung[53] treten anstelle von Fügungen wie *vollständig/endgültig/restlos zu Ende* BV Präfigierungen mit *ver-, zer-, er-* sowie *aus-, ab-, durch-.* Vgl. Beispielfälle wie *ver-, zer-fallen, ver-, aus-, ab-blühen, (etwas) ver-, er-, ab-, aus-messen* oder *(jem.) ver-, aus-, durch-prügeln.*

---

[50] Erben, Abriß 251.
[51] Vgl. Kühnhold, Präfixverben 255.
[52] Weiteres bei Kühnhold, Präfixverben 281 ff.
[53] Vgl. Kühnhold, a.a.O. 314 ff.

Soll speziell das erfolgreiche Zu-Ende-Bringen der Tätigkeit des Grund-
verbs, das Erreichen eines (akkusativisch bezeichneten) Zieles oder das Erwerben eines Besitzes angezeigt werden, so gibt *ver-* seine Spitzenstellung als
Hauptfunktionsträger an *er-* ab.

Da *er-* in dieser Funktion am produktivsten ist, d.h. die größte ausbaufähige Funktionsgruppe von Stichwörtern aufweist, zeichnen wir in unserer „Deutschen Wortbildung" (1, 148 u. 341 f.) das Präfix in dieser Funktion mit der Hochzahl 1 aus (*er-*[1]),
während die obengenannte „initiale" Funktionsgruppe des Präfixes einen wesentlich
geringeren Bestand an Bildungen hat (daher nur *er-*[3]).

Die zahlreichen üblichen und möglichen Präfixbildungen mit *er-*[1], die stets
transitiv sind, stehen anstelle von Verbalwendungen wie ‚(etwas) durch BV
erreichen/hervorbringen bzw. in seinen — evtl. geistigen — Besitz bringen':[54]
(*etwas*) *er-arbeiten, er-jagen, er-schaffen, er-schwindeln, er-wandern.*

122 Mehrfach sind wir schon auf die Tatsache gestoßen, daß die semantische
Modifizierung eines Basisverbs mit der Änderung seiner syntaktischen
Wertigkeit (Valenz) verbunden sein kann (vgl. 118 und 120). Als besonders
wichtige Valenzänderungen nennen wir

1. die Valenzreduktion, wo der syntaktische Stellenplan des Verbs durch
   die Präfigierung vermindert wird oder zumindest „ausdruckssyntaktisch"
   die Ersparung einer Ergänzungsbestimmung möglich wird, weil das Präfix
   eine umständlichere Präpositionalfügung erspart (Weiteres s.o. 120): *Der
   Mann schlägt ihn* > *schlägt zu. Er trinkt Wasser* > *er-trinkt* (‚kommt im Wasser um'). *Ich blase durch ein Röhrchen* > *blase durch.*

2. die Reflexivierung, wo ein intransitives oder transitives Basisverb
   durch die Präfigierung zu einem nur reflexiv gebrauchten Verb wird[55]: *Max
   läuft* (*in die Irre*) > *ver-läuft sich. Er wählt* (*eine falsche Nummer*) > *ver-
   wählt sich. Er fragt* (*immer wieder nach dem Bahnhof, bis er ihn gefunden hat*)
   > *fragt sich durch.*

3. die Akkusativierung, wobei Transitivierung eines intransitiven Basisverbs ohne Ergänzung (a) oder eines Basisverbs mit präpositionaler (b)
   bzw. dativischer Bestimmung (c) erfolgen kann.

---

[54] Kühnhold, a.a.O. 341.
[55] Vgl. Kühnhold, a.a.O. 349, 255 u.ö. sowie Stötzel, Ausdrucksseite 210 ff.

a) *Er trödelt > ver-trödelt die Zeit. Du lügst > be-lügst mich.*[56] *Wir tanzen > durch-tanzen die Nacht. Sie schreien > über-schreien die Musik. Der Hund bellt > bellt uns an.*

b) *Ich wohne in dem Haus > be-wohne das Haus. Ich steige auf den Berg > be-steige den Berg. Sie lächelt über unseren Eifer > be-lächelt unseren Eifer. Sie lacht über ihn > ver-lacht ihn. Sie bitten um Urlaub > er-bitten Urlaub.*

c) *Man droht ihm > be-droht ihn. Sie folgen mir > ver-folgen mich. Er liefert ihnen die Ware > be-liefert sie mit Ware.* (Dat. > Akk. und akk. Sachobjekt > Präpositionalobjekt).

Verben, die ohnehin mit einem Akkusativ- und Präpositionalobjekt verbunden werden, können durch Präfigierung eine U m k e h r u n g ihrer Objektbezüge erfahren und in ihrer Konstruktionsweise verändert werden: *jemanden um etwas bitten > etwas von jemandem er-bitten, Rosen auf das Beet pflanzen > das Beet mit Rosen be-pflanzen.* Solche Änderungen der „qualitativen" Valenz können zugleich die „Fokussierung" und die Darstellungsperspektive eines Sachverhalts ändern. Über Perspektivenwechsel und Konversenrelationen vgl. Erben, Grundzüge 31 und 41 sowie Eroms, Bemerkungen 110 ff. und Günther, Wortbildung 193 ff.

123 Hinsichtlich weiterer Einzelheiten verweise ich auf die tabellarische Übersicht von I. Kühnhold, Präfixverben 160 ff. Dort ist auch erkennbar, welche Präfixe die jeweilige syntaktische Modifizierung herbeiführen. Bemerkenswert ist, daß eigentlich — abgesehen von *ge-* und teilweise von *ver-*[57] — kein Präfix allein auf eine rein grammatische Funktion festgelegt ist. In der Regel wird mit der syntaktischen eine s e m a n t i s c h e Modifizierung verbunden und damit ein sehr viel differenzierterer Ausbau des Grundverbbestands erreicht. Bei der Neubildung von Präfixverben werden außer den syntaktischen (bzw. kontextuellen) Bedürfnissen offensichtlich bestimmte s e m a n t i s c h e M u s t e r wirksam, d.h. ausbaufähige semantische Funktionsgruppen („Nischen") produktiver Präfixe bieten das Muster für die neue Präfixbildung und ziehen sie — im Falle ihres Üblichwerdens — in dieses Wortbildungsparadigma. So reiht sich *be-lächeln* (s. 122: 3b) an Verben wie *be-lachen, -schimpfen, -staunen, -trauern, -weinen* an, die alle ein Basisverb mit fakultativem Präpositionalobjekt haben und durch *be-* transitiviert worden sind, d.h. den Bezug auf ein obligatorisches Akkusativobjekt bekommen ha-

---

[56] Hier gibt es allerdings schon beim Simplex die Wendung *Das lügst du* und *Das ist gelogen.* Die Präfigierung stiftet den obligatorischen Bezug auf einen personalen Akkusativ. Vgl. aber umg. *du mogelst > be-mogelst uns.*

[57] Vgl. Kühnhold, Präfixverben 359.

ben, welches die wahrgenommene Größe nennt, durch die die psychischen Akte der Grundverbhandlung ausgelöst werden. Wenn *lachen* daneben auch durch *ver-* und *aus-* transitiviert wird, so macht sich hier das Muster von Verben wie *ver-höhnen, -spotten,* umg. *-äppeln, -kohlen* bzw. *aus-buhen, -pfeifen, -schimpfen, -spotten* geltend und damit das Bestreben, die vollständige „Erledigung" einer Objektgröße durch die Grundverbhandlung anzuzeigen. Der zusätzliche Inhaltswert der „Perfektivierung" ist natürlich mit der Bedeutungskomponente „ein wenig" von *lächeln* unverträglich und daher eine Transitivierung dieses Verbs durch *aus-* oder *ver-* nicht üblich.

124 Man könnte erwarten, daß Präfixe mit ähnlichen Inhaltsmerkmalen nicht nur füreinander eintreten können (vgl. 118), sondern auch miteinander verbunden vorkommen. In der Tat finden wir *er-stehen, auf-stehen* sowie die Kombination *auf-er-stehen*; dazu *er-ziehen, auf-ziehen* und *auf-er-ziehen.* Doch spielt die Doppelpräfigierung im heutigen Deutsch kaum eine systemwichtige Rolle, weil sie der Ökonomie zuwider läuft.[58] Hingegen gibt es im Neuhochdeutschen eine starke Neigung zur unfesten Komposition mit Doppelpartikeln (vgl. III A 2: Anm. 40). Besonders zahlreich sind ‚Komposita aus Richtungsadverb und Verb' (Barz, Determiniertheit 662), wobei Pronominaladverbien wie *herein/hinein* — als Folge metaphorischer Prozesse — oft eine weitere ‚semantische Auffächerung' (ebda) aufweisen, die z. B. in der Reihe *hinein-deuten, -hören, -interpretieren* (mit Bezug auf willkürliches „Hinein-Legen" eigener Gedanken in fremde Texte, s. Hinderling, Konkurrenz 88) als Muster wirksam wird. Die Zweisilbenstruktur der Doppelpartikeln ist umgangssprachlich gern vereinfacht. Anstelle von *darauf, herauf, hinauf* findet sich z. B. *drauf* oder *rauf* (etwa in *drauf-* oder *raufkommen*). Andererseits sind Muster mit neuen Doppelpartikeln üblich geworden; so wird z. B. *drauf* intensivierend mit dem Adverb *los* verbunden, um ein unüberlegtes Beginnen zu kennzeichnen: *drauf-los-fahren/-schimpfen/-wirtschaften.* Die Tendenz, aktionale Abstufungen auszuprägen, ist also auch hier unverkennbar (vgl. 121).

b) Die Ableitung von Substantiven

125 Zur Ableitung neuer Substantive stehen im heutigen Deutsch mehrere Dutzend Affixe und affixartige Morpheme bereit. Die Menge der Affixe ist also bedeutend größer als die affixalen Mittel der Verbableitung (vgl. 111), insbesondere macht hier der Bestand der Suffixe ein Vielfaches der verbalen Suffixmenge aus, so daß auch innerhalb der vielen Funktionsstände oft eine sehr feine semantische Abstufung möglich wird (vgl. *das Les-en; die Les-e,*

---

[58] Vgl. o. Abschn. 79 und Kühnhold, Präfixverben 143 sowie: Doppelpräfigierung 193.

Les-ung, Les-erei). Präfixe oder präfixartige Morpheme finden sich vor allem bei den Modifikationsbildungen (vgl. 65), wo ein Basissubstantiv (BS) umgebildet und dabei semantisch modifiziert wird; das abgeleitete Substantiv modifizierter Bedeutung hat die Struktur m + M (= BS) oder M (= BS) + m (vgl. 38 f.), z.B. *Mini-Rock, Röck-chen*. Transposition aus einer anderen Wortklasse (vgl. 65) und aus einer grundverschiedenen Bezeichnungsklasse erfolgt hingegen fast ausschließlich durch Suffigierung, nur im Falle der kollektiven bzw. frequentativen Vorgangsbezeichnungen (vgl. 67 und 69) durch die Kombination von Präfix (*Ge-*) und Suffix (*-e/Ø*); stets aber handelt es sich hierbei um das nominalisierende Umsetzen verbaler Prädikationen bzw. prädikativer Syntagmen, z.B. *Er er-krankt/ist krank* ⇒ *Seine Er-krank-ung/Krank-heit*.

126 Im allgemeinen sind die wortbildenden Morpheme auf die Modifikation oder die Transposition von Basislexemen spezialisiert (s. 65). Wenn aber vereinzelt einige Suffixe mit einer Funktionsgruppe zur Modifikation, mit einer zweiten zur Transposition dienen, ist die grundverschiedene Leistung der formgleichen Suffixbildungen leicht zu erweisen. Denn im ersten Falle ist das Suffix weglaßbar und mit nicht allzu großer Inhaltsänderung das einfache Basissubstantiv einsetzbar (*die Lehrer-schaft, das Bürger-tum* ~ plur. *die Lehrer, die Bürger*), im zweiten Falle hingegen die Rückführung auf ein prädikatives Syntagma geboten (*die Kenner-schaft, das Kenner-tum* → *das Kenner-Sein / man ist Kenner*). In unserem Beispielfall sind also *-schaft*[1] (Funktionsgruppe: nomina collectiva) und *-schaft*[2] (Funktionsgruppe: nomina qualitatis) zu unterscheiden sowie *-tum*[1] (n. qual.) und *-tum*[2] (n. collect.), wobei die Hochzahl 1 jeweils die am meisten ausgebaute Gruppe auszeichnet (s. 121 Ende). Nur sekundär und mit geringer Frequenz nehmen *tum*-Ableitungen auch am Funktionsstand der Kollektiva teil, wobei sie, ‚immer noch die Komponente der geistigen Richtung und des Verhaltens'[59] aufweisen, im Unterschied zu den primären Kollektivbildungen mit *-schaft*, vgl. *Bürger-tum* (Allgemeinbezeichnung für eine „Klasse" mit bestimmten Denk- und Verhaltensweisen) und *Bürger-schaft* (die Gesamtheit der Bürger einer Stadt).

127 Von den reich ausgebauten Möglichkeiten der Substantivableitung, die in Band 2 der Dt. Wortbildung ausführlich dargestellt sind, wollen wir durch ein Schema und zwei Tabellen wenigstens eine Übersicht über die wichtigsten Wortbildungsparadigmen der Substantivableitung vermitteln (über die Funktionsstände sowie ihre meistgebrauchten Formantien s. S. 85 f. und vgl. Wellmann, Wortbildung 504 ff.).

[59] Vgl. Wellmann, Substantiv 178.

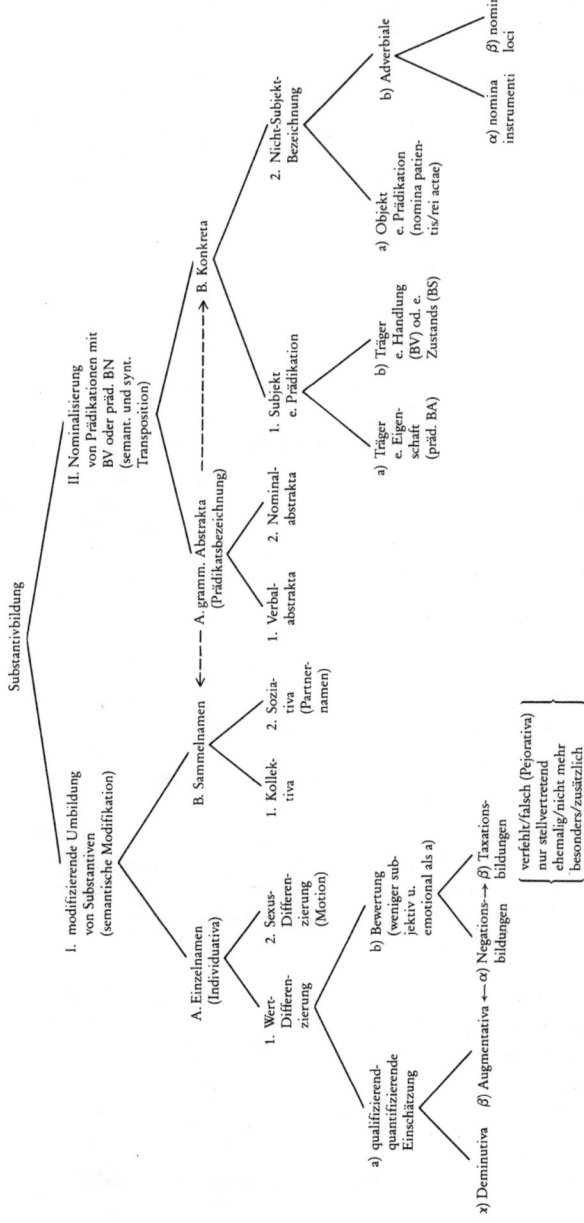

128 Art der Modifikation von BS	zusätzliches semantisches Merkmal	wichtigste Funktionsträger (Formantien, vgl. 155 f.)
1. Deminution	„klein, vertraut" u. ä. (s. 130)	*-chen, -lein; Mini-*
2. Augmentation	„sehr groß, riesig, höchst" oder auch „wichtigst" u. ä.[1]	*Erz-, Super-, Über-, Un-* und Präfixoide wie *Blitz-, Riesen-, Spitzen-* oder *Haupt-*
3. Negation	„kein, nicht"	*Un-* sowie *Miß-* und *Nicht-*[2]
4. Taxation (taxierende Bewertung) a)	„falsch, verfehlt"	*Fehl-, Miß-* sowie *After-, Un-*
b)	„nur stellvertretend"	*Vize-*
c)	„ehemalig, nicht mehr"	*Alt-, Ex-*
d)	„besonders, zusätzlich"	*Extra-, Sonder-*
e)	„gegensätzlich, gegnerisch"	*Anti-* (s. u. 157)
5. Motion (Sexus-Differenzierung) a)	weiblich	*-in* sowie *-esse, -euse* (*-ess-in, -eur-in*), *-ine, -sche*
b)	männlich	*-er, -erich*
6. Kollektion	„die gesamten (BS)"	*Ge-BS-(e), -schaft* sowie *-icht* und Suffixoide wie *-werk*
7. Soziation	„Partner (als BS) von"	*Ko(n)-, Mit-*

[1] Ruf, Augmentativbildungen 335 f. schlägt vor, „Augmentation" ‚auf solche Bildungen zu beschränken', die ‚eine besondere Größe' ausdrücken, jedoch „Affirmativbildungen", die eine Wertschätzung anzeigen (*Super-* oder *Top-Fahrer*) ebenso wie die „Relevanzbildungen" zur Taxation zu rechnen; aber ‚die Affirmativbildungen stehen den Augmentativbildungen sehr nahe' (336).
[2] Vor allem als Negationspräfix in Verbalabstrakten (*Nicht-acht-ung*) oder Personenbezeichnungen, wenn es um Einstufungen geht (*Fachmann, Nicht-fachmann*); vgl. Dt. Wortbildung 2, 196 f. Über den Typus *nicht-christ-lich* s. u. 160. Anders als bei adj. Negationsbildungen (s. 155 ff.) ist *Un-* vor Substantiven nur ‚begrenzt produktiv' (Wellmann, Substantiv 195; Lenz, *un*-Affigierung 18).

129 F o r m p r o b l e m e gibt es bei der modifizierenden Umbildung von Substantiven nur in geringem Ausmaß. Nur die Deminutivsuffixe weisen oftgebrauchte F o r m v a r i a n t e n auf, *-lein* vor allem in der mundartlich bestimmten Sprechsprache (Hauptvarianten: *-el/-erl, -le/-la/-li*)[60], *-chen* hingegen auch

[60] Vgl. Schirmunski, Mundartkunde 480 ff. und Seebold, Diminutivformen.

die schriftsprachliche Erweiterungsform *-elchen*, die gebraucht wird, wenn das Suffix an eine Basis auf *-ch*, *-g*, *-ng* tritt: *Ding-elchen, Büch-elchen, Kräg(en)-elchen*. Bei diesem Basisauslaut könnte natürlich auch *-lein* gewählt werden (z.B. *Büch-lein, Bäuch-lein, Ring-lein*), während nach der Basisendung *-l* das hochsprachlich häufigere Suffix *-chen* gewählt werden muß (*Bäll-chen, Beutel-chen*), sofern nicht silbische Vereinfachung eintritt (vgl. *Vogel* und *Vög-lein*).[61] Endet das BS nämlich auf *-e* oder *-en/-el*, so wird diese schwachtonige Auslautsilbe in der Regel vor *-(el)chen/-lein* getilgt; vgl. *Rolle, Stunde, Spiegel, Wagen* und *Röll-chen, Stünd-chen/-lein, Spieg-lein, Wäg-lein/-elchen*. Zu vermerken ist schließlich, daß antretende Deminutivsuffixe meist B a s i s u m l a u t (d.h. Aufhellung der Basisvokale *a, o, u, au* zu *ä, ö, ü, äu*) bewirken, s. die obengenannten Beispiele. Doch findet sich z.B. neben *Fräu-lein* die unumgelautete Form *Frau-chen*; vgl. auch *Lott-chen, Luder-chen, Mama-chen* sowie Koseformen wie *Tant-chen, Mutt-chen* bzw. *Mutti-lein*. Im Falle des — weibliches Geschlecht anzeigenden — Suffixes *-in* finden sich neben Umlautformen wie *Ärzt-in, Gött-in, Hünd-in* umlautlose Bildungen in größerer Anzahl; vgl. *Gatt(e)-in, Bot(e)-in, Genoss(e)-in, Kamerad-in, Sklav(e)-in* sowie *Ja-sag-er-in, Maler-in, Zaub(er)er-in* (nach einem umlautlosen Nomen agentis auf *-er*).[62]

130 In f u n k t i o n a l e r Hinsicht zeigen sich mehrere Probleme. Zunächst ist bewußt zu machen, daß es oft weniger darum geht, etwas als räumlich klein hinzustellen, vielmehr darum, eine Größe zu kennzeichnen, zu der der Sprecher ein emotionales Verhältnis hat (*Pferdchen, Bürschchen*, s. Abriß 127 f. u. Wellmann, Substantiv 123 f.); sie wird gleichsam ‚in vertraute Nähe gerückt', wobei das Substantiv einfach die Stelle sein kann, ‚an der der Sprecher sein intimes Verhältnis zum Partner kennzeichnet' (Brinkmann, Sprache 18): *Du wirst doch dein Süppchen essen, ein Schläfchen machen, noch ein Stündchen bleiben.* Doch trifft man auch bei den Deminutiven nicht mehr von ihrer Ableitungsbasis her motivierte, mehr oder weniger u n d u r c h s i c h t i g gewordene Bildungen (vgl. 19 und 20). Sie finden sich in besonders reicher Zahl bei den — ansonsten sehr produktiven und zum Ausdruck emotionaler Anteilnahme funktionswichtigen — D e m i n u t i v e n; vgl. z.B. *Gesinde-l, Kanin-*

[61] Dies gilt nur für die synchronische Analyse des heutigen Sprachgebrauchs. In diachronischer Sicht ist *Vögl-ein* zu segmentieren, da ahd. *fugil-īn* zu *fogal* gebildet ist und sich gerade im Anschluß an Basen auf *-al/-il* erst die Erweiterungsform *-līn* des Suffixes *-īn* ergeben hat (vgl. noch *Kück-en* neben *Küch-lein*). Weiteres bei Henzen, Wortbildung 143 ff.
[62] Vgl. die tabellarische Übersicht über den Basisumlaut bei Wellmann, Substantiv 38 f.

chen, Mäd-chen/-el, Mär-chen/-lein, Veil-chen, wo der Deminutionsbezug auf *Gesinde, *Kanin* (ndl. *konijn* < afrz. *conin,* zu lat. *cuniculus*), *Magd, *Märe* und **Veil* (< lat. *viola,* vgl. *violett* < frz. *violet* ‚veilchenblau') dem heutigen Sprachbewußtsein verloren gegangen ist.

Auch bei den Kollektiven des kaum sehr produktiven Typus *Ge-BS-(e)* finden sich nicht wenige unmotiviert gewordene Wortbildungen wie *Ge-krös-e, Ge-länder, G(e)-leis-e, Ge-nick, Ge-sind-e* oder auch *Ge-müs-e,* bei dem wohl niemand mehr an *Mus* denken wird. Gibt es hier noch eine beachtliche Zahl motivierter Bildungen wie *Ge-brüder, Ge-büsch, Ge-stänge* — trotz starker Konkurrenz anderer Typen (vgl. *Bruder-schaft, Busch-werk*), — so sind die Soziativbildungen (Partnernamen)[63] mit *Ge-* im heutigen Deutsch offensichtlich weder als produktiv noch als aktiv (d. h. im System funktionierend) anzusehen, also entweder unanalysierbar geworden (vgl. *Ge-nosse, Ge-selle*) oder von ihrer Basis weitgehend semantisch isoliert (vgl. *Ge-fährte* im Unterschied zu dem heute üblichen Typus *Mit-fahrer*), so daß sie als Muster für neue Bildungen ausfallen.

131 Bemerkenswert ist ferner die Einbürgerung von Fremdmorphemen neben heimischen Formantien; vgl. *-chen* und *Mini-, Über-* und *Super-, Alt-* und *Ex-, Sonder-* und *Extra-, -in* und *-esse/-euse, Mit-* und *Ko(n)-.* Die Fremdmorpheme sind teils auf die Verbindung mit fremdwörtlichen Basen eingeschränkt (*Ko-Autor, Chef-euse*)[64], teils auch darüber hinaus üblich geworden (*Ex-Verlobte, Extra-Wurst, Mini-Staubsauger, Super-Knüller*). Weiterhin ist die Menge der Suffixe und Präfixe beachtlich durch affixartige Morpheme erweitert (s. 33). Präfixoide zeigt vor allem der erst in neuerer Umgangs- und Zeitungssprache ausgebaute Funktionsstand der Augmentativbildungen (*Affen-, Blitz-, Bomben-, Grund-, Haupt-, Heiden-, Höllen-, Mords-, Pfunds-, Riesen-, Spitzen-BS*), Suffixoide finden sich in besonderem Ausmaß bei den Kollektivbildungen (*BS-gut, -kram, -material, -welt, -werk, -wesen, -zeug* sowie *-leute, -volk*). Das Vorhandensein einer großen Anzahl affixartiger Morpheme, die mehr oder weniger reihenbildend auftreten und eine Gesamtheit der im Erstglied (= BS) genannten Elemente ausdrücken, weist auf den starken, noch nicht abgeschlossenen Ausbau dieses Funktionsstands in der neueren deutschen Sprachgeschichte.[65] Neben den zahlreichen Bildungsweisen der primären Kollektiva gibt es auch noch die Möglichkeit, sekundäre Kollek-

---

[63] Vgl. hierzu Wellmann, Kollektiva 156.

[64] Umgangssprachlich für *Chef-in*. Hier ist *-euse* eindeutig an ein BS getreten, während im häufigeren Falle *-euse* im Wechsel mit *-eur* steht und eine männliche Berufsbezeichnung zur weiblichen umprägt; vgl. *Fris-eur* und *Fris-euse* (wofür österr. *Friseur-in*).

[65] Vgl. Erben, Kollektiva 224 ff.

tiva durch ,Kollektiv ve rwe n d u n g von usuellen Abstrakta'[66] zu gewinnen; vgl. *Be-wölk-ung, Be-stuhl-ung* neben *Ge-wölk, Ge-stühl* (über kollektiv gebrauchte *tum*-Bildungen s. 126).

132 Wo mehrere Bildungsweisen und Formantien zur Verfügung stehen, gibt es gemeinhin keine völlige Beliebigkeit der Anwendung, sondern gewisse Einschränkungen des Gebrauchs (vgl. 64 ff.). Zwar sind *-chen* und *-lein* weitgehend austauschbar (vgl. *Häuf-chen/-lein, Schwesterchen/-lein, Stündchen/-lein*), wenn wir einmal von den morphologischen Bedingtheiten (s. 129) absehen und auch die unterschiedliche Frequenz (*-chen* ist hochsprachlich weitaus üblicher) außer acht lassen. Hingegen sind z.B. Kollektiva keineswegs beliebig mit *Ge-BS-(e)* oder *-schaft* zu bilden, wenngleich beide Ableitungsmittel vereinzelt mit der gleichen Basis verbunden vorkommen (vgl. *Ge-länd-e* und *Land-schaft, Ge-brüder* und *Bruder-schaft*). Gemeinhin werden Basissubstantive, die zur Klasse der P e r s o n e n bezeichnungen gehören, mit *-schaft* verbunden (Typus *Lehrer-schaft*), solche jedoch, die sich auf menschliche E r z e u g n i s s e (Artefakte) oder N a t u r e r s c h e i n u n g e n beziehen, mit Hilfe von *Ge-* zu Sammelnamen geprägt (Typus *Ge-büsch, Ge-stühl*), sofern man im letzteren Falle nicht Suffixoide wie *-werk, -zeug* nutzt. Eine eingehende Beschreibung muß also neben den Möglichkeiten der Konkurrenz auch die häufige Erscheinung einer komplementären Distribution (s. 71) möglichst genau darstellen, wie dies Band 2 der Dt. Wortbildung für die Substantivableitung versucht.

133 Im folgenden geben wir zunächst eine Übersicht über die Möglichkeiten der Substantivbildung durch semantische und syntaktische T r a n s p o s i t i o n (vgl. 65 und 125), um dann wieder einige Einzelfragen genauer zu erörtern (s. Tabelle auf S. 91).

134 Man kann Transpositionen (nominalisierende Umkategorisierungen) durch Bezug auf bestimmte Positionen einer Basisprädikation beschreiben (s. o. 99) und deverbale Substantive danach unterscheiden, ob sie als Ableitungen P r ä d i k a t s -, S u b j e k t s - oder O b j e k t s b e g r i f f e darstellen (nomina actionis, n. agentis, n. patientis), oder ob — wie im Falle der nomina instrumenti und n. loci — ,i n s t r u m e n t a l e' oder ,l o k a l e Adverbialinhalte'[67] „thematisiert" worden sind. So lassen sich z.B. aus dem Basissatz *x lehr-t y* (*mittels z*) mehrere Substantive grundverschiedener Bezeichnungsklasse ableiten:

---

[66] Wellmann, Substantiv 177 ff.
[67] Wellmann, Wortbildung 512.

1. *die Lehr-e* (des y durch x)/*das Lehr-en*;

2. (x ist) *der Lehr-er* (des y)/*der Lehr-ende*;

3. (y ist) *der Lehr-ling* (des x) bzw. *der Lehr-stoff/ der* bzw. *das Ge-lehr-te* oder *zu Lehr-ende*;

4. (z ist) *das Lehr-mittel* (des x für y).

Neben dem s y n t a k t i s c h e n Aspekt der Wortbildung, unter dem auch ‚Argumentstrukturveränderungen durch Affigierung‘[68] Beachtung verdienen, darf natürlich der s e m a n t i s c h e nicht übersehen werden. Da *(Schul-)Unterricht* und *Schül-er* im Deutschen als sprachübliche Bezeichnungen zur Verfügung stehen, werden *Lehr-e* und *Lehr-ling* meist speziell auf die Berufsausbildung (bzw. die Auszubildenden) in der *Lehr-werkstatt* eines *Lehrmeisters* bezogen. *Lehr-er* hingegen — hier durch *Meister* (< lat. *magister*) entlastet — wird allgemeiner gebraucht, wobei die *-er*-Bildung dem x das *Lehr-en* mehr als soziale Rolle (Beruf) zuspricht — in einer klassifizierenden Ist-Prädikation —, das Part. I ihn eher nur als Träger einer temporären, aktuellen Funktion hinstellt: *der/die Lehr-ende* (in Opposition zu *der/die Lernende*). Dies gilt gemeinhin für das Verhältnis zwischen *-er-* und *-end*-Ableitungen, doch kann das Part. I grundsätzlich als allgemeines grammatisches Mittel für *-er* eintreten (s. u. 142 Ende), und es kann gelegentlich eine oftgebrauchte, eingebürgerte Partizipialbildung sogar das Aufkommen eines Nomen agentis auf *-er* hemmen; vgl. *der (Geschäfts-, Handlungs-)Reis-end-e, Vorsitz-end-e* (Präsident), *Studier-end-e/Stud-ent*. Die Bezeichnung des Mittels und auch des Ortes müssen in unserem Beispielfalle wie auch sonst gelegentlich durch Zusammensetzung gewonnen werden (*Lehr-anstalt* oder *Lehr-werkstatt*), da **Lehr-er-ei* (vgl. *Druckerei*, s. u. 149) angesichts der fest eingebürgerten und weniger einseitigen Bezeichnung *Schule* nicht sprachüblich geworden ist und keine sachliche Notwendigkeit für diese oder ähnliche Bildungen besteht.[69] Die analoge Ausfächerung der Grundmorpheme (s. 23) geschieht also nicht völlig gleichmäßig, sondern ist durch die lautlich-inhaltlichen (Un-)Verträglichkeiten zwischen bestimmten Basen und Affixen (s. 66 und 135) eingeschränkt und von sachlichen bzw. textlichen Ausdrucksnotwendigkeiten bestimmt.

Eine Rolle spielt hierbei auch, ob das entsprechende lexikalische Paradigma (Feld sprachüblicher Wörter), das zur Erschließung eines Sinnbezirks und zur Übernahme bestimmter Textfunktionen bereitsteht, den Bedürfnissen der Sprecher genügt oder

---

[68] Zimmermann, Argumentstruktur 104.
[69] Vgl. o. 66 sowie Dt. Wortbildung 1,10.

Normalisierung einer Prädikation	Basis und wichtigste Transpositionsmittel		
	mit BV	mit präd. BA[1]	mit präd. BS
1. Thematisierung[2] des Prädikats: nomina actionis/ qualitatis[3]	-Ø (s. 141), -e, -en (sb. Inf.); -er, -(er)ei, Ge--(e) (s. 67 ff.), -nis, -ung; -(at)ion (s. 138)	-e, -heit/keit (s. 140), -sein; -ik, -ismus, -ität	-(er)ei, -schaft, -tum; -ismus (s. 75 f.)
2. Thematisierung des Subjekts: nomina agentis (im weiteren Sinne)[4]	-ende(r), -er; -ant/ent; -(at)or, -eur	-ling, d(er/ie/as) BA-(e); -iker, ist[5]	-er, -ler, -ling, -ner; -är, -iker, -ist
3. Thematisierung des Objekts: nomina patientis/ rei actae	-ling, -sel; -gut, -werk; -and, -at	d(er/ie/as) Part. II-e	
4. Thematisierung einer Adverbialergänzung			
a) nomina instru-menti (s. 147 f.)	-e, -el, -er; -ator sowie Suffixoide wie -zeug		
b) nomina loci (s. 149 ff.)	-e, -(er)ei		

[1] z. T. auch Part. II; vgl. *Erschrocken-heit, Verzagt-heit, Interessiert-heit.*

[2] Vgl. o. Abschn. 99 und zur *-(e)n*-Ableitung Sandberg.

[3] Sog. Verbal- bzw. Nominal-Abstrakta; vgl. o. 135 und 143 f. sowie Erben, Abriß 135 f.

[4] D. h. Bezeichnungen für einen Handlungsträger, aber auch für die „Träger" eines Zustands bzw. einer Eigenschaft, die sich in einem bestimmten Verhalten äußert, also z. B. neben dem Typus *Schläg-er* (,jemand, der gern andere Leute schlägt') auch *Roh-ling* (,jemand, der roh ist/handelt'); über den umgangssprachl. Typus *Rauf-bold* s. u. 143.

[5] Da diese Bildungen auf *-ist* morphologisch-semantisch gemeinhin von einem Adjektiv auf *-isch* her motiviert sind, sind sie synchronisch ableitbar durch Tilgung von *-isch* (vgl. 46 ff.): *Pazifist(isch), Pessimist(isch)*, wohingegen *-iker* an die Stelle von *-isch* tritt (Suffixtausch): *zyn-isch > Zyn-iker*; vgl. 75 und zum Suffixwechsel 138 f.

ob es ausbaunötig ist. Daß neben *lieb-en* zwar *Lieb-e* und *Lieb-ling*, aber nicht **Lieb-er* (vgl. engl. *lover*), sondern *Lieb-hab-er* (Zusammenbildung der Wortgruppe *jem. lieb haben*, s. 44) steht, hat seinen Grund darin, einer störenden Homonymie auszuweichen und die Lautgleichheit mit dem entsprechenden Adjektiv *lieb(-er*) zu vermeiden,[70] wie bei *Bitt-stell-er* statt **Bitt-er* (neben *bitter*). Aus dem gleichen Grunde gibt es zu *wachen* (wach sein) keine Ableitung **Wach-er*, sondern, sofern die alte Bildung *Wächt-er* nicht genügt, die Zusammensetzung mit dem Kompositionsglied *-mann* (*Wach-mann*), das auch sonst gelegentlich einspringen muß (vgl. *Lebe-mann* für **Leber* = engl. *liver/fast liver*, frz. *viveur/bon vivant*, neben dem allgemeineren Ausdruck *Lebe-wesen*).[71] Selbstverständlich können auch Bedeutung und Valenz des Verbs Ableitungsmöglichkeiten einschränken. Dies erklärt z. B. das Eintreten von *Sprech-er* für **Sag-er*, während *Ja-sag-er* üblich ist. Über semantisch-pragmatische Aspekte s. Erben, Zur dt. Wortbildung 304 ff.

135 Daß zur Thematisierung des P r ä d i k a t s sowie des S u b j e k t s besonders viele Möglichkeiten der syntaktischen Konversion (s. o. 36) und z. T. auch der semantisch abstufenden Wortbildung (s. o. 67 und 125 u. 141 ff.) gegeben sind, darf kaum als zufällig angesehen werden, sondern als deutliches Anzeichen dafür, daß diese Nominalisierungen zum substantivischen Ausdruck von actio/qualitas und agens/actor wichtig sind. Unsere Tabelle (s. 133) läßt erkennen, daß offenbar die unterschiedliche Basis (mit BV oder BN, d. h. präd. BA/BS) gemeinhin auch die Wahl verschiedener Ableitungsmittel nahelegt. So werden die Sätze *Er feindet ihn an. Seine Haltung ist feindlich. Er ist sein Feind* nominalisiert zu *seine Anfeind-ung* (feindselige Handlung, über *-ung* s. u. 141), *Feindlich-keit* (feindliche Haltung oder Verhaltensweise, über *-keit* s. u. 140), *Feind-schaft* (gegnerisches Verhältnis oder Verhalten; *-schaft*, gemeinhin mit einer subst. Personenbezeichnung verbunden, signalisiert vornehmlich die Befindlichkeit in einer R o l l e, die das BS angibt; s. auch o. 71). Auch fremdwörtliche Basen, die vorzugsweise mit besonderen, morphematisierten fremdsprachigen (Affix-)Elementen kombiniert werden, zeigen diese unterschiedliche Ausprägung; so kann *Etwas ist stabilisiert worden. Es ist stabil* substantivisch wiederaufgenommen werden durch *die Stabilis-ation/Stabilisier-ung* bzw. *die Stabil-ität* und *Er rebelliert, ist ein Rebell* durch *seine Rebell-ion, sein Rebellen-tum*. V e r b a l abstrakta und N o m i n a l abstrakta werden also meist strukturell voneinander abgehoben. Entsprechendes läßt sich bei der Thematisierung des Subjekts beobachten, wo z. B. das besonders häufig gebrauchte Suffix *-er* in erster Linie an Basisver-

---

[70] Vgl. Erben, Morphologie 128.
[71] Über die Gleichwertigkeit von unselbständigem und selbständigem Morphem s. o. 50 sowie Erben, Wortbildung 91.

ben tritt, hingegen *-ler* und *-ner* nahezu ausschließlich an Basissubstantive, *-ling* wiederum vornehmlich an Basisadjektive, weniger häufig an Basissubstantive und nur relativ selten an Basisverben, wobei es eher zur Thematisierung des Objekts als des Subjekts dient.[72] Jedenfalls bestehen systematische Ansätze, einer aktivischen *-er*-Bildung eine passivische *-ling*-Bildung gegenüberzustellen; vgl. *Lehr-er, Prüf-er* und *Lehr-ling, Prüf-ling.*[73]

136 Wenn *-er* nicht seiner Hauptfunktion gemäß mit einem Basisverb, sondern mit einem Basissubstantiv verbunden wird, so hat diese Ableitung ebenfalls meist den Wert einer *Tut*-Prädikation. Dies gilt nicht nur im Falle der Doppelmotivierung (*Geiger: Geige/geigen*), sondern auch sonst: *Fleisch-er* = jemand, der Fleisch verarbeitet, *Reform-er* = jemand, der Reform(en) betreibt, *Lyrik-er* = jemand, der Lyrik schafft[74], *Schlagzeug-er* und *Fußball-er* = jemand, der Schlagzeug/Fußball spielt. Statt des Suffixes *-er* findet sich zuweilen als deutlichere Ausdrucksvariante (vgl. 40 und 50) ein Nomen agentis als Zweitglied einer Zusammensetzung; vgl. z.B. *Fleisch-er* und *Fleischhauer* sowie *Geig-er, Fußball-er* und *Geigen-/Fußball-spieler.* Das substantivische Erstglied bzw. das Basissubstantiv nennt also unverkennbar das Objekt einer Tätigkeit. Zu unterscheiden ist natürlich der Typus *Eigentüm-er, Zwei-bein-er*, wo das BS einen Besitz oder eine Eigenschaft nennt und eine Basisprädikation mit *haben* zugrundeliegt (= jemand, der Eigentum bzw. zwei Beine hat) sowie andererseits (*Groß-*)*Städt-er*, *Innsbruck-er, Tirol-er, Österreich-er*, wo eine Raumbezeichnung (meist ein Orts- oder Ländername, s. 178 und 216, Ziffer 4) das BS bildet und eine räumliche Zuordnung des Genannten erfolgt: jemand, der dort (in BS) wohnt bzw. von dort stammt.[75]

137 Die erwähnte Vielzahl der Wortbildungsmöglichkeiten für nomina actionis/qualitatis und nomina agentis (im weitesten Sinne) kommt nicht zuletzt dadurch zustande, daß außer den heimischen auch eingebürgerte f r e m d e Affixe zur Verfügung stehen (vgl. 77 und 131), z.B. *-(at)ion* neben *-ung; -ik-, -ismus* und *-ität* neben *-heit; -ant/-ent, -(at)or, -eur* neben *-er; -iker/-ist* neben *-ling*. Die Fremdsuffixe sind freilich in ihrer Anwendung begrenzt, d.h. in der Regel — von Einzelfällen (*Horn-, Lager-ist*) und gelegentlichen Bildungen umgangssprachlichen Charakters wie *Schwul-ität* oder *Bummel-ant* abgesehen — auf die Kombination mit fremdwörtlichen Basen (vor allem die Verben auf *-ieren* und die Adjektive auf *-abel/-ibel, -al, -ell, -ent/-ant, -il, -iv* so-

---

[72] Da der Typus *Eindring-ling* (jemand, der eindringt) schwach vertreten ist, haben wir ihn in der Tabelle (s. 133) nicht angeführt, ebensowenig wie den Typus *Komponist* (jemand, der etwas komponiert).

[73] Vgl. Wellmann, Substantivbildung 345 f.

[74] Nicht als *-er*-Bildung zu einer Basis auf *-ik* ist hingegen *Satiriker* zu verstehen, das vielmehr als *Satir-iker* = jemand, der Satiren schreibt, zu analysieren ist; entsprechend *Chem(ie)-iker*.

[75] Weiteres bei Wellmann, Substantiv 374 ff., 393 ff., 398 f., 406 ff.

wie *-isch*, s. A. 5 S. 91) eingeschränkt; z.T. sind sie im Deutschen auch nur als aktiv im funktionellen Sinne, nicht aber als produktiv einzustufen. So können zwar aus Verben auf *-ieren* neue nomina agentis mit Hilfe von *-eur* gewonnen werden (vgl. *Fris-eur, Magnetis-eur*), kaum hingegen mit Hilfe von *-(at)or*.

Es ist auch wenig wahrscheinlich, daß die Reihe der nomina actionis durch das Suffix *-(at)ion* noch wesentlich ausgebaut wird, das gelegentlich schon durch *-(ier-)ung* verdrängt worden ist (vgl. *Akzentuier-ung* für älteres *Accentu-ation*). Noch unwahrscheinlicher ist der Ausbau nach dem Muster der sehr viel weniger vertretenen und daher in unserer Tabelle nicht genannten Typen *Kolport-age, Repar-atur/Dress-ur, Bombardement, Konfer-enz*. Freilich läßt sich die Wahrscheinlichkeit nie völlig ausschließen (vgl. o. 73). Sofern durchsichtige Wortbildungsstrukturen, die z.B. auf *-ator* oder *-ation* enden, für das syntaktische Wechselspiel der Umsetzung verbaler in nominale Aussagen reihenhaft bereitstehen, sind sie als Mittel der Transposition zu beachten, zumal sie das Üblichwerden anderer Suffixbildungen hemmen können oder teilweise mit heimischen Bildungsmitteln konkurrieren: vgl. *Generalis-ation* und *Generalis-ierung* (Vorgangs-Abstraktum), *Deform-ation* und *Deform-iert-heit* (Zustandsabstraktum) sowie *Gloss-ator* und *Gloss-ier-er* (Tätername). Auf das reihenhafte Zusammenspiel zwischen korrelativen Bildungen auf *-ismus* und *-ist* sowie entsprechenden Adjektiven auf *-(ist)isch* (s. A. 5 S. 91) ist bereits hingewiesen worden (s. 75 f.). Auch dieses Beispiel sollte die Meinung stärken helfen, daß die Strukturierung des eingebürgerten, durch Motivationsbeziehungen verankerten Fremdwortguts sprachsystematisch wichtig und daher zu untersuchen ist. Übrigens muß der grammatische Status eines entlehnten Affixes in der Ausgangs- und der Zielsprache keineswegs gleich sein, ebensowenig wie die inhaltliche Geltung und Position eines übernommenen Wortes im lexikalischen Paradigma der Ausgangs- und Zielsprache übereinstimmen muß.

138 Probleme der Formvarianz bieten vor allem fremdwörtliche Strukturen. Neben dem meistvertretenen Normaltyp *Kapitul-ation* (zu *kapitul-ieren*) finden sich auch die Varianten *Add-ition* (zu *add-ieren*), *Intervention* (zu *interven-ieren*) und die Kurzform *Exekut-ion* (zu *exekut-ieren*); außerdem weniger häufige Fälle mit Konsonantenvarianz (bes. Wechsel *d>s, b>p, g>k*) im Basisverb: *Konzess-ion* (zu *konzed-ieren*), *Transkrip-tion* (zu *transkrib-ieren*), *Funk-tion* (zu *fung-ieren*) oder mit Tilgung bzw. Hinzufügung eines Konsonanten: *Korrup-tion* (zu *korrump-ieren*), *Konstruk-tion* (zu *konstru-ieren*). Neben *Produz-ent* (zu *produz-ieren*) erscheint auch *Sympathis-ant* (von *sympathis-ieren*) sowie *Inspiz-ient* und *Denunz-iant* (von *inspiz-ieren* bzw. *denunz-ieren*). „Die Lautform *-ant* dominiert im heutigen Deutsch im Verhältnis 2:1. Spontane Neubildungen gehen regelmäßig auf *-ant* und nicht auf *-ent* aus'[76], so z.B. zeitungssprachliche Gelegenheitsbildungen wie *Boykott-ant*, *Diskut-ant*. Das verbstammbildende Element *-ier-* (s. 113) wird bei der Nominalisation dann jeweils getilgt, wenn ein substantivbildendes Fremdsuffix seine Stelle einnimmt, d.h. wir haben gewöhnlich einen Suffixwechsel zwischen: *-ier-*(*-en*) und *-ant/ent*, *-(at)ion*, *-(at)or*, *-eur*, so wie wir andererseits einen Suffixtausch zwischen fremdwörtlichen Adjektiven auf *-isch* und *-(iz)ität*, *-ik* bzw. *-iker* (s. Anm. 74) beobachten: *exzentr-isch, Exzentr-izität, Exzentr-ik, Exzentr-iker*.

139 Beim Typus *Pazifist*, der morphologisch-semantisch vom Adjektiv (*pazifistisch*) motiviert ist, nimmt man am besten einfache Tilgung von *-isch* an (s. A. 5 S. 91), was selbstverständlich nur für die Ableitung nach synchronischen Gesichtspunkten gilt. Diachronisch gesehen ist *pazifist-isch* natürlich eine suffigierende Adjektivbildung zu dem — um 1900 aus dem Französischen übernommenen — Fremdwort *Pazifist* (Weiteres s. 76).

140 Von den heimischen Affixen, die zur Transposition dienen, weist außer den schon vorgestellten Suffixen *Ge-BV-(e)* (s. o. II Anm. 59) und *-(er)ei* (s. 67 u. ebda Anm. 60) vor allem *-heit* Formvarianten auf, neben *-heit* auch *-keit* und *-igkeit*. Die Form *-heit* wird gemeinhin mit nicht abgeleiteten (Primär-)Adjektiven verbunden (*Taub-heit* = das Taub-Sein) sowie mit partizipialen Basen (s. A. 1 S. 91), *-keit* hingegen mit schon abgeleiteten Adjektiven auf *-bar, -ig, -isch, -lich, -sam* (*Dank-bar-keit*).

Nach den schwachtonigen Endsilben *-er* und *-el* findet sich teils *-heit* (*Dunkelheit, Besonder-heit*), teils *-keit* (*Eitel-keit, Bieder-keit*), wobei nach *-el* die Variante *-heit*, nach *-er* die Form *-keit* bevorzugt wird. Adjektive auf *-haft* und *-los*, die beinahe noch das Gewicht von Kompositionsgliedern haben, werden mittels *-igkeit* substantiviert (*Lebhaft-igkeit, Sprachlos-igkeit*). Diese zweisilbige Suffixvariante kann auch nach suffixlosen Adjektiven gewählt werden, so daß es hier z.T. zu einer Konkurrenz zwischen *-heit* und *-igkeit* kommt: *Dicht-heit/igkeit, Blöd(e)heit/igkeit*. Jedenfalls sind *-heit, -keit* und *-igkeit* auf die Verbindung mit adjektivischen oder partizipialen Basen eingeschränkt, und sie werden je nach deren silbischem Aufbau komplementär eingesetzt (vgl. auch Kolb, *-igkeit* und Oberle, *-heit, -keit* und *-igkeit* 229 f.), so daß man sie zu Recht als Varianten eines Suffixes ansehen kann, wohingegen z.B. *-ler* gegenüber *-er* im heutigen Deutsch als eigenständiges Suffix gewertet werden muß (Vgl. 214).

141 Angesichts gelegentlicher Konkurrenz zwischen dem — schon im Abschnitt 40 vorgestellten — Null-Morphem (Ø) und *-ung* (vgl. z.B. *Entscheid, Erwerb* neben *Entscheid-ung, Erwerb-ung*) könnte die These vertreten wer-

---

[76] Wellmann, Substantiv 32; ebda Weiteres zum Fragenkreis der Suffixvariation und Basisveränderung.

den, daß -Ø eine Variante von -*ung* sei. Doch wäre diese schon angesichts der Genusverschiedenheit kaum aufrechtzuerhalten, da die Kurzbildungen gemeinhin genus maskulinum[77] zeigen, die Bildungen mit -*ung* hingegen genus femininum aufweisen. Weiterhin kann die implizite Ableitung (s. 34) auch an die zweite oder dritte, im Vokal- und evtl. Konsonantenstand abweichende Stammform der sog. starken Verben anschließen, zu denen sie vorzugsweise gebildet wird[78]; vgl. *der Hub-Ø* und *die Heb-ung, der Zug-Ø* und *die Zieh-ung, der Übertritt-Ø* und *die Übertret-ung* (Weiteres s. o. 35).

Daß die maskulinen Kurzformen sich auch durch einen s e m a n t i s c h e n Schwerpunkt als eigenständige Gruppe abheben, kommt hinzu. Diese Maskulina scheinen im wesentlichen ,perfektiv auf einen Fall begrenzt' zu sein, d. h. sie halten vorwiegend ,b e g r e n z t e Vorgänge' fest[79]; z. B. ist *der Dreh* ein einmaliger entscheidender Kunstgriff, *die Dreh-ung* hingegen eine Kreisbewegung, die dauern und sich wiederholen kann (vgl. *Schwung* und *Schwing-ung, Bruch* und *Brech-ung*), wenngleich festzustellen ist, daß auch -*ung* im allgemeinen kaum mit rein durativen Basisverben verbunden werden kann (also nicht **Umher-zieh-ung, *Kränk-el-ung, *Kellner-ung, *Leb-ung, *Bleib-ung*, sondern: *das Umher-zieh-en, Kränk-eln, Kellner-n, Leb-en, Bleib-en*). Ein Wichtiges kommt jedoch noch hinzu, das die -*ung*-Bildungen von den Kurzformen trennt und näher zum substantivierten Infinitiv stellt: die -*ung*-Ableitungen legen gewöhnlich das Hinzufügen der syntaktischen Ergänzungen des Basisverbs nahe, d. h. sie dienen weniger zur Wiedergabe ,reiner Vorgangsbegriffe'[80], vgl. *(An-)Ruf* und *Anruf-ung* (*einer höheren Instanz um Entscheidung*), *Gruß* und *Begrüß-ung* (*der Gäste durch den Hausherrn*).

142 Die beiden besonders wichtigen Bezeichnungsklassen der nomina actionis und der nomina agentis werden im allgemeinen (s. aber 145 f.) strukturell scharf voneinander abgehoben. Das Namhaftmachen einer Tat und andererseits des Täters ist offensichtlich eine wesentliche, früh empfundene Ausdrucksnotwendigkeit. Will man sich nicht mit elementaren Prädikationen

[77] So auch *Frust* (neben *Frustrier-ung* und *Frustr-ation*). Über die ,wenig produktive Restgruppe' der Feminina des Typus *Arbeit* neben *arbeiten* und die vereinzelten Neutra des Typus *Bad* neben *baden* s. Wellmann, Substantiv 232 f.
[78] Vgl. jedoch *der Schwenk-Ø* neben *die Schwenk-ung, der Versuch-Ø* neben *die Versuch-ung* (mit semant. Differenzierung), *der Respekt-Ø* neben *die Respekt-ier-ung.*
[79] Brinkmann, Sprache 26.
[80] Brinkmann, a. a. O. 31. Weiteres bei Wellmann, Substantiv 229 ff. Vgl. auch Paul, Aufgaben 704 f.: ,-*ung* dient vorzugsweise zu Ableitungen aus transitiven Verben, die dann auch an der transitiven Natur des Verbums Anteil haben.'

begnügen, so muß man Wortbildungsmöglichkeiten schaffen und nutzen, die beide Nominalisierungen erlauben und zugleich inhaltliche Abstufungen bei der Darstellung des Geschehens zulassen. Diese Möglichkeiten sind im heutigen Deutsch gegeben, wie unsere Tabelle (s. 133) zeigt. Wir verdeutlichen sie nochmals anhand eines einfachen Beispiels:

Jemand schrei-t

⇒ 1. Thematisierung des Prädikats

    a) *Der Schrei-Ø*   (Wiedergabe als einmaligen Akt, s. 141);

    b) *Das Ge-schrei/*
       Die Schrei-erei   (Betonung der Dauer und Wiederholung, s. 67 ff.);

    c) *Das Schrei-en*   (der sb. Inf. kann als gramm. Mittel der reinen Vorgangsbezeichnung für den Typ a und b eintreten).

⇒ 2. Thematisierung des Subjekts

    a) *Der Schrei-er*   (Klassifizierende Bezeichnung als „schreiende Person");

    b) *Der Schrei-hals*   (umgangssprachl. Bezeichnung durch ein Possessivkompositum, das eine Person nach einer besonders wahrnehmbaren lästigen Dauereigenschaft nennt: ‚jemand, der viel — „lauthals" — schreit'[81], statt *-er* steht als Zweitglied eine Körperteilbezeichnung, Weiteres s. 107);

    c) *Der Schrei-ende*   (das substantivierte Part. I kann als gramm. Mittel der allgemeinen Bezeichnung eines menschlichen Vorgangsträgers für a und b gebraucht werden).

143 Neben den mehr oder weniger produktiven Ableitungsmöglichkeiten gibt es auch noch s e l t e n genutzte, die auf verhältnismäßig wenige verbale Basen eingeschränkt sind. Hier sind z.B. die — besonders in der Umgangssprache gebräuchlichen — abschätzigen S u b j e k t bezeichnungen mit *-bold* (*Rauf-, Sauf-, Trunken-bold* neben *Rauf-er, Säuf-er, Trink-er*) oder mit suffixartig gebrauchten Namen (z.B. *Prahl-er/hans, Mecker-er/fritze* bzw. *-liese*) zu nennen, andererseits eine Reihe von keineswegs systemunwichtigen Ansät-

---

[81] Umgangssprachl. wäre auch eine Bildung mit *-bold* möglich, wenngleich sie nicht üblich geworden ist; vgl. 143.

zen, nomina a c t i o n i s zu bilden. Beachten wir sie, so wird uns auch der Nutzwert der Wortbildungslehre für die Semantik- und Wortfeldforschung besonders deutlich; z.b. werden die wichtigsten Verben des Geschehens — abgesehen etwa von dem Fremdwort *passieren* — durch die gemeinsame strukturelle Möglichkeit ausgezeichnet, daß sie jeweils ein nomen actionis (d. h. die substantivische Bezeichnung dessen, was geschieht bzw. geschehen ist) auf *-nis* neben sich haben: *das Begeb-nis* (neben üblicherem *Begeben-heit* ‚das, was sich begeben hat‘), *Begeg-nis* (veraltet neben *Begeg-nung*), *Ereig-nis, Ergeb-nis, Gescheh-nis, Vorkomm-nis.*[82]

144 Zu dieser Kerngruppe stellen sich noch einige weitere Bildungen, die — anders als die vorgenannten — Basisverben mit persönlichem Subjekt haben, z.B. *das Bedürf-nis, Erleb-nis, Wag-nis* oder umgangssprachl. *Besäuf-nis.* Dazu kommen Ableitungen, die eher Z u s t a n d s - als Vorgangsbezeichnungen sind und offenbar einen meist passivischen Basissatz mit Part. II voraussetzen, weshalb *-nis* hier — wie bei den wenigen Ableitungen von Basisadjektiven (z.B. *Bitter-nis/-keit*) — z.T. mit *-heit* konkurriert; vgl. z.B. *die* (!) *Bedräng-nis, Verdamm-nis, Verderb-nis* (neben *die Bedrängt-, Verdammt-, Verderbt-heit*). Diese Bildungen dominieren nicht zufällig in dem heiterpessimistischen Vierzeiler, mit dem Erich Kästner das Menschenleben zu umreißen sucht:

> *Das ist das Verhängnis:*
> *Zwischen Empfängnis*
> *und Leichenbegängnis*
> *nichts als Bedrängnis.*[83]

145 Neben den *nis*-Bildungen findet sich im Funktionsstand der nomina actionis seltsamerweise auch eine kleine Nische von Ableitungen mit *-er*, dessen Primärfunktion ja eigentlich die Thematisierung des Subjekts ist (s. o. 135 f.). Werden die Ableitungen mit *-er* dadurch nicht doppeldeutig? Sie können es, wenn der Sprecher auf einen eindeutigen Kontext verzichtet; z.B. *Das ist ein* (Holz-/Sprach-)*Schnitzer; im Saal einige Lacher. Auf den Bergen hört man Jodler. Er macht einen Diener.* Von solchen Fällen, wo man weniger die Person, als deren Verhalten/Äußerung im Auge hat, wird dieser Typ der Vorgangsbezeichnung auch ausgegangen sein. Er ist eingeschränkt auf verhältnismäßig wenige Verben (vor allem der Umgangssprache), die einzelne menschliche Akte (akustische Äußerungen und rasche Bewegungen) bezeichnen. Meist sind sie intransitiv (*Ausrutsch-er, Seuf-zer, Hops-er* im Unterschied zu *Hops-erei*), z.T. aber auch reflexiv (*Versprech-er*) oder transitiv

---

[82] Vgl. Weisgerber, Sinnbezirk 38 f.
[83] Heiterkeit 311. Über *-nis* vgl. im übrigen Wellmann, Substantiv 224 ff., 252 f., 270 f.

(*Treff-er, Anschnauz-er*; auch *Abstech-er*, eig. das Abstechen eines Bootes vom Schiff, um einen kleinen Ausflug, weg von der Hauptroute zu machen). Die begrenzte Anwendung dieses Typs in bestimmten, meist eindeutigen Kontexten, die nur eine Nichtpersonenbezeichnung und zwar eine Vorgangsbezeichnung zulassen (*einen Hopser tun* ~ hopsen, *einen Anschnauzer geben/bekommen* ~ anschnauzen u. ä.), läßt es nicht zu Mißverständnissen kommen.[84]

146 Nicht übersehen werden darf, daß es auch den umgekehrten Fall gibt, nämlich die Anwendung eines typischen Suffixes der nomina actionis bei der Thematisierung des S u b j e k t s. Gerade Bildungen mit *-ung* (z.B. *die Regier-ung, Verwalt-ung, Vertret-ung, Bedien-ung*) können gelegentlich nicht nur auf die Aktion (das Regieren, Verwalten, Vertreten, Bedienen) zielen, sondern auch auf den Kreis agierender P e r s o n e n, die gleichsam mit ihrer Funktion identifiziert werden (die Regierenden, Verwaltenden, Vertretenden, Bedienenden). Freilich machen diese zum Ausdruck eines globalen Personalbegriffs gebrauchten Bildungen nach unseren Analysen nur wenig mehr als 2,3 % aller Ableitungen mit *-ung* aus.[85] Für den Sprecher ist es freilich vorteilhaft, allgemeiner z.B. von der *Leit-ung*, statt vom *Leit-er* eines Betriebes oder Instituts zu sprechen, also eine weniger genaue ‚verdeckte Personenbezeichnung‘[86] zu benutzen. Im übrigen begünstigt natürlich, um noch ein Beispiel herauszugreifen, die Neigung zu schlagwortartiger Vereinfachung, daß man etwa die Bestrebungen einer bestimmten Gruppe mit dieser selbst gleichsetzt; vgl. der *Kapital-ismus, Kommun-ismus* (die Kapital-isten, Kommunisten), ein Beispiel für die mögliche ‚Kollektivverwendung usueller Abstrakta‘ (s. o. 131 Ende).

147 Nach den Ausführungen der letzten Abschnitte erscheint es wohl als nicht verwunderlich, daß wir das Hauptmittel zur Thematisierung des Subjekts, das Suffix *-er*, auch als Ableitungsmittel für nomina i n s t r u m e n t i antreffen. Der Typus (Wagen-)*Heb-er* hat den älteren Typ *Heb-el* weithin abgelöst. Das Suffix *-er* signalisiert anscheinend nur, daß ein „Agens" tätig ist, läßt aber gemeinhin offen, ob eine Person oder eine Sache „agiert"[87], was in einer Zeit, wo zunehmend Maschinen die Funktionen des Menschen überneh-

---

[84] Weiteres bei Wellmann, Substantiv 226 ff.
[85] Vgl. Wellmann, Substantiv 357.
[86] Fleischer, Wortbildung 187.
[87] Vgl. Erben, Ungenauigkeit 14. Einzelne Bildungen mit *-er*, so *Koch-er* (im Unterschied zur Personenbezeichnung *Koch*) sind freilich eindeutig auf eine Gerätebezeichnung festgelegt. Auf instr. *-er* kann nie *-in* folgen.

men, nicht verwundert. So steht heute der *Platten-spiel-er* neben dem *Klavier-spiel-er*. Und wenn davon gesprochen wird, daß mehrere *Rechn-er* oder *Verteil-er* gebraucht werden, kann der Hörer oft nur dem weiteren Zusammenhang entnehmen, ob hier noch Menschen tätig sind. Der Sprachwissenschaftler kann allerdings ein nomen instrumenti auf *-er* als Thematisierung einer A d ve r b i a l ergänzung verstehen: (*Wagen*)-*Heb-er* → etwas/ein Gerät, m i t dem man (den Wagen) hebt, (*Tennis-*)*Schläg-er* → etwas/ein Gerät, mit dem man (den Tennisball) schlägt, im Unterschied zum homonymen Subjekttyp: *Schläg-er* → jemand, der (andere Menschen) schlägt.

148 Im Funktionsstand der nomina instrumenti finden sich ferner Bildungen mit *-e*, die auch bei den nomina actionis anzutreffen sind, vgl. *die Reis-e* (= das Reis-en) und *die Brems-e* → etwas/ein Gerät, mit dem man (den Wagen) bremst. Also auch hier gibt es, wenngleich in begrenztem Ausmaß, die Ableitung: x *brems-t y mit z* ⇒ z *ist eine Brems-e.*

Küpper bucht für beide Typen ungewöhnliche Bildungen der Umgangssprache; vgl. (*auf die*) *Verdien-e* (*gehen*) und *Heiz-e* (für *Heiz-gerät*).[88] Doch gibt es offenbar kaum eine Konkurrenz der beiden lautgleichen Formantien beim gleichen Basisverb.

149 Nomina l o c i werden am ehesten mit *-(er)ei* gebildet: x arbeitet (z.B. *bäck-t/druck-t/wäsch-t/brät Fische/bügel-t schnell*) in y ⇒ y ist eine *Bäck-erei/ Druck-erei/Wäsch-erei/Fisch-brat-erei/Schnell-bügel-ei*. Oft, aber keineswegs immer, stehen daneben nomina agentis (*Bäck-er, Druck-er*), so daß die Betriebsangaben meist doppelt motiviert sind. Nur von einem Basissubstantiv her motiviert sind natürlich Bildungen wie *Metzger-ei, Konditor-ei* (→ Geschäft, wo ein *Metzger/Konditor* tätig ist) oder *Ziegel-ei, Käse-rei* (→ Fabrik, wo *Ziegeln* gebrannt werden/*Käse* hergestellt wird).

150 Vergleichbare lokative Bildungen mit *-e* finden sich nur in geringerem Ausmaß und abgesehen etwa von *Schmied-e* gewöhnlich nicht als Betriebsbezeichnungen. Hier gilt also die Formel:

x tut etwas (*lieg-t/steig-t ab/tränk-t Vieh/reich-t etwas durch*) in/an/auf y ⇒ y ist eine *Lieg-e/Absteig-e/Tränk-e/Durchreich-e*.[89]

151 Nicht selten gibt es auch l o k a l e Ve r w e n d u n g usueller A b s t r a k t a mit dem lautgleichen Suffix *-e* oder mit Ø: *die Ausleih-e* (1. das Ausleihen, 2. die Stelle, wo man ausleiht); *der Einstieg-Ø* (1. das Einsteigen, 2. die Stelle, wo man einsteigt). Bei *-ung*-Bildungen ist dies freilich seltener zu beobachten; vgl. jedoch *Bieg-ung, Siedl-ung* und die

---

[88] Vgl. im übrigen Wellmann, Substantiv 438.
[89] Weiteres bei Wellmann, Substantiv 452 f.

ganz auf die lokative Funktion festgelegte Bildung *Wohn-ung*, wo seltenerweise *-ung* mit einem durativen Basisverb verbunden ist. Auch diese Beispiele zeigen, daß man mit einer sekundären Verwendung von Wortbildungstypen rechnen muß, welche nahezu in jedem Funktionsstand die primären Bildungen ergänzen. In diesen Bereichen (vgl. auch o. 146) überschneidet sich das Aufgabenfeld der Wortbildungslehre und der Semantik.

c) Die Ableitung von Adjektiven

152 Wir wenden uns nun den Ableitungsmöglichkeiten der Adjektive im heutigen Deutsch zu. Der Typ der impliziten Ableitung spielt hier — anders als beim Substantiv (s. 34 und 141) — keine Rolle, obwohl im Neuhochdeutschen vereinzelt postverbale Adjektive neben schwachen Verben aufgekommen sind, die nun als deren Basen gelten, z.B. *schrill, starr, wach* (zu *schrillen, starren, wachen*). ‚Neubildungen direkt aus Verben wie *girr, schmieg, schlaf* liebt der Expressionismus‘[90], dessen — keinem produktiven Wortbildungsmuster folgende — dichterische Gelegenheitsbildungen freilich außerhalb der allgemeinen Hochsprache geblieben sind. Daß Substantive ohne Zuhilfenahme eines Affixes zu prädikativ und attributiv einsetzbaren sowie steigerungsfähigen Adjektiven werden (vgl. *Ernst > ernst, zu Frieden > zufrieden*), ist ebenfalls keine allgemein übliche Möglichkeit, neue Adjektive zu gewinnen. Offensichtlich hat das nicht-primäre, abgeleitete Adjektiv in der Regel ein Formans als deutlich erkennbaren Klassenanzeiger, d.h. es folgt dem Typ der expliziten Ableitung (statt *ernst-Ø* also: *ernst-lich/haft*). Unter den Affixen und affixartigen Morphemen, deren Anzahl den substantivableitenden Formantien wenig nachsteht, weisen nicht nur die Fremdmorpheme klangvolle Vokale auf (vgl. *a/an-, anti-, dis-, extra-, hyper-, ko/kon-, poly-, pseudo-, top-, ultra-* sowie *-abel/ibel, -al, -ant, -är, -iv, -os/ös*), sondern auch die wichtigsten heimischen Morpheme: *ērz-, un-, ūr-* und *-bār, -haft, -sām* sowie *-ig, -isch, -lich*. So besteht (abgesehen von *-en/ern*) ein deutlicher struktureller Unterschied zwischen wortbildenden und (flexions-)formbildenden Morphemen des Adjektivs.

153 Die Tendenz zur eindeutigen Prägung als Adjektiv hat — besonders im gesprochenen Deutsch der Mundarten — dazu geführt, daß suffixlose Adjektive durch Anfügung von *-ig* zusätzlich gekennzeichnet sind; vgl. z.B. rhein. *groß-ig, feucht-ig.*[91]

---

[90] Henzen, Wortbildung 194; s. auch Fleischer, Wortbildung 288.
[91] Diese und weitere Beispiele bei Henzen, Mundarten 275 und Wortbildung 197. Vgl. Teil II Anm. 79.

Die Suffigierung ist offenbar dort am ehesten notwendig geworden, wo es galt, ein Adjektiv von einem ganz oder fast lautgleichen Substantiv abzuheben (vgl. *elend-ig, spitzig, untertän-ig*) oder ein fremdwörtliches Adjektiv einer großen Reihe heimischer Adjektive formal einzufügen (vgl. steir. *marod-ig, nobl-ig*).[92] Für ‚die württembergischen Mundarten‘ sind Verdeutlichungsbildungen wie *apart-ig, kaputt-ig, miserabl-ig* bezeugt, ‚wobei die Formen mit Suffix — bei gleicher Bedeutung — vorzugsweise attributiv verwendet werden (*„es ist kaputt“*, aber: *„ein kaputtiges Auto“*)‘.[93] In der Schriftsprache werden fremdsprachliche Adjektive allerdings eher mit dem Suffix *-isch* eingebürgert (vgl. *bestial-isch, genial-isch*), das regelmäßig an die Stelle von griech. *-ikós*, lat. *-icus*, frz. *-ique* tritt (vgl. *histor-isch, polit-isch*).

154 Gewöhnlich dient ein angefügtes Affix nicht nur zur Verdeutlichung des Adjektivcharakters (s. 153), sondern führt — wie bei der Substantivbildung — zur Modifikation oder Transposition eines Basislexems (s.65). Wir geben auch hier eine Übersicht über die wichtigsten Möglichkeiten und verweisen für weitere Informationen auf Dt. Wortbildung 3.

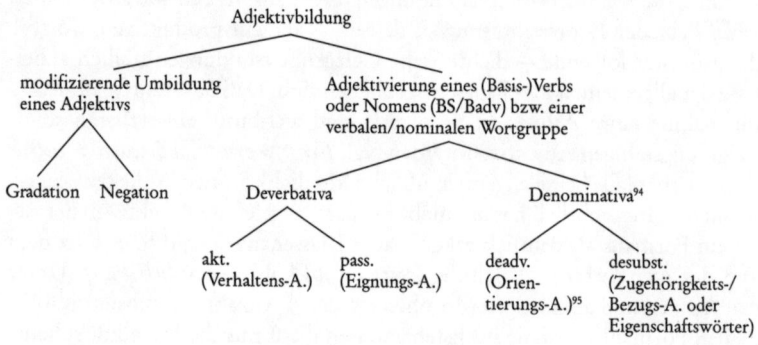

[92] Unger-Khull, Wortschatz 451 u. 478 f., wo auch die Substantivbildungen *Marodigkeit* und *Nobligkeit* gebucht sind.
[93] Kirchmeier, Entlehnung 77.
[94] Aus Vereinfachungsgründen werden alle Adjektive, die von einer nichtverbalen Basis abgeleitet sind, als Denominativa bezeichnet.
[95] Sie orientieren vor allem über die räumliche oder zeitliche Position der nachgenannten Bezugsgröße, sind also Attribute des Typus (*die*) *dort-ig(e Schule*), *bald-ig(e Ankunft*), gebildet aus: *Die Schule ist dort / Die Ankunft ist/geschieht bald*; s.u. 173.

155 Art der Modifikation von BA	zusätzliches semantisches Merkmal	wichtigste Funktionsträger (Formantien)
1. Gradation a)	„sehr, überaus"	*erz-, ur-;* *grund-, hoch-, top-* sowie umg.-emot. Präfixoide wie *blut-, sau-*
b)	„mehr als (zu erwarten), allzu übermäßig"	*über-; hyper-, super-,* *ultra-*
c)	„(nur) annähernd, nicht in vollem Maße"	*-lich; quasi-*
2. Negation	„nicht"	*un-; a(n)-[1], anti-,* *in-[2], pseudo-*

[1] Vorvokalisch gilt die Formvariante *an-*; es heißt also *a-normal*, aber: *an-organisch*.
[2] Vor einem Adjektiv mit *l/m/r*-Anlaut > *il-legal, im-materiell, ir-rational*; aber: *in-direkt, in-kompetent*. Weiteres s. bei Klosa, Negierende Lehnpräfixe.

156 Im Vergleich zu den Arten der Modifikation substantivischer Basislexeme (s. 128) erscheint die modifizierende Umbildung von Adjektiven als sehr viel weniger ausgebildet.[96] Doch findet sich in beiden Fällen die Kategorie der Negation; und die — dem Adjektiv eigene — Gradation ist der Augmentation durchaus vergleichbar. Es verwundert daher nicht, daß wir z. T. die gleichen Präfixe bzw. Präfixoide als Funktionsträger antreffen; vgl. *Erz-schelm* und *erz-faul* (BS/BA mit pejorativer Komponente: großer/gewissenloser Schelm bzw. sehr faul), *Grund-idee* (fundamentale, die Grundlage alles übrigen bildende I.) und *grund-gescheit/verkehrt* (von Grund auf/sehr g./v.), *Über-gewicht* (allzu großes G.) und *über-groß* (allzu gr.), *Super-macht* (übergroße M.) und *super-stark* (überaus st.), *Top-ausbildung* (höchstrangige, besonders gute Ausb.) und *top-fit* (in hohem Maße fit), umgangssprachl. *Sau-pech*

[96] Wir haben hier freilich insofern etwas vereinfacht, als wir die nur in Fremdwörtern erkennbaren weiteren Ansätze, die weniger für die Allgemeinsprache als für Fachsprachen belangvoll sind, unberücksichtigt lassen; vgl. den Typus *inter-national* (*-kommunal, -konfessionell*), den man in gewisser Hinsicht noch als Grenzfall der Gradation werten könnte, sowie die — eine Gleichheit (Einheitlichkeit) oder Ungleichheit (bzw. Mehrheit) anzeigenden Typen *iso-magnetisch, hetero-polar; mono-, poly-syllabisch*; dazu zeitliche Einstufungen mit *prä-* oder *post-* (*mortal*) oder politische Wertungen mit *anti-* und *pro-* (*arabisch*) u. ä.

(großes P.)[97] und *sau-dumm/kalt* (sehr d./k.). Entsprechend treffen wir bei-derseits Negationsbildungen mit *un-* und seltener mit *miß-*; vgl. *Un-ordnung* (keine O.) und *un-ordentlich* (nicht o.), *Miß-erfolg* (kein E.) und *miß-vergnügt* (nicht v.), wenngleich *miß-* — auch vor Verben (vgl. *miß-handeln, -raten*) — eher als Pejorativpräfix fungiert (vgl. *Miß-griff/jahr* und *miß-gelaunt*). So tritt das Negationspräfix *un-* vereinzelt sogar vor Pejorativbildungen mit *miß-*: *un-miß-verständlich* (kann nicht falsch verstanden werden), *un-miß-deutbar* (nicht falsch zu deuten).

157 Nicht selten bestehen p a r a l l e l e Bildungen zum gleichen Grundmorphem; vgl. *Über-eifer/macht/mensch* und *über-eifrig/mächtig/menschlich, Un-dank/friede/glück/ sinn* und *un-dankbar/friedlich/glücklich/sinnig, Anti-faschist* (kein F., sondern „gegen" die F.-en Eingestellter) und *anti-faschistisch, Pseudo-demokrat/wissenschaft* (kein echter, wirklicher D. bzw. unechte, falsche W.) und *pseudo-demokratisch/wissenschaftlich.* Hier stellt sich natürlich die Frage, ob das Präfix jeweils modifizierend vor ein Sub-stantiv und analog vor das entsprechende Adjektiv getreten ist oder ob suffigierende Umbildung eines präfixhaltigen Basissubstantivs zum Adjektiv vorliegt oder ob even-tuell Zusatz eines substantivbildenden Suffixes bzw. Tilgung eines Adjektivsuffixes zu einem neuen Substantiv geführt hat. Im Falle des selten gebrauchten Substantivs *Un-natur*, das *unnatürlich* als Motivationsbasis voraussetzt, läßt sich die Tilgung des Basis-adjektivsuffixes wahrscheinlich machen (s. o. 46). Bei *Unreinheit*, das weniger üblich ist und *unrein* als Motivationsbasis voraussetzt, kann man Abstraktbildung zu *unrein* annehmen. Umgekehrt wird man bei einer synchronischen Analyse *unsinnig* als *ig*-Ableitung von *Un-sinn* werten müssen, da *sinnig* im neueren Deutsch kaum noch als positives Gegenwort von *unsinnig* üblich ist. Es ist allerdings wohl in einigen Fällen keine dieser Möglichkeiten mit Sicherheit auszuscheiden. Die jeweilige Wortgeschich-te kann natürlich Aufschluß geben. Als Typ ist historisch gesehen *un*-BA älter als *un*-BS.[98]

158 Für die beiden Hauptarten der Modifikation eines BA stehen jeweils mehrere Funktionsträger zur Verfügung, und zwar fast ausschließlich P r ä - f i x e , wenn wir von dem nicht sehr stark vertretenen Typus der Restriktiv-Bildungen mit *-lich* (*bläu-lich, dümm-lich, rund-lich*) einmal absehen. Aller-dings sind nur wenige Präfixe so produktiv, daß sie in großem Ausmaß rei-henbildend wirken. Es sind dies vor allem das Negationspräfix *-un* sowie *über-*, das ein — alle „normalen" Erwartungen übertreffendes — (Über-)Maß der nachgenannten Eigenschaft anzeigt, was natürlich je nach Art der Eigen-schaft und Sachlage Ausdruck positiver (*über-glücklich, über-höflich, über-*

---

[97] eig. „saumäßiges" P.; denn *Sau-* tendiert dazu, eine Art P e j o r a t i v p r ä f i x der Umgangssprache zu werden.
[98] Vgl. Henzen, Wortbildung 98 ff. Über die Funktionen von *un-* in der Gegenwarts-sprache vgl. Schnerrer, Funktionen.

reich) oder negativer Empfindung und Wertung (*über-ängstlich, über-dimensional, über-empfindlich, über-forsch, über-gescheit*) sein kann.[99]

159 Zu beachten ist allerdings, daß nicht immer die präfigierende Umbildung eines BA vorliegt, sondern eine adjektivierende Transposition einer Wortgruppe erfolgt sein kann. Dies ist offensichtlich in den Fällen, wo die Basis nicht als freies Morphem üblich ist: *über-seeisch* (keine Präfigierung mit steigerndem *über-*, sondern eine Zusammenbildung der präpositionalen Fügung *über See* bzw. Adjektivbildung zur Zusammenrückung *Übersee*), wobei auf andere lok./temp. Bildungen wie *vor-frist-ig, vorgeburt-lich* (vor der Frist/Geburt) oder *inner-art-lich, inner-betrieb-lich* (innerhalb der Art/des Betriebs) hinzuweisen wäre. Aber auch in Fällen wie *über-irdisch, über-natürlich*, wo das Zweitglied als selbständiges, desubstantivisches Adjektiv vorkommt, ist spürbar, daß nicht ein Übermaß des Irdischen/Natürlichen gemeint ist — *irdisch/natürlich* lassen ja kaum eine Steigerung zu —, sondern etwas, was ü b e r der Erde/Natur befindlich, über alles Irdische/Natürliche erhaben ist, also das Irdische/Natürliche transzendiert und nicht mehr irdisch/natürlich ist; ähnliches gilt für *über-staatlich* und *über-durchschnittlich* (etwas, das *über einen Staat/über den Durchschnitt* hinausgeht)[100]. Es sind Ableitungen, die man vom Standpunkt der synchronischen Wortbildungslehre her ebenfalls als Adjektivierung präpositionaler Fügungen und nicht einfach als modifizierende Umbildung eines Adjektivs verstehen wird, wenngleich die zusätzliche Motivation durch das schon vorhandene desubstantivische Adjektiv (*irdisch, natürlich, staatlich, durchschnittlich*) gewiß als förderliche Bedingung dieser Bildungen mitwirkt. Entsprechend ist eine partizipiale Bildung wie *unerörtert* am besten ableitbar aus dem Basissatz *Das hat man nicht erörtert/ist nicht erörtert worden* (⟹ *blieb un-erörtert*), während etwa *un-bekannt, un-erfahren* eher als einfache Verneinung der schon als Adjektiv geläufig gewordenen Partizipien *bekannt, erfahren* anzusehen sind; ebenso *un-befriedigend, -genügend*.

160 Auch die sehr produktiven Präfixe *über-* und *un-* unterliegen offensichtlich G e b r a u c h s b e s c h r ä n k u n g e n. Nicht jedes graduierbare Adjektiv scheint mit *über-* kombinierbar zu sein, vgl. z.B. **überwarm*. In solchen Fällen wirkt sich wohl außer der Konkurrenz syntaktischer Fügungen mit *mehr als/allzu* (*warm*) die Existenz entsprechender lexikalischer Einheiten aus (hier z.B. *schwül/heiß*), welche die Wortbildung mit *über-* normalerweise überflüssig machen, ja hemmen (vgl. 134). Ähnliches läßt sich für die Kombination eines BA mit *un-* feststellen. Sie wird offensichtlich meist vermieden, wenn der Gegensatz der positiven Grundform bereits durch ein sprachübliches Antonym bezeichnet wird: *groß — klein, reich — arm, schnell — langsam* (daher nicht: **un-groß/reich/schnell*); nur vereinzelt teilen das Antonym und

[99] Vgl. jetzt H. Graser, Semantik 120 f.
[100] Graser, a.a.O. 44 ff. nennt diesen Typ der Adjektive mit *über-* („mehr als", meta-, supra-) ,T r a n s g r e s s i v a', im Unterschied zu den ,Graduativa' (41).

die Bildung mit *un-* sich das Anwendungsfeld, so im Falle von *gesund — krank* (eine Krankheit habend)/*un-gesund* (der Gesundheit schadend/auf mangelnde Gesundheit hinweisend) oder *gut — böse* (nicht gut, unfreundlich, schlimm)/*un-gut* (schlecht). Daß die Verbindung mit *un-* nur bei den Adjektiven positiven Inhalts möglich ist und gleichsam die Abweichung vom „Normalen" angezeigt wird, muß ebenfalls festgehalten werden. Bildungen wie **un-krank*, **un-böse* sind unüblich, wenngleich saloppe Umgangssprache Wendungen wie *Das ist gar nicht so unübel* kennt. In Fällen, wo kein einfaches Gegenwort ausreicht, kann eine abgestufte Gesamtheit von Wörtern bereitstehen und das Aufkommen von *un-*Bildungen verhindern, so im Falle der Farbadjektive. Hier bilden zwar *weiß* und *schwarz* die entgegengesetzten Endglieder der Reihe, doch ist das, was *nicht weiß* ist, keineswegs notwendigerweise *schwarz*, sondern etwa *grün* oder *rot*, weshalb zu keinem Farbadjektiv ein Gegensatzwort mit *un-* gebildet wird. Oft muß dann eben die Negationspartikel *nicht* eingesetzt werden, die auch sonst — abgesehen von isolierten, lexikalisierten Fällen wie *un-wirsch* (< mhd. *un-wird-esch* ‚unwert‘) — für das Negationspräfix eintreten kann. Da die Bildungen mit *un-* den Gegensatz betonen und oft zugleich wertbezogen sind, kommt es zu funktionalen Abstufungen wie *christlich — nichtchristlich*[101] — *unchristlich* (auf die Handlungsweise schlechter Christen bezogen).[102] Nur die Modifikation mit *un-* kann dann die Basis einer eventuellen Verbalisierungsableitung werden (vgl. *un-klar* und *ver-un-klar-en*), ebenso wie die entsprechende substantivische Negationsbildung mit *Un-* (vgl. *Un-glück* und *ver-un-glück-en*).

161 Von den Möglichkeiten der Adjektivierung eines Basisverbs (bzw. einer verbalen Gruppe) muß als besonders produktiv die Bildung „passivischer" Deverbativa mit Hilfe von *-bar* hervorgehoben werden. Hier besteht heute die grundsätzliche ‚Möglichkeit, zu jedem transitiven Verb ein Adjektiv auf *-bar* zu bilden‘[103], das eine Handlung bezeichnet. Dieses Suffix tritt

---

[101] Eine Bildung wie *unfrei* ‚abhängig‘ erlaubt im neueren Deutsch nicht mehr den Zusatz von Ergänzungsbestimmungen, wohl aber *nicht frei* (*von Schuld/Eitelkeit* ‚nicht beeinträchtigt von/nicht ohne x‘); über ‚unrealisierbare Argumente‘ vgl. Lenz, *un-*Affigierung 67 und 192 f. sowie Motsch, Grundzüge 289 f. Zusammenschreibung mit *nicht-* erfolgt dann, wenn die ‚Verbindung von *nicht* mit einem Adjektiv od. Partizip eine andauernde Eigenschaft bezeichnet, d.h. klassenbildend gebraucht wird‘ (Duden, Rechtschreibung 505), hier für die Angabe der Zugehörigkeit zur Klasse der Nichtchristen.
[102] Vgl. Weiß, Verneinung 335 ff.
[103] Flury, *-bar* 85. ‚Verben mit Akkusativobjekt, die keine Handlungen bezeichnen, sind als Basiswörter ausgeschlossen‘ (Motsch, Grundzüge 298), z.B. *benötigen, haben.*

zwar auch noch in anderer Anwendung auf, doch ist es weitgehend auf die genannte Funktion festgelegt worden. ‚Neubildungen werden im 20. Jh. mit einem an Ausschließlichkeit grenzenden Prozentsatz (98 %) von Verben abgeleitet.'[104] Darunter gibt es zwar auch Fälle „aktivischer" Bedeutung (z.B. *explodier-bar* für ‚explosibel'), doch ‚lautet das Verhältnis der aktivischen zu den passivischen Bildungen 5:172, oder in Prozenten: 3 %:97 %'[105], d.h. der Typus (*ab*)*les-bar, automatisier-bar, beeindruck-bar, hinzufüg-bar, unverfremd-bar* dominiert. Im Unterschied zum Part. II (*abgelesen, automatisiert, beeindruckt, hinzugefügt, unverfremdet*) haben die Bildungen mit *-bar* eine p a s s i - v i s c h - m o d a l e Bedeutung; *ablesbar* z.B. besagt ‚etwas k a n n abgelesen werden', d.h. wir haben hier in der Regel Basissätze mit einem Modalverb, das die M ö g l i c h k e i t (bzw. Unmöglichkeit) des Handlungsvollzugs anzeigt: x *kann* y *ables-en/*y *kann* (*von* x) *abgelesen werden* ⇒ y *ist ables-bar* und *das ables-bar-e* y. So erspart die Ableitung mit *-bar* umständliche syntaktische Fügungen und dient als bequemes Mittel, E i g n u n g s a d j e k t i v e zu gewinnen, die in prädikativer oder attributiver Position eine W e r t u n g ausdrücken. ‚In den Deverbativen besteht der Anteil des Suffixes *-bar* an der Wertung der Welt darin, daß sie Wesen, Dinge oder Umstände unter einer bestimmten Sehweise betrachten: im Hinblick auf die Möglichkeit oder Unmöglichkeit, Objekt oder passives Subjekt des durch das verbale Stammwort ausgedrückten Geschehens (einer Tätigkeit oder eines Vorgangs) zu sein.'[106] Wie in der Passivkonstruktion entfällt die Bezeichnung des Agens, doch bleibt das ‚semantische Klassem/‚Mensch'/des wegfallenden Mitspielers'[107] in der Ableitung erhalten, d.h. es gilt die selbstverständliche Voraussetzung, daß etwas nur für einen menschlichen Handlungsträger *ables-bar* ist.

162 Dem sehr praktischen Baumuster folgen gelegentlich sogar Bildungen zu Verben, die kein Akkusativobjekt, sondern ein Präpositional- oder Dativobjekt haben, oder die Reflexiva sind: *ein unverzichtbares Recht; der unausweichliche Zwang; unnahbar scheinen; ist es vorstellbar, daß* ... Vielleicht haben engl. Entsprechungen wie *imaginable, in-escap-able, in-access-ible, un-approach-able* solche Bildungen nahegelegt, doch könnten auch Ableitungen von sinnverwandten Transitiva zu Parallelbildungen angeregt haben, sofern nicht die betreffenden Verben selbst in älterer Sprache auch transitiv gebraucht werden konnten (wie z.B. *ausweichen*).

---

[104] Flury, *-bar* 87.
[105] Flury, *-bar* 90.
[106] Flury, *-bar* 107.
[107] Polenz, Wortsoziologie 17.

163 In seiner passivisch-modalen Primärfunktion ist *-bar* heute ohne ernsthafte Konkurrenz, obwohl sich ‚noch Bildungen auf *-lich* und wenige relikthafte Ableitungen auf *-sam* und *-ig*‘[108] in ähnlicher Anwendung finden; vgl. *faß-bar* und *faß-lich, erklär-bar* und *erklär-lich,* lenkbar und *lenk-sam, deut-bar* sowie *deut-lich* und *ein-deut-ig.* Von den konkurrierenden Suffixen stellt *-lich* noch den größten Anteil passivischer Bildungen, darunter viele mehrsilbige, präfixhaltige Basen, denen das tonschwache Suffix leichter folgen kann (vgl. *(un)erschwinglich, (un)ausstehlich, (un)widerruflich;* doch ist neben *(un)ersetz-lich* auch *(un)ersetz-bar* zu finden und der Typus *(un)aufführ-bar, (un)widerleg-bar* in der Gegenwartssprache keineswegs selten. Neubildungen von Eignungsadjektiven sind jedenfalls höchstwahrscheinlich Bildungen mit *-bar.* Deverbativa mit *-lich* ‚sind heute nicht mehr produktiv, sondern allenfalls noch aktiv‘[109], wobei sich nicht wenige Bildungen semantisch von ihrem Basisverb entfernt haben (vgl. *üb-lich, vergeb-lich*). Wieweit Adjektivbildungen dem Modell der „kombinatorischen Ableitung" folgen, verdient genauere Untersuchung (s.o. 39 sowie Dt. Wortbildung 3, 179).

164 Bei fremdwörtlichen Basen besteht partiell noch eine Konkurrenz mit dem Lehnsuffix *-abel/ibel;* vgl. *diskut-abel/diskutier-bar, akzept-abel/akzeptier-bar, dispon-, revers-ibel.* Die Verwendung von *-abel/ibel* vermeidet die Aufeinanderfolge zweier Formantien (*-ier-bar*), was auch sonst gelegentlich eine gewisse Rolle spielt; so wird für den Typus *verteid-ig-bar, verwirk-lich-bar, entwick-el-bar, steig-er-bar, vervollkomm-en-bar* gern eine Ersatzbildung mit dem Suffixoid *-fähig* (s. o. 109) gebraucht, das — mit einem passivischen Verbalabstraktum verbunden — die ‚Einkleidung eines modalen Passivs in das Gewand einer aktivischen Form‘[110] ermöglicht: *Etwas ist entwicklungs-, steigerungs-, verteidigungs-fähig. Jemand ist transport-, vernehmungs-fähig.* Teilweise wird es sogar darüber hinaus mit einem Verbalstamm verbunden und als Ausdrucksvariante von *-bar* gesetzt: *anbau-/ausbau-fähig* (etwa zur Vermeidung eines zweifachen labialen Silbenanlauts), auch *strapazier-, streich-fähig* u.ä. Auch im Bereich der Adjektivbildung ist freilich das Aufkommen von Affixoiden noch genauer zu untersuchen, außer *-fähig* z.B. auch vergleichbare Bildungen mit *-würdig* (vgl. *diskussions-, förderungs-würdig*). S. Dt. Wortbildung 3, 460 ff., 475 f.

165 Ebenso wie das Part. II nicht einfach an die Stelle der passivischen Deverbativa treten kann, ohne daß sich die Information ändert, kann auch das Part. I nicht ohne weiteres anstelle der aktivischen Deverbativa gebraucht werden. Auch hier ginge die Modalität der Aussage verloren; vgl. *brenn-end* und *brenn-bar, wend-end* und *wend-ig, murr-end* und *mürr-isch,*

---

[108] Flury, *-bar* 120.
[109] Fleischer, Wortbildung 270.
[110] Kolb, Passiv 195. Vgl. Flury, *-bar* 118 und Brinkmann, Sprache 130.

nasch-end und *nasch-haft, sterb-end* und *sterb-lich, sich (jem./einer Anordnung) füg-end* und *füg-sam;* dazu *keim-end, konkurrier-end* und *keim-fähig, konkurrenz-fähig,* da auch hier Verbindungen von Verbalstamm oder Verbalabstraktum mit suffixoidem *-fähig* (vgl. 164 und Dt. Wortbildung 3, 456 ff.) ergänzend hinzukommen. Die Ableitungen bezeichnen eher die Fähigkeit (Veranlagung im Sinne der subj. Möglichkeit/obj. Notwendigkeit) oder die grundsätzliche Neigung zu einem bestimmten Verhalten (= „Verhaltens"-Adjektive), als den aktuellen Ablauf des Verbalprozesses. Bei der analysierenden Umformung solcher Bildungen muß man also ein Modalverb oder ein Adverb einsetzen. *Etwas ist brenn-bar* heißt also: *Etwas kann brennen/brennt leicht. Menschen sind sterb-lich* → *M. können und müssen sterben/sterben notwendigerweise.* Die Bildungen mit *-bar* spielen freilich in diesem Funktionsstand kaum eine Rolle (vgl. 161); sofern aktivische Adjektive auf *-bar* üblich sind, sind sie zu in t r a n s i t i v e n Verben gebildet; vgl. *gerinn-, haft-* („verpflichtet für etwas zu h."), *halt-, unsink-, verwes-bar.*[111]

166 Die anderen aktivische Deverbativa bildenden Suffixe können auch an t r a n s i t i v e Basisverben treten, vgl. *find-ig, neck-isch, bedroh-lich, duld-sam, lehr-haft, lern-fähig.* Wird in diesen Fällen die akkusativische Ergänzung bei der Adjektivbildung erspart, so finden sich andererseits Beispiele, wo das Objekt Bestandteil der Ableitungsbasis geworden ist (vgl. *luft-durch-läss-ig, hals-brech-er-isch*[112], *maß-geb-lich*) oder etwa ein Adverb (vgl. *schwer-hör-ig, wohl-be-kömm-lich*) bzw. prädikatives Adjektiv (*gering-schätz-ig, gleich-mach-er-isch*); in *wetter-wend-isch* ist gar eine Vergleichsgröße genannt (wechselhaft wie das Wetter). Regelhaft faßbar scheint die Zusammenbildung solcher Wortgruppen, die zur Basis der Ableitung werden, nur bei *-ig* vorzukommen. Hier findet sich eine verhältnismäßig große Variationsbreite solcher Zusammenbildungen; sogar das S u b j e k t kann gelegentlich in die Basis eingehen. Etwas, wofür die Prädikation *Der Bau fäll-t (allmählich in sich zusammen)* gilt, ist *bau-fäll-ig;* etwas, wofür gilt *Die Fäden scheinen* (schon durch), ist *faden-schein-ig* (jetzt soviel wie ‚dürftig, armselig, leicht zu durchschauen'). Doch ‚Bildungen dieser Art sind selten'.[113] Etwas häufiger ist der O b j e k t -Typ, wo ein Akkusativ- oder Präpositional-Objekt, das freilich seine Präposition verliert, in die Basis einbezogen wird; so kann z.B. *Der Hausherr erbietet (ihnen) Ehre,*

---

[111] Vgl. Flury, *-bar* 101.
[112] Diese Erweiterungsvariante des Suffixes ist in Anschluß an die vielen *-isch*-Bildungen zu Nomina agentis auf *-er* aufgekommen; vgl. *mörd-er-isch, darstell-er-isch.* Vgl. Dt. Wortbildung 3, 262 und 380.
[113] Sugarewa, Wortbildungstypen 285.

der Werkstoff läßt Luft durch/(ent-)hält Eisen, der Politiker strebt nach einem Ziel umgeformt werden in äquivalente Ist-Prädikationen mit einer adjektivischen Zusammenbildung als Prädikativ: *Der Hausherr ist ehr-erbiet-ig, der Werkstoff ist luft-durchläss-ig/eisen-halt-ig, der Politiker ist ziel-streb-ig* bzw. in die attributiven Gefüge: *der ehr-erbiet-ig-e H., der luft-durchläss-ig-e/eisen-halt-ig-e W., der ziel-streb-ig-e P.*[114]

167 Daß nicht selten A d v e r b i e n in die Ableitung eingehen, ist gerade bei den Verhaltensadjektiven nicht verwunderlich; vgl. *fein-fühl-ig, frei-geb-ig, lang-leb-ig, leicht-gläub-ig, schwer-hör-ig, unter-gär-ig* (die Hefe gärend nach unten absetzend), *weit-schweif-ig.*

168 D a t i v i s c h e Ergänzungen werden bei der Ableitung wohl ebensowenig wie Reflexiva (vgl. *anstell-ig, rühr-ig*) beibehalten. Der Dativ wird entweder völlig getilgt (vgl. *voreil-ig, ehr-erbiet-ig*), oder er wird eine obligatorische bzw. fakultative Ergänzung des Adjektivs: ‚*Alles... schien völlig fremd, ihm nicht angehörig‘* (Werfel).[115] *Dieser Besitz ist (ihm) zugehör-ig. Er ist (seinen Gegnern) will-fähr-ig.* Fälle scheinbarer Verschmelzung mit dem Verb wie *gott-gefäll-ig* sind wohl eher als Zusammensetzung eines dativischen Bestimmungsgliedes mit einem adjektivischen Grundwort (*gefällig*)[116] anzusehen. Gleiches gilt natürlich für *lich*-Bildungen wie *granit-ähnlich, sach-dienlich, gesundheits-schädlich*, wenngleich entsprechende Verbalfügungen mit *ähneln, dienen, schaden* daneben stehen. Dort aber, wo wirklich eine Wortgruppe zur Basis einer Suffixbildung wird, kann dies natürlich zusätzlich begünstigt werden durch die Sprachüblichkeit entsprechender S u b s t a n t i v e bzw. Substantivgruppen; z.B. ist *lang-leb-ig, kurz-atm-ig* nicht nur durch die verbale Aussage x *lebt lange, pflegt kurz zu atmen*, sondern auch durch die Substantivgruppen (x *hat ein) langes Leben/kurzen Atem* motiviert. Vgl. im übrigen *ehr-erbiet-ig* und (*jem.) Ehre erbietend/Ehr-erbiet-ung, fein-fühl-ig* und *fein fühlend/Fein-gefühl; nest-flücht-ig* und *Nest-flücht-er; bär-beiss-ig* (eig. ‚bissig w i e ein Hund, der Bären beißt‘) und *Bären-beiss-er.* Zu unterscheiden sind diejenigen Fälle, die nicht als Deverbativa, sondern als D e n o m i n a t i v a anzusehen sind: so ist *gemeinnützig* als *ig*-Ableitung von *Gemeinnutz* oder (*dem) gemeinen Nutzen (dienend)* zu verstehen, entsprechend *wortbrüchig* und *kniefällig* als *ig*-Bildung zu *Wortbruch* bzw. *Kniefall*, obwohl die Redewendungen *sein Wort brechen, auf die Knie fallen* eine sekundäre Motivierung bieten.

169 Auch das besonders verbreitete Suffix *-ig* ist offensichtlich nicht beliebig kombinierbar. Weder gibt es zu *schnei-en* ein **schnei-ig*, noch zu *tanz-en, trink-en, bau-en* oder *helf-en* Adjektivbildungen wie **tanz-ig, *trink-ig, *bau-*

---

[114] Mitunter, so im Falle von *luft-durchlässig*, wäre auch die Auffassung als Kompositum möglich.

[115] Zit.: Wörterbuch der dt. Gegenwartssprache 139.

[116] Vereinzelt, so möglicherweise bei *selbst-gefällig*, kann wohl auch Ableitung von (*Selbst-)Gefallen* vorliegen.

ig, *helf-ig. Falls das jeweilige Part. I nicht ausreicht, müssen im Bedarfsfalle Zusammensetzungen[117] mit dem betreffenden BV oder BS gebildet werden (z.B. *schnee-trächtig; gebe-, tanz-, trink-freudig; hilfs-bereit, -willig, bau-willig*). Auf das „Verhalten" von Tieren oder Sachen bezogene Adjektive wie *läuf-ig*, *stöß-ig* oder *gär-ig*, *knarr-ig*, *sperr-ig* kommen zwar — besonders umgangs- und fachsprachlich — vor, doch werden überwiegend Verhaltensweisen und Neigungen des Menschen charakterisiert, der *rühr-ig* oder *säum-ig*, *find-ig* oder *nörg(e)l-ig*, *fein-fühl-ig* oder *hart-hör-ig*, *ziel-streb-ig* oder (*begriffs-)stutz-ig* sein kann. Freilich ‚die Anzahl der Verben, die als Grundlage zur Bildung von Adjektiven vom Typ *zielstrebig* dienen, ist gering. Ihrer Semantik nach bezeichnen sie Vorgänge, die mit physiologischen Prozessen im Leben des Menschen verbunden sind: *leben, hören, fühlen*. Bewegungen bezeichnen *laufen, fallen, führen*. Auf geistiges Leben weisen *lehren, deuten, glauben*'.[118] Man kann an diesen Bildungen beinahe ablesen, welche Fähigkeiten, Neigungen und Verhaltensweisen des Menschen charakterisierungswert erschienen sind.

170 Vereinzelt wird sogar die Wirkung bestimmter „Sachverhalte" auf den Menschen (bzw. dessen Fahrzeug) geschildert; vgl. *glitsch-ig*, *holp(e)r-ig*, *rutsch-ig* (eig. ‚glitschen/holpern, rutschen machend'); auch *grusel-ig* ließe sich als ‚grusel-n machend' verstehen, doch gehört es wohl semantisch eher zusammen mit *ekl-ig*, *graus-ig*, *leid-ig*, *schau(e)r-ig*, *schwindl-ig*, wo primär eine substantivische Motivationsbasis gegeben ist (d.h. Ekel, Graus/Grausen, Leid, Schauer, Schwindel hervorrufend).

171 Besonders wichtig und häufig sind im übrigen die **desubstantivischen Denominativa**. Zu ihrer Bildung dienen eine Reihe von Suffixen, die ausschließlich (*-en/ern*) oder vorwiegend (*-haft*, *-ig*, *-isch*, *-lich*) mit einem BS verbunden werden, wohingegen andere (wie *-sam* und *-bar*, s. 80) in dieser Funktion heute selten anzutreffen und nicht mehr produktiv sind. Einige Suffixoide (s. 109) kommen hinzu, die reihenbildend entweder das Vorhandensein (*-voll*, *-reich*) oder das — weitgehende/gänzliche, gepriesene/bedauerte — Fehlen (*-arm*, *-frei*, *-leer*, *-los*) des vom jeweiligen BS genannten Merkmals bezeichnen oder zum Ausdruck einer Entsprechung (*-mäßig*, s. 185 f.) bzw. eines Vergleiches (*-artig*, *-förmig*) dienen. Auch *-weise* wird man in diesem Zusammenhang nennen müssen, da dieses Morphem häufig Basissubstantive an Verbalabstrakta attribuiert (*bezirks-weise Impfung*, *portions-weise Abgabe*, *stufen-weise Verbesserung*, s. 185). Bei den desubstantivischen Denominativa wer-

---

[117] Über ‚Suffixoide und konkurrierende Kompositionsglieder' vgl. Dt. Wortbildung 3, 427 ff., über *-trächtig* ebda 469 ff., *-freudig* 483 f. und 455, *-willig* 486 f. und *-bereit* 465 f. und 486.

[118] Sugarewa, Wortbildungstypen 287.

den ja offensichtlich — beinahe wie bei der oben (s. 98 ff., bes. 101) erörterten Zusammensetzung des Typus Substantiv + Substantiv (vgl. *hölz-ern-e Tür* und *Holz-Tür*) — zwei Substantive (bzw. substantivisch bezeichnete Größen x und y) zueinander in Beziehung gesetzt: das Substantiv, welches die Basis des attributiven Bestimmungsgliedes, also des neuen Adjektivs bildet (Basissubstantiv = BS) und jenes, dem das Adjektiv attribuiert oder prädikativ zugeordnet wird (kombiniertes Substantiv = KS). Wir versuchen auch hier wieder eine Übersicht, obwohl im einzelnen noch manches genauerer Untersuchung bedarf. Die Tabelle (S. 113 ff.) soll Grundmöglichkeiten zeigen und zugleich augenfällig machen, wie höchst unterschiedliche Beziehungen mittels weniger Suffixe in die einfache syntaktische Attribut-Relation gebracht werden können; eine Ergänzung hinsichtlich der Fremdsuffixe folgt unter Abschnitt 184.

172

BS bezeichnet	Beziehung zwischen BS und KS (elem. Prädikation)	wichtigste Transportmittel	Beispiele
1. den Ausgangsbereich (die „Subjekt"-größe) a) „Täter/Schöpfer"	x (= BS) tut/macht y (= KS)	-sch (s. 177)/-isch, -lich	die Einstein-sch-e Relativitätstheorie, das fachmänn-isch-e Urteil, die ärzt-lich-e Anweisung
b) „Besitzer"	x (= BS) hat y (= KS)	-isch, -lich	der junggesell-isch-e Haushalt, das väter-lich-e Haus
2. den Zielbereich (die „Objekt"-größe) a) Ziel-/Bezugsgröße	y (= KS) betrifft x (= BS)	-isch, -lich, -mäßig	die student-isch-e Betreuung, ärzt-lich-e Ausbildung, wettbewerbs-mäßig-e Benachteiligung
b) Wirkung	y (= KS) bewirkt x (= BS)	-ig, -isch, -lich (u. a. auch -haft)	die schwind(e)l-ig-e Lust, alkohol-isch-e Gärung, abscheu-lich-e/grauen-haft-e Tat
c) Besitz (Zubehör/ Eigenschaft	y (= KS) hat/ist voll x (= BS)	-haft, -ig, -isch, -lich (Suffixoide wie -voll oder -los)	der laster-haft-e, bärt-ig-e, asthma-t-isch-e Mann; die geist-ig-e, geist-voll-e/-los-e Umwelt; das ängst-lich-e Kind
3. den Zugehörigkeitsbereich	y (= KS) gehört zu x (= BS) (in gewisser Hinsicht die Umkehrung von 1b, doch eine Relation der Zu- und Einordnung)	-ig, -isch, -lich	der ad(e)lig-e Offizier, die niederländ-isch-en Antillen, das gottesdienst-lich-e Gerät

BS bezeichnet	Beziehung zwischen BS und KS (elem. Prädikation)	wichtigste Transportmittel	Beispiele
4. den Stoff/Herkunftsbereich	y (= KS) ist/stammt aus x (= BS)	-en/-ern, -ig, -isch	der gold-en-e, hölz-ern-e Teller, der flaumhaar-ig-e Bart, die ein-ei-ig-en Zwillinge, der rhein-isch-e Wein
5. a) die Gleichgröße	y (= KS) ist x (= BS)	-haft, -ig, -isch, -lich	der flegel-haft-e, trottel-ig-e, egoist-isch-e Mensch, bürger-lich-e Offizier; das gold-ig-e Kind, feen-haft-e Wesen
b) Vergleichsgröße	y (= KS) ist wie x (= BS)	-haft, -ig, -isch, -lich (-artig, -förmig)	der tyrann-isch-e Vater, väter-lich-e Freund; der trauben-artig-e/-förmig-e Schmuck
c) Entsprechungsgröße	y (= KS) ist gemäß/entspricht/stimmt zu x (= BS)	-ig, -isch, -lich, -haft, -mäßig (-gemäß, s. 186; über -esk u. a. Fremdsuffixe 184)	der aff-ig-e Hut[1], weltmänn-isch-e Ausdruck, hand-lich-e Band; das schüler-haft-e/-mäßig-e Benehmen
6. das Mittel/die Ausführungsart	y (= KS) geschieht durch/mit/in x (= BS)	-haft, -ig, -isch, -lich, -mäßig, -weise (s. 185)	die ernst-haft-e Antwort, schnell-züng-ig-e Verteidigung, der heimtück-isch-e Mord, die brief-lich-e Mitteilung, listen-mäßig-e Darstellung, andeutungs-weise Information

[1] D.h. wie der Hut eines Affen, affen-gemäß.

BS bezeichnet	Beziehung zwischen BS und KS (elem. Prädikation)	wichtigste Transportmittel	Beispiele
7. den Raum a) Ortsangabe	y (= KS) ist/geschieht in (an ...) x (= BS)	-ig, -isch, -lich (-er, s. u. 178)	*die unter-schwell-ig-e Spannung,* *der babylon-isch-e Turmbau,* *seit-lich-e Eingang* *der fünf-zöll-ig-e Stengel*
b) Längenmaß	y (= KS) ist x (= BS) lang	-ig	
8. die Zeit a) Zeitangabe (Zeit-raum/punkt)	y (= KS) ist/geschieht in (...an) x (= BS)	-ig, -lich	*die donnerstäg-ig-e Versammlung,* *nächt-lich-e Heimkehr,* *die zwei-stünd-ig-e Vorlesung*
b) Zeitmaß (Dauer/Alter)	y (= KS) dauert/ist x (= BS) alt	-ig	*zwei-jähr-ig-e Stute*
c) Wiederholung	y (= KS) findet statt alle x (= BS)	-lich	*die stünd-lich-e Ablösung*

Offensichtlich besteht bei den adjektivbildenden Suffixen eine besonders große Funktionsdifferenzierung (Multifunktionalität). Es ist daher nicht verwunderlich, daß wir gerade beim Adjektiv besonders zahlreiche Ansätze (vor allem der Zeitungs- und Werbesprache) finden, das Derivationssystem durch neue suffixartig gebrauchte Morpheme („Suffixoide") auszubauen, die weniger „Nischen" ausprägen, also für den Hörer eindeutiger und für den Sprecher ausdrucksstärker sind (vgl. *fett-ig* und *fett-reich*), die außerdem neue inhaltliche Abstufungen ermöglichen (z.B. *fett-reich, -arm, -los*). Nach Fandrych, Wortart 80 sind ‚*-frei, -arm, -leer* (*-voll* und *-reich*) ohne größere Probleme als Kompositionsglieder beschreibbar.' Nur ‚zu *-los* existiert keine freie Entsprechung mit gleicher Funktion und Bedeutung; es ist nicht positionsvariabel und zeigt suffixtypische, vom Einzelelement ausgehende Selektionsbeschränkungen der morphologischen Struktur des Erstglieds' (121). Zur Diskussion vgl. ZDL 62, 100 ff. Zur geschichtlichen Entwicklung s. u. 201.

173 Ziffer 6 bis 8 enthält die Fälle, wo BS den Status einer Adverbialergänzung in einer Basisprädikation (s.o. 99) hat. In dieser Funktion treffen sich die desubstantivischen mit den deadverbialen Ableitungen: *Er verneint das im Ernst/schlechthin* ⇒ *seine ernst-haft-e/schlechthinn-ig-e Verneinung. Der Eingang ist an der Seite/dort* ⇒ *Der seit-lich-e/dort-ig-e Eingang. Die Versammlung findet am Donnerstag/übermorgen statt* ⇒ *Die donnerstäg-ig-e/übermorg-ig-e V. Die Heimkehr erfolgt in der Nacht/nacht-s* ⇒ *Die nächt-lich-e Heimkehr. Er leugnete am Anfang/anfang-s* ⇒ *Sein anfäng-lich-es Leugnen.* Sofern das Adverb selbst wieder aus einem BS und adverbialisierendem *-s* besteht, wird es mit Hilfe von *-lich* attribuiert, das an die Stelle des Adverbkennzeichens *-s* tritt.[119] Im übrigen wird in der Regel *-ig* gebraucht.

174 Das Adjektivsuffix *-ig* wird entweder dem Adverb einfach angefügt (*sofort-ig*), oder es tritt an die Stelle von *-s, -(e)n, -e*, d.h. *damals, oben, gestern, heute* erscheinen dann als *damal-ig, ob-ig, gestr-ig, heut-ig*. Bei einem Badv. wie bei einem BS, das auf *-er* endet, wird vor dem Adjektivsuffix *-ig* das *e* (ə) gemeinhin getilgt; *heuer* wird also zu *heur-ig*, ebenso wie *Eifer* zu *eifr-ig*.[120]

175 Mustern wir die Reihe der besonders produktiven Suffixe, die desubstantivische Denominativa bilden helfen, so sind vor allem *-ig, -isch* und *-lich* hervorzuheben, die anders als die nur „Stoff"-Adjektive ableitenden *-en/ern* an der Wiedergabe mannigfacher Bezüge beteiligt sind. Wir finden sie z.T. in einer klaren funktionalen Opposition; vgl. *seid-en* (aus Seide) und *seid-ig* (wie

---

[119] Natürlich wird diese Möglichkeit nicht mechanisch ausgenutzt; zu *eingangs* und *rings* gibt es kein **eingäng-lich*, **ring-lich*. Adverbien auf *-s*, die ein Adjektiv als Basis haben, können selbstverständlich einfach ohne das *-s* attribuiert werden: *Er bemüht sich stet-s* ⇒ *sein stet-es Bemühen.*
[120] Vgl. Issatschenko, Schwa 160 f.

Seide), *zwei-stünd-ig* (zwei Stunden dauernd) und *zwei-stünd-lich* (alle zwei Stunden), *weib-isch* (wie ein Weib)[121] und *weiblich* (ein Weib seiend/einem Weibe gemäß). Nur selten treffen wir sie in einer Konkurrenz, wo die Austauschbarkeit der Suffixe gegeben ist; vgl. *altväter-isch/lich, mitternächt-ig/lich*. Andererseits besteht weithin eine k o m p l e m e n t ä r e Distribution, die noch genauerer Untersuchung bedarf, nun in Band 3 der Dt. Wortbildung annähernd beschrieben worden ist. Das Suffix *-isch* z.B. hat offensichtlich eine besondere Neigung zu fremdwörtlichen Basen, zu Eigennamen (besonders Ländernamen), auch zu den Subjektbezeichnungen auf *-er, -ist, -tor* und *-mann* u.a. (vgl. die Beispiele 172, 179 sowie 138 f. und 153).

176 Auch die Lautstruktur des Suffixes bestimmt z.T. seine Anwendbarkeit; so kann *-isch* auch an Basen auf *-l(-el/le)*[122] treten, wo *-lich* nicht gebraucht werden kann: *bibl-isch, engl-isch, himml-isch, höll-isch, schul-isch, teufl-isch*. Vokalischer Basisauslaut wird vor *-isch* gewöhnlich getilgt (vgl. *Schurke* und *schurk-isch, Melodie* und *melod-isch, Kanada* und *kanad-isch, Türkei/Türke* und *türk-isch*), sofern nicht ein fremdwörtliches Muster die Erweiterung des Suffixes durch Vorschaltung eines Konsonanten nahelegt (vgl. *Dogma* und *dogma-t-isch, Phleg-ma* und *phlegma-t-isch, Tabelle* und *tabell-ar-isch*, oder *Afrika/Afrika-n-er* und *afrika-n-isch, Montenegro/Montenegr-in-er* und *montenegr-in-isch, Genua/Genu-es-er* und *genu-es-isch* u.ä.).[123] Bemerkenswert scheint, daß *-isch* eher an den Bewohner- als an den Orts- oder Ländernamen anschließt (vgl. *Schweiz/Schweiz-er* und *schweiz-er-isch, Griechen-land/Griech-e* und *griech-isch, Frankreich/Franz-os-e* und *franz-ös-isch, Zypern/Zypr-iot-e* und *zypr-iot-isch* neben *Zypr-er, zypr-isch*), was aber nicht ausschließt, daß z.B. *die afrikanische Küste* semantisch als ‚die Küste von Afrika und nicht die Küste der Afrikaner' (Sugarewa, Adjektivderivate 254) zu verstehen ist. Im übrigen wird *-en* des Substantivs gewöhnlich ebenso getilgt wie eine fremdwörtliche Endung (vgl. *Norweg-en* und *norweg-isch, Trop-en* und *trop-isch, Kosmos* und *kosm-isch, Fakt-um* und *fakt-isch, Rhythm-us* und *rhythm-isch*; aber: *Augustus, august-éisch*). Hingegen bewirkt *-isch* ebenso wie *-ig* nur verhältnismäßig selten Umlautung der Basisvokale *a, au, o, u* zu *ä, äu, ö, ü* (*Weltmann > weltmänn-isch, Bauer > bäu(e)r-isch, Wolf > wölf-isch, Jude > jüd-isch*, aber: *sklav-isch, laun-isch, mod-isch, schul-isch*). Über Basisveränderungen s. Dt. Wortbildung 3, 42 ff. und 51 ff.

177 Die Reduktionsvariante des Suffixes (*-sch*) hat einen eigenen Funktionswert insofern erlangt, als sie nicht nur in lexikalisierten Fällen wie *deutsch, hübsch, unwirsch* vorkommt, sondern besonders an attribuierte deutsche P e r s o n e n namen gefügt werden kann und ein dieser Person Zugehöriges

---

[121] Abwertend zur Charakterisierung eines M a n n e s; nicht mit den uneingeschränkt positiven BS *Frau* und *Mutter*. Vgl. Eichinger, *-isch* 164 f.

[122] Dabei wird *e* (ə) getilgt: *-el, -le > -l*; vgl. Issatschenko, Schwa 159. Die Ausnahme *tölp-isch* neben *Tölpel* zeigt offenbar eine verkürzte Basis.

[123] Doch heißt es *europä-isch* in Anschluß an lat. *Europaeus*.

kennzeichnet: *das Grimm-sch-e Wörterbuch, das Schiller-sch-e Drama, die Goe-the-sch-e* (auch: *Goeth-isch-e*) *Lyrik.* So wird *Hesse-sch* und *hess-isch* unterschieden, ebenso *Hoffmann-sch* und *hof-männ-isch, Bauer-sch* und *bäu(e)r-isch*. Neben *die Waltherschen Verse* wird freilich oft die kürzere Fügung *Walthers Verse* oder die *Walther-Verse* gebraucht (zur Konkurrenz s. einstweilen Sugarewa, a.a.O. 237 ff. und 250 f.). Ist eine Vergleichsbeziehung gemeint (*beinahe walthersche Verse*), so ist die Suffixbildung ohne diese Konkurrenz.[124]

178 Wird der Anwendungsbereich von *-isch* bei Basen, die Personennamen sind, zugunsten von *-sch* eingeschränkt, so andererseits bei Basen, die O r t s - oder L ä n d e r namen sind, durch das eigentlich substantivbildende Suffix *-er* (vgl. 136). So findet sich neben *böhm-isch* auch *Böhm-er*(*Wald*), neben *köln-isch* auch *Köln-er* (*Dom*), wobei eine Tendenz besteht, die *-isch*-Bildung besonders auf die Sprache (Mundart) zu beziehen und im übrigen die *-er*-Bildung zu gebrauchen; vgl. *berlin-isch/das Berlin-isch-e* und *Berlin-er* (*Zeitung*), *frankfurt-isch/das Frankfurt-isch-e* und *Frankfurt-er* (*Würstchen*), *tirol-isch/das Tirol-isch-e* und *Tirol-er* (*Knödel*).[125] Man kann attributive *-er*-Bildungen kaum noch als voranstehenden Genitiv Plural der Bewohnerbezeichnung auffassen, und zwar nicht nur aus semantischen Gründen, sondern auch aus morphologischen, da *Böhm-er* eben nicht die übliche Bewohnerbezeichnung ist, sondern *Böhm-e*. Der Funktion nach können die *-er*-Attribute sowohl den Z u g e h ö - r i g k e i t s - und H e r k u n f t s bereich (*Wien-er Neustadt/Walzer*) als auch den R a u m anzeigen, in dem das Nachgenannte stattfindet (*Wien-er Kongress*), so daß sie in diesen drei Anwendungen den Gebrauch von *-isch* einschränken. (S. auch Schlaefer, *-isch* 153 f. und Eichinger, *-isch* 162 f.).

179 Ebenso wichtig wie die Frage, zu welchen Basen ein Suffix neigt (s. 175 f.), ist die Frage, womit ein Suffix gar nicht oder nur selten verbunden wird. In letzterem Falle geht es also darum, die Grenzen der Anwendungsmöglichkeit eines Suffixes zu bestimmen. Im Falle von *-isch* müssen wir z.B. feststellen, daß es sich zwar mit einfachen (*held-isch*) wie zusammengesetzten Basen (*welt-männ-isch*) oder auch mit Suffixableitungen (*spiel-er-isch, optim-*

---

[124] Weiteres über *-sch* (meist mit folgendem Flexiv) s. Dt. Wortbildung 3, 32 u. 261.
[125] Daneben findet sich allerdings vereinzelt auch der Typ *wien-er-isch, schweiz-er-isch*. Über den Rückgang des Typus *Hamburgische Dramaturgie* (Lessing), *Weimarische Jahre* und *Italienische Reise* (Goethe) zugunsten der *-er*-Bildung bzw. Komposition (*Italienreise*) vgl. Sugarewa, Adjektivderivate 249 ff. und 256.

ist-isch) verbinden kann, daß es aber nur selten eine Wortgruppe[126] adjektiviert (s. Abschn. 159 und 166). Soll eine nominale Gruppe Basis einer Ableitung werden, so wird ein anderes Suffix gebraucht werden, und zwar in der Mehrzahl der Fälle *-ig*, das ja auch verbale Gruppen „zusammenbildet" (s. o. 166 f.): *Der Mann hat einen kahlen Kopf, kann zwei Sprachen, liefert seinen Bericht in diesem Jahr vor der Frist ab ⇒ der kahl-köpf-ig-e/zwei-sprach-ig-e Mann, die dies-jähr-ig-e/vor-frist-ig-e Ablieferung.*[127] Obwohl *-ig* auch an einfache Basen treten kann, um das Versehensein mit dem genannten Merkmal anzuzeigen (s. *bärt-ig* 172, Ziffer 2c, *freud-ig, staub-ig*), gibt es weder ein **arm-ig*, **aug-ig, *brust-ig, *nas-ig, *stiel-ig*, da offensichtlich (Körper-)Teilbezeichnungen ‚ergänzungsbedürftig'[128] sind und das adjektivische Attribut gerade dann und nur dann gebildet wird, wenn eine Größe durch ein besonderes charakteristisches, eigentümliches Merkmal von anderen abgehoben werden soll. Wenn also schon ein so nichtssagender Satz wie *Der Mann hat eine Nase/einen Kopf/Augen* gebildet werden sollte, dann wird er normalerweise gewiß nicht adjektivierend zusammengebildet zu **der nas-ig-e/köpf-ig-e/äug-ig-e Mann*, da es gewöhnlich überhaupt keinen Mann ohne diese Eigenschaften gibt. Wohl aber haben Bildungen wie *spitz-nas-ig, kahl-köpf-ig, hohl-/ein-äug-ig* einen echten Funktions- und Informationswert, und entsprechend natürlich Ableitungen wie *lang-stiel-ig, vier-blättr-ig, flach-dach-ig, sechs-stöck-ig.* In Fällen wie *zwei-silb-ig, fünf-zöll-ig, vier-monat-ig* handelt es sich auch um Bezeichnungen, die Teile (kleinere Maßeinheiten) bezeichnen und daher ein Zahlwort als Erstglied erfordern, ohne daß deshalb die Pluralform des Substantivs folgen müßte. Übrigens sind die als Erstglied gebrauchten Wörter in der Regel einsilbig.

180 Sofern das Zweitglied — anders als **monatig, *äugig* — daneben selbständig vorkommt, handelt es sich bei dem komplexen Adjektiv entweder nur um eine Verdeutlichung seiner Bedeutung im Anschluß an die entsprechende Wortgruppe als Motivationsbasis (vgl. *will-ig* und *frei-/gut-will-ig, zeit-ig* und *früh-/recht-zeit-ig, knoch-ig* und *grob-knoch-ig, farb-ig* und *mehr-farb-ig*[129]), oder das selbständige Zweitglied steht im

---

[126] Nach Fleischer, Wortbildungstypen 50 ‚rückläufig'. Vgl. Eichinger, *-isch* 24. Latour, Zusammenbildungen 301 weist vor allem auf den Typus Präposition + Substantiv (*außer-parlament-ar-isch*).
[127] Weiteres bei Sugarewa, Wortbildungstypen 273 ff. Nach Motsch erfolgt die Verknüpfung z.B. von *lang* und *Haar* zu *lang-haar-ig* ‚auf rein semantischer Grundlage, d.h. ohne Vermittlung einer Phrasenstruktur' Grundlagen 220.
[128] Sugarewa, a.a.O. 279.
[129] Hingegen setzen *milch-farb-ig, regenbogen-farb-ig* das Kompositum *Milchfarbe, Regenbogenfarben* als Basis voraus.

Dienste eines anderen Funktionsstandes (vgl. *stämm-ig* ‚wie ein Stamm seiend‘, s. Tabelle 172, Ziffer 5b, und *hoch-stämm-ig* ‚einen hohen Stamm habend‘, s. ebda Ziffer 2c, sowie *stimm-ig* ‚stimmend‘, s. o. 165, und *mehr-stimm-ig* ‚mit mehreren Stimmen‘, s. 172, Ziffer 6). Bemerkenswert ist im übrigen die Unterscheidung zwischen *recht-zeit-ig* und *rechts-seit-ig*, wo die raumbezogene Wortgruppe *auf der rechten Seite* in der Ableitung das *s* der Adverbialform *recht-s* bekommt; vgl. *links-ufr-ig*.

181 Während *-ig* für gewöhnlich an eine Teilbezeichnung konkreter oder abstrakter Art tritt und bei der Zusammenbildung von Wortgruppen in einer deutlichen Parallele zu den Substantivbildungen auf *-er/ler* steht (vgl. *dick-häut-ig* und *Dick-häut-er, tausend-füß-ig* und *Tausend-füß-ler*), z. T. auch in einer gewissen Konkurrenz mit Adjektivbildungen ‚nach dem Modell der Partizipialformen‘[130] (vgl. *narb-ig* bzw. *grob-narb-ig* und *ge-narb-t, groß-leib-ig* und *be-leib-t*), findet es sich — abgesehen von lexikalisierten Einzelfällen wie *ries-ig* oder einigen abwertenden umgangssprachlichen Bildungen wie *protzig, schuftig, trottelig* — kaum in Verbindung mit Basen, die Personenbezeichnungen sind. Deshalb gibt es kein **arzt-ig, *mann-ig, *weib-ig* (nur *viel-/ mehr-weib-ig* als Übersetzung von *poly-gam*) oder **mutter-ig*. Hier liegt offenbar ein wichtiger Anwendungsbereich des dritten produktiven Suffixes, das reihenhaft desubstantivische Denominativa bildet: *-lich*. Wir finden es mit einfachen Basen (*ärzt-lich, männ-lich, weib-lich, mütter-lich*), aber auch mit einem komplexen BS (z.B. *schul-meister-lich, mann-schaft-lich, volks-tüm-lich*), wobei wie bei *-ig* eine Wortgruppe zur Basis einer Ableitung werden kann (vgl. z.B. *zwischen-mensch-lich, gut-nachbar-lich*). Je nach kombiniertem Substantiv (= KS) kann eine *-lich*-Bildung das Basissubstantiv (= BS) in ein Attribut unterschiedlichen Funktionswertes überführen: das BS nennt den Täter (*väter-lich-e Anweisung*, umformbar in den Genitivus subjectivus *die Anweisung des Vaters* oder in Aussagen wie *Der Vater gibt eine A./weist an*); das BS nennt den Besitzer (*väter-lich-es Haus*, einem Genitivus possessivus entsprechend: *Haus des Vaters* oder Aussagen wie *Der Vater hat/besitzt ein Haus*); oder es bezeichnet denjenigen, von dem das Nachgenannte „stammt“ (*väterlich-es Erbe*); das BS kann ferner eine Gleichsetzungsgröße nennen (*das väter-lich-e Oberhaupt der Familie*, d.h. *der Vater ist das O.*) oder eine Vergleichsgröße (*väter-lich-er Freund*, d.h. *der Freund ist wie ein Vater*). Damit ist die funktionale Vielfalt der *-lich*-Bildungen angedeutet. Wie die Leitbeispiele der Tabelle (s. 172) zeigen, kann in Verbindung mit einem Nomen actionis

---

[130] Fleischer, Wortbildung 281. Die scheinbaren Partizipien schließen an das Muster der ornativen Verben an, die ein Versehen/Ausstatten mit dem, was das BS nennt, ausdrücken, s.o. 117 und vgl. Dt. Wortbildung 3, 309 ff.

auch der Zielbereich, eine O b j e k t größe, bezeichnet werden (*ärzt-lich-e Aus-bildung*, umformbar in den Genitivus objectivus *die Ausbildung der Ärzte* oder in die Aussage *man bildet Ärzte aus*).

182 Für die Attribuierung einer Ziel-/Bezugsgröße lassen sich zahlreiche Beispiele von Bildungen mit -*lich*, hingegen keine mit -*ig* beibringen. Auch Nichtpersonenbe-zeichnungen als BS begegnen natürlich (vgl. z.B. *die nerv-lich-e Belastung durch den Verkehr = Der Verkehr belastet die Nerven*); u. a. läßt sich das vieldiskutierte Beispiel *der fremdsprach-lich-e Unterricht* zu diesem Typ (2a unserer Tabelle) stellen und mühe-los als Nominalisierung von *Man unterrichtet eine Fremdsprache* verstehen, während *fremd-sprach-ig-er Unterricht* offenbar ein Unterricht ist, der in/mittels einer fremden Sprache geschieht (vgl. Ziffer 6 der Tabelle), meist durch einen *fremd-sprach-ig-en Leh-rer*, der eine fremde Sprache als Muttersprache „hat" (Ziffer 2c) und darin z.B. Physik unterrichtet.

183 Ist das BS keine Personenbezeichnung, so kann es die W i r k u n g be-zeichnen (*abscheu-lich-e Tat*, d.h. Die *Tat bewirkt/erregt Abscheu*), die B e - z u g s g r ö ß e (*verfassungsrecht-lich-e Bedenken*, d.h. *Die Bedenken betreffen das Verfassungsrecht*), das M i t t e l bzw. die Ausführungsart (*brief-lich-e Mitteilung*, d.h. *Man teilt etwas durch einen Brief mit*) oder die r a u m - z e i t l i c h e Ein-ordnung des Nachgenannten (*seit-lich-er Eingang; nächt-lich-e Heimkehr*). Hier kommt es dann auch zu der bekannten Opposition mit -*ig*, wo -*lich* die Wiederholung und -*ig* die Dauer anzeigt (s. 172, Ziffer 8b und c und 175). Zur Attribuierung einer Eigenschaftsbezeichnung wird hingegen teils -*ig*, teils -*lich*[131] herangezogen (*der mut-ig-e Mann; das ängst-lich-e Kind*), im Falle einer fremdwörtlichen Basis gewöhnlich -*isch* (*der phlegma-t-isch-e Mensch*).

184 Wie bei der Verb- und Substantivbildung finden sich neben heimischen Formantien auch F r e m d s u f f i x e. Doch sind sie fast ausschließlich auf die Verbindung mit fremdwörtlichen Basen oder fremd klingenden Eigennamen beschränkt, zumeist mit diesen zusammen entlehnt und im Deutschen an-scheinend nur a k t i v und nicht produktiv, wenngleich einige Adjektive erst im Deutschen zum entlehnten Grundwort bzw. zu einem Eigennamen gebil-det scheinen (etwa *kafka-esk, apparat-iv* oder *katastroph-al*). Immerhin wird durch ihre „aktive Existenz" neben einer stattlichen Zahl von Substantiven

---

[131] Zur Verteilung und unterschiedlichen Nutzung der beiden häufig gebrauchten Suffixe vgl. auch Gawelko, -*ig* und -*lich*, der den Nachweis versucht, ‚daß das Suffix -*ig* das wichtigste zur Bildung der qualitativen Adjektive ist, so wie -*lich* zur Bildung der relativen Adjektive' 186. Bemerkenswert ist, daß Bildungen mit -*ig*, -*lich* und -*isch* über 82 % aller Adjektivableitungen ausmachen (vgl. Gersbach-Graf, Wortbildung 2, 563).

das Aufkommen von Bildungen mit heimischen Suffixen verhindert. Wir deuten den Verwendungsfächer dieser Bildungen durch wenige Beispiele an, die wir mit den Gliederungsziffern des Abschnitts 172 versehen:

1. a) *die direktor-ial-e Entscheidung, der minister-iell-e Erlaß, die pupill-ar-e Reaktion.*

   b)*individu-ell-e Fähigkeiten.*

2. a) *die territor-ial-e Erweiterung, die person-ell-e Veränderung, die budget-är-e Beratung, die nerv-ös-e Störung, quantitat-iv-e Angaben.*

   b)*der katastroph-al-e Irrtum; die sensation-ell-e, revolution-är-e Erfindung, ruin-ös-e Wirtschaftspolitik.*

   c) *die charm-ant-e Dame, die turbul-ent-e Menge[132], der informat-iv-e[133] oder tendenz-iös-e Bericht, die konstitution-ell-e Monarchie.*

5. a) *der triumph-al-e Einzug, der skandal-ös-e Vorfall, die dekorat-iv-e Schleife[134], die parasit-är-e Pflanze.*

   b)*das koloss-al-e Schreckbild.*

   c) *der ide-al-e Partner, die tradition-ell-e Lösung, der famili-är-e Ton, der linear-e Verlauf, philistr-ös-es Verhalten, mongol-oid-e Züge, der kafka-esk-e Stil.*

6. *die instrument-al-e Musik, die maschin-ell-e Herstellung, die apparat-iv-e Diagnostik, die vision-är-e Erkenntnis.*

7. a) *region-al-e Erscheinungen, die punkt-u-ell-e Berührung, die pol-ar-e Wetterstation, die station-är-e Behandlung.*

8. a) *epoch-al-e Erscheinungen[135], moment-an-e Störung.*

Diese Bildungen ordnen sich trotz der nicht zu übersehenden Lexikalisierungstendenzen den heimischen Funktionsständen ein, wobei der besondere Schwerpunkt in 2 und 5 nicht zu übersehen ist. Wie im Englischen[136] scheint

---

[132] Adjektive wie *toler-ant, vehem-ent* zeigen meist einen Suffixwechsel zwischen *-anz/enz* und *-ant/ent.* So entspricht dem Adjektiv *turbul-ent* das Substantiv *Turbul-enz.*

[133] D.h. *Der Bericht hat/bietet/ist voll von Informat-ion* (Suffixwechsel zwischen *-ion* und *-iv*), wobei hier die zusätzliche Motivierung durch *informieren* hinzukommt: *ein Bericht, der informiert.*

[134] D.h. *Die Schleife ist (wirkt als) Dekorat-ion,* zum Suffixwechsel vgl. Anm. 133.

[135] D.h. *Die Erscheinungen sind/haben Geltung in einer Epoche* und *machen zugleich Epoche* (= Ziffer 2b).

[136] Vgl. Marchand, Types 286.

auch im Deutschen unter romanischem Einfluß der Typus *kafka-esk, gargan-tu-esk, ballad-esk* einen gewissen Platz im sprachlichen System — neben entsprechenden Bildungen mit *-haft, -isch* oder *-artig* — gewonnen zu haben, freilich weniger in der Gemeinsprache als in der feuilletonhaften Sprache der Kunst- und Stilkritik, der auch die im Deutschen unmotivierten Vokabeln *burl-esk, grot-esk, pikar-esk, pittor-esk* vertraut sind. In dieser Gruppensprache der Kenner kann dann auch zwischen *Kafka-(i)sch* oder *Dante-sch* (s. 177) und *kafka-esk, dant-esk* („wie K./D. wirkend') unterschieden werden und das Fremdsuffix eine gewisse Produktivität gewinnen.[137]

185 Wieweit desubstantivische **Adjektive** (mit Fremdsuffix oder heimischem Suffix) dem Typus der **Zusammensetzung** aus Substantiv + Substantiv (s. 98 ff.) zur Konkurrenz werden, bedarf noch genauerer Untersuchung.[138] Tatsächlich scheint eine Neigung zu bestehen, statt *Berufs-anforderungen, Steuer-belastung, Tier-seelenkunde, Gattungs-unterschiede, Atom-raketen* u. ä. *beruf-lich-e Anforderungen, steuer-lich-e Belastung, tier-lich-e Seelenkunde, gattungs-mäßig-e Unterschiede, atom-ar-e Raketen* zu sagen, also eine Bevorzugung der attributiven Gruppe, was möglicherweise als ,Entflechtung der hochgradig synthetischen Struktur des Deutschen im Bereich der Wortbildung'[139] zu deuten ist. Wenn statt *Gemeindekrankenhaus* etwa *das gemeindliche Krankenhaus* (SZ 26. 11. 74) gesagt wird, kann dies natürlich als strukturelles Gegenstück zu *das kirchliche K.* verstanden werden. Nicht unwesentlich scheint mir auch ein Streben nach einer gewissen strukturellen Entsprechung zwischen der nominalen und verbalen Gruppe[140]; vgl. *steuer-lich belasten* und *steuer-lich-e Belastung, schul-isch verwendbar sein* und *schul-isch-e Verwendbarkeit, die Flüchtlinge arbeits-mäßig unterbringen* und *die ar-beits-mäßig-e Unterbringung der Flüchtlinge, probe-weise aufnehmen* und *probe-weise Aufnahme.* Daß gerade *-mäßig* und *-weise* (s. o. 171) im neueren Deutsch

---

[137] Weitere Nachweise bei Wellmann, *-esk.* Über die Vorliebe Fr. Schlegels für *grotesk* und *arabesk* s. Polheim, Studien 285 ff. und 295.

[138] Vgl. einstweilen Benzing, Konkurrenz 68 ff. und Erben, Abriß 170 f.

[139] Hotzenköcherle, Gegenwartsprobleme 25. Diese Entflechtung müßte sich freilich auch im häufigeren Gebrauch einer syntaktischen (genitivischen/präpositionalen) Fügung zweier Substantive auswirken (statt *das Vater-haus* also nicht nur *das väter-lich-e Haus*, sondern auch: *das Haus des Vaters*). Die große Zunahme der Bezugsadjektive seit dem 18. Jh. — bes. zum Ausdruck der Beziehung des Betreffens (s. Dt. Wortbildung 3, 287 ff.) — ist wohl auch durch lat./frz. Einfluß mitbewirkt; vgl. Lauffer, Interferenz 455 ff.

[140] Vgl. Erben, Morphologie 135 f.

so üblich geworden sind, liegt offensichtlich auch in ihrer Eignung begründet, adverbial und attributiv verwendbare Bildungen zu prägen, die im übrigen den Bau komplizierter syntaktischer Gruppen ersparen helfen und im Gegensatz etwa zu *-ig* und *-lich* auch an eine Basis auf *-ung* treten können (vgl. *anmerk-ung-s-weise, verwalt-ung-s-mäßig*).

186 Geht es nicht nur darum, die Ausführungsart (s. 172, Ziffer 6) oder die Bezugsgröße (s. ebda Ziffer 2a) auszudrücken, sondern um den Ausdruck einer strengen Entsprechung (s. 172, Ziffer 5c), so tritt neben *-mäßig* (vgl. *fahrplan-mäßig-e Ankunft, recht-mäßig-e Vertretung, vorschrifts-mäßig-es Verhalten*) auch *-gemäß* in Funktion, das ‚die Entsprechung, Angemessenheit, Übereinstimmung oder das Befolgen einer Vorschrift („laut") besonders deutlich'[141] ausdrückt und zusammen mit *-gerecht* und *-getreu* viele (bes. adverbial oder als Attribut von Verbalabstrakten gebrauchte) Antonyme zu *-widrig* prägt: *verfassungs-gemäß, wahrheits-getreu.*[142] Freilich wird man solche Bildungen wohl z.T. noch als Zusammensetzungen werten müssen, d.h. auch in diesem Bereich wirken die Möglichkeiten der Zusammensetzung und der Ableitung komplementär zusammen.

---

[141] Seibicke, „-mäßig" 45.
[142] Vgl. Dt. Wortbildung 3, 347 f. und 503 ff. sowie Holst. Nach Inghult, *-mässig* 159 ‚besteht eine Tendenz, durch die normative Grammatik unterstützt, zur Bildung von ÜBEREINSTIMMUNG-Derivaten, statt *-mäßig, -gemäß* zu gebrauchen'.

B. Grundzüge der deutschen Wortbildungslehre in diachronischer Sicht

Allgemeines

187 Wir haben schon in den Abschnitten 75—81 hinreichend begründet, daß man nicht bei einem nur synchronischen Befund der Gegebenheiten im Bereiche der heutigen Hoch- und Schriftsprache stehenbleiben kann. Auffällige Unregelmäßigkeiten (s. etwa 114, 145) und Ausnahmeblöcke (s.78 ff.), auch die Reihen teilmotivierter oder undurchsichtig gewordener Bildungen (s.20, 130) bedürfen der Erklärung. Die Instabilität, die sich in offensichtlichen Verschiebungen der Produktivität bestimmter Baumuster (s.80, 111), im Aufkommen neuer affixartiger Morpheme (s.33, 109, 131, 171) oder der Morphematisierung fremdsprachiger Elemente (s.76 f., 137 f., 156, 164, 184) sowie der Änderung von Konkurrenzen und Restriktionsregeln (s.63, 77) zeigt, fordert Beachtung, ebenso die Vielzahl noch wenig beachteter Unterschiede (bzw. Phasenverschiebungen im Entwicklungsstand der Wortbildung), die wir in den verschiedenen Textarten der heutigen Schriftsprache und Mundarten (s.75, 153, 184 Ende) wahrnehmen können. Der synchronische Befund bedarf der Ergänzung durch den diachronischen, welcher die Nachteile und Verzeichnungen der ungeschichtlichen ‚Projektion auf die statische Leinwand des Forschers‘[1] wieder ausgleicht und — unter Einbeziehung soziolinguistischer Gesichtspunkte — den Blick auf die Dynamik, d.h. die geschichtliche Wirklichkeit des sprachlichen Lebens frei gibt. Denn ‚die Ungeschichtlichkeit (Synchronizität) gehört zum Sein der Beschreibung und nicht zum Sein der Sprache‘.[2] Es geht dabei nicht nur um eine — auch unsere Möglichkeiten der Voraussage künftiger Entwicklungen vergrößernde — Erweiterung des Beobachtungsstoffes und um eine historische Kommentierung der synchronischen Feststellungen, sondern auch z.B. um die wichtigen Fragen, wann, wo — sprachgeographisch, soziologisch und textlinguistisch gesehen —, wie, d.h. auf Grund welcher fördernden Bedingungen und Triebkräfte sprachlicher und außersprachlicher Art, und mit welchen Auswirkungen im Aufbau und Funktionieren des sprachlichen Systems die heute wirksamen (produktiven/aktiven) Baumuster gewonnen worden sind, als Konventionen zur Sicherung „semiotischer Funk-

---

[1] Coseriu, Synchronie 12; vgl. auch Francescato, Systèmes 44 sowie Jakobson, Poetik 64: ‚Der reine Synchronismus erweist sich als Illusion‘.
[2] Coseriu, a.a.O. 20.

tionen". „Die Aufgabe einer historisch und typologisch orientierten Wortbildungstheorie besteht ... darin, herauszufinden, welche Prinzipien und historische Konstellationen die aktuellen Verhältnisse in einer Sprache bewirkt haben."[3] Dies für alle Möglichkeiten der deutschen Wortbildung, die wir vorgestellt haben (s. die Übersichten in Abschn. 87, 112, 127 und 154), zu leisten, läßt selbstverständlich weder der Rahmen einer knappen Einführung noch der Forschungsstand zu, wenngleich die einleitend genannten historischen Grammatiken ein reiches Material darbieten, ‚das darauf wartet, mit modernen Methoden zur Beschreibung synchroner historischer Wortbildungssysteme und deren struktureraler Diachronie verwertet zu werden'.[4] Zu nennen sind im übrigen die Artikel von Kühnhold, Splett, Wegera und Zutt in ‚Sprachgeschichte. Ein Handbuch zur Geschichte der deutschen Sprache und ihrer Erforschung', der von Moser und Wolf herausgegebene Band ‚Zur Wortbildung des Frühneuhochdeutschen. Ein W e r k s t a t t b e r i c h t', die inzwischen erschienenen Arbeiten von Habermann und P.O. Müller über Verb- und Substantiv-Derivation in den Schriften Dürers, von Prell und Schebben-Schmidt über Verbableitung im Frühneuhochdeutschen sowie die Bände der ‚Deutschen W o r t b i l d u n g', die in Ergänzung des Gegenwartsbefundes einen Vergleichsbefund für die deutsche Schriftsprache um 1800 darbieten und gewisse Schlüsse auf Entwicklungstendenzen im jüngsten Abschnitt der deutschen Sprachgeschichte (19./20. Jh.) erlauben. Daß Querschnitte durch „repräsentative" Texte der weiteren Vergangenheit ebenso lohnend sein können wie Längsschnitte, die den Auf- und Ausbau eines „Wortbildungsparadigmas" (Funktionsstandes) deutlich machen, habe ich schon früher zu zeigen versucht.[5] Nicht selten wird auch die rechte Lesung umstrittener Stellen unserer alten Dichtung davon abhängen, ob es gelingt, Klarheit über die damals für solche Texte maßgebenden Wortbildungsmuster zu gewinnen.

188 So stellt sich z.B. die Frage, ob in der Schlußzeile des „zweiten Merseburger Zauberspruchs", den man allgemein als vorchristlich ansieht und in voralthochdeutscher

---

[3] Motsch, Veränderungen 31. Zu überprüfen ist u.a. die ‚Vermutung, daß die Einführung von Derivationsmustern mit neuen Suffixbedeutungen selten ist' (ebda 34), daß es eine Tendenz gibt, die Polysemie von Suffixen, die dem ‚Prinzip der Ikonizität' (ebda 35) widerspricht, durch Produktivitätsverschiebungen abzubauen und auch sonst Bildungen, die nach den Thesen der „Natürlichen Morphologie" (Dressler) schlechtere Techniken darstellen, zunehmend zu vermeiden. Vgl. im übrigen Fleischer, Sprachgeschichte 27 ff. und Wortbildungstypen 48 ff.

[4] Polenz, Wortbildung 148. S. auch Brinkmann, Studien 1, 321.

[5] Vgl. Erben, Kollektiva, ferner: Wortbildung 89 ff. und: Tristan 184 ff.

Zeit entstanden denkt (der Schluß hat eine Parallele im Altind.), *gelimida* (*sin*) als Partizip II von *līmen* (eig. „leimend zusammenfügen") zu verstehen ist oder wirklich zum ‚Deverbativ eines *jan*-Verbs' ‚mit dem Präfix *ge-* und dem Abstraktsuffix *-ida*'[6] erklärt werden kann, unter Verweis auf Substantivbildungen wie *gi-sezz-ida, gi-hōr-ida*, die nur in Texten geistlicher Gebrauchsprosa (im Falle dieser Stichwörter: Benediktinerregel, Lorscher Beichte, Notker) der althochdeutschen Zeit eine regional wie sozial beschränkte Verbreitung hatten. Doch ist selbst in dieser sprachlichen Schicht offensichtlich kein Beleg für ein Substantiv *gelimida* zu erbringen, womit auch das Argument entfällt, der geistlich gebildete Schreiber des heidnischen Spruches habe im 10. Jh. in der Schlußzeile ein sinngemäß passendes geläufiges Wort an die Stelle eines unverstandenen eingesetzt. Für den Wortbildungstyp gilt jedenfalls nach bisheriger Einsicht: ‚Feminine Verbalabstrakta werden im Nord- und Westgerm. erst in einer s p ä t e r e n Welle produktiv, indem das Suffix *-iþ-ō-* der Adjektivabstrakta ... auf dem Weg über Bildungen wie ahd. *heilida* „Rettung, Heil" (zu *heil*), die auch auf ein abgeleitetes Verbum (*heilen*) bezogen werden konnten, zum deverbalen Abstraktsuffix wurde'.[7] Noch ‚in Tatian und Otfrid sind Verbalabstrakta auf *-ida-* selten',[8] und es sind — anders als in den Glossen — fast ausschließlich Bildungen ohne Präfix.[9] Ob vielleicht die wenig beachtete Bildung *cawarfida* (wohl eher zu *werben* ‚gerichtlich verfahren' bzw. zum Kausativum *warb-jan* als zu *werfen*), volkssprachliches Einsprengsel in den Neusatzungen des Langobardenrechts durch Liutprand (8. Jh.)[10], einen sicheren Beweis für das frühe Vorkommen solcher Bildungen außerhalb der sprachlichen Einflußsphäre der geistlich Gebildeten darstellt? Würde überhaupt ein Verbalabstraktum zum Stil eines Heilungsbefehls stimmen?

189 Jedenfalls wird die Frage nach der sozialen Schicht bzw. Textart, in der bestimmte Bildungen zu einer bestimmten Zeit möglich sind und gegebenenfalls eine besondere Produktivität haben, stets gestellt werden müssen. Da ‚die Masse unserer W ö r t e r ... erst n a c h dem Einsetzen der schriftlichen Überlieferung gebildet worden'[11] ist, kann der kognitiv und kommunikativ bedingte Aus- und Umbau des Wortschatzes sowie seine morphologisch-semantische Prägung durch unterschiedliche Baumuster je nach Überlieferungsdichte gut beobachtet werden. Daher ist es möglich und notwendig, die althochdeutschen und mittelhochdeutschen Grammatiken durch eine zureichende Darstellung der Wortbildung zu ergänzen, um die „kooperativen"

---

[6] Tiefenbach, Gelīmidā 396.
[7] Meid, Wortbildungslehre 145. Weitere Nachweise bei Erben, Schluß 119 (Anm. 11).
[8] Dittmer, Verbalabstrakta 292.
[9] Ebda 303 f.
[10] Schröbler, Glossar 503. Zu den Unsicherheiten der Überlieferung vgl. van der Rhee, Wörter 74 ff.
[11] Stackmann, Grimm 32. ‚In der Beschränkung des altererbten Wurzelmaterials und in Ableitung und Zusammensetzung besteht das Hauptgesetz unter den Lebensbedingungen unserer Schriftsprache' Kluge, Deutsch 58.

Zusammenhänge mit den anderen Teilsystemen der Grammatik (bes. mit der Syntax) sowie mit den jeweils bestehenden Möglichkeiten und Mängeln des „Lexikons" (vgl. o. 17 ff.) einsichtig machen zu können und darüber hinaus das rechte Verständnis des Funktionalstils der damaligen Textarten mit ihren bevorzugt genutzten, textspezifischen Möglichkeiten der Wortbildung zu ermöglichen, die Ausdrucksalternativen schaffen. Erst aus der Kenntnis dieser Regularitäten heraus ist die besondere Kreativität sprachmächtiger Persönlichkeiten angemessen zu beurteilen.

1. Entwicklungstendenzen in der Wortbildung des Verbs

190 Vorliegende Einführung muß sich damit begnügen, Anregungen zu geben und auf einiges hinzuweisen, das in diachronischer Hinsicht besonders bemerkenswert scheint. Bei der Wortbildung des deutschen Ve r b s ist dies das Zustandekommen der auffälligen, geradezu wortartcharakteristischen Fülle von P r ä f i x e n und präfixartig gebrauchten Morphemen — im Gegensatz zur heutigen Armut an verbbildenden Suffixen (vgl. 111 und 194). Beides hängt offenbar zusammen, und die Befunde der historischen Grammatik lassen erkennen: je mehr die Ableitungssuffixe der nichtprimären Verben im frühmittelalterlichen Deutsch (*-jan, -ōn, -ēn*) an Deutlichkeit der Form und Funktion verloren haben und in tonschwacher Position zu *-en* neutralisiert wurden, umso mehr haben die Präfixe an Häufigkeit und Funktionswichtigkeit zugenommen. So findet sich z.B. schon im späten Althochdeutschen (um 1000) die Präfigierung *fer-swenden* neben *swenden* (< **swand-jan* ‚schwinden machen'), *ir-blindēn* neben *blindēn* (‚blind werden'). Räumliche/ zeitliche Bezüge und aktionale Abstufung werden früh durch Präfixe verdeutlicht, die freilich nicht einfach die Funktion der abgebauten Suffixe übernehmen, sondern allmählich — z.T. von lateinischen Mustern angeregt (vgl. z.B. ahd. *fora-wesan prae-esse*) — ein sehr viel genaueres System modifizierender Abstufung der Basisverben aufbauen helfen und auch eine semantisch differenzierte Verbalisierung nominaler Basen[12] ermöglichen. Obwohl das Indogermanische ‚keine praefigierende Sprache'[13] war, der Typus der Prä-

---

[12] Bemerkenswert ist, daß bei der desubstantivischen Verbableitung das Inventar der s e m a n t i s c h - f u n k t i o n a l e n Typen (vgl. o. 115) ‚im wesentlichen bereits im Althochdeutschen' (Prell, Verben 231) ausgeprägt ist, wenngleich sich die anteilsmäßige Nutzung der semantischen Muster verschiebt und Subtypen aufkommen. Vgl. Prell, Verben 231 ff., Schaefer, Klassifizierung und Kaliuščenko, Verben.
[13] Krahe, Einleitung 97.

fixbildung also in den Einzelsprachen dieser genetisch verwandten Sprach-
gruppe ‚sekundär entwickelt‘[14] ist, treffen wir schon im ältesten Deutsch eine
stattliche Zahl von Präfixbildungen[15] an, und zwar eine Reihe, wo alte Partikeln wie *bei* (ahd. *bī/bi*) schon eine feste Verbindung mit dem Verb eingegan-
gen sind (z.B. in: *bi-sehan* ‚be-sehen‘); und andererseits finden sich Belege, ‚die
auf der Grenze zwischen Adverb + Verb und Präfixkompositum stehen, so
im Brüsseler Codex 18725 (9. Jh.): *stu(o)nt imo pi* custodiebat (Mc. 6,20) Gl.
1, 723, 14‘[16], wo also noch keine feste Bindung besteht. Die Doppelheit der
Typen *be-sehen* und *bei-stehen* ist bis heute bewahrt (s.o.111), da sich offenbar
die alte Tendenz zum Aufbau eines festen Wortkomplexes bald mit der Tendenz zur Bildung einer syntaktischen Klammer und zur Inkorporierung anderer, nichtverbaler Redeteile gekreuzt hat.

191 Die unfesten betonten Verbzusätze sind auch als „Adverbialpräpositionen" oder
„Präpositionalpartikeln" bezeichnet worden, da der formale und semantische Zusammenhang mit den raumbezogenen Präpositionen unverkennbar ist: *auf (den Berg)-stei-
gen*. Doch ist der semantische Zusammenhang in dem Maße verlorengegangen, in
dem diese Partikeln auch für grammatische Aufgaben, besonders zur aktionalen Abstufung, herangezogen worden und in einen engeren systematischen Funktionsver-
bund mit den eigentlichen Präfixen gebracht sind, während sie in ihren ursprünglichen raumbezogenen Verwendungsweisen zunehmend von Doppelpartikeln des
Typus *hin-auf-(steigen)* entlastet werden (s. o. 124 und vgl. Hinderling, Konkurrenz
93). Angesichts zahlreicher Konkurrenzen (vgl. *er-blühen* und *auf-blühen*, *ver-blühen*
und *ab/aus-blühen*) ist grundsätzlich festzustellen, ‚daß der Oberflächenunterschied
... fest/unfest in der Gegenwartssprache ... gegen die Zuordnung von Verben
beider Art zu derselben funktionellen oder semantischen Klasse ausgespielt werden
kann‘. ‚Es ist, als ob auf der Inhaltsebene feste und unfeste Zusammensetzungen zu-
sammengeschmolzen wären, wogegen auf der Ausdrucksebene die Trennbarkeit als
Relikt weiterbestand‘ (Fourquet, Zusammensetzungen 282 f.) und als „Lexikal-Klam-
mer" (Weinrich) für die Bildung des ‚verbalen Satzrahmens‘ (Erben, Grundzüge 53)
nutzbar gemacht wurde. Nur vereinzelt kommt es zur Kombination b e i d e r Bauformen, dort, wo sich gleichsam zur Erneuerung des alten Raumbezugs die auch noch als
selbständiges Morphem auftretende Partikel vor das festgewordene Präfix geschoben
hat: *bei-be-halten* (*Wir be-halten das bei*); vgl. *er-stehen*, *auf-stehen* und *auf-er-stehen*; *er-
wählen*, *aus-wählen*, *aus-er-wählen*.[17]

192 Wir können hier selbstverständlich nicht den vielschichtigen Prozeß im
einzelnen verfolgen, wie der deutschen Sprache — unter Mitwirkung vieler

---

[14] Krahe, a.a.O.
[15] Vgl. Schwarz, Präfixbildungen.
[16] Wolfrum, *bî* 300.
[17] Weiteres s.o. in Abschn.79 sowie bei Kühnhold, Doppelpräfigierung 195.

Gruppen der Sprachgemeinschaft (neben Trägern der Rechtssprache z.B. geistliche Übersetzer des frühen Mittelalters, Mystiker und pietistische Autoren, die an Klopstock anschließende Erneuerungsbewegung der Dichtersprache im 18. Jh.)[18] — die strukturelle und funktionelle Vielfalt des heutigen Präfixsystems gewonnen worden ist. In bestimmten Funktionen, z.B. im Funktionsstand der Privativa, haben Präfixbildungen (mit *ent-/ab-/aus-*) den einfachen Typus *schälen* (‚von der Schale befreien') heute weitgehend abgelöst[19], wobei z. T. Doppelmotivierung besteht, so bei *ent-thron-en* die Motivation von *Thron* und *thronen*, entsprechend bei *ent-ehr-en*, *-kleid-en* u. a. Nur im Falle der Kausativa, des oben schon erwähnten Typus *schwenden* (‚schwinden machen'), treten Präfigierungen nicht für das aufgegebene Muster der deverbativen Bewirkungsverben ein — trotz vereinzelter Ansätze wie z.B. (*jmd.*) *be-schämen* neben (*sich*) *schämen*. Hier wird im neueren Deutsch eine Fügung aus einem Verbalabstraktum und einem Funktionsverb gewählt, also für *fällen* (ursprünglich fallen machen, jetzt auf Bäume oder chemische Substanzen eingeschränkt) *zu Fall bringen*.[20] Im ganzen aber dienen Präfixe dazu, die Wortklasse Verb deutlich von den übrigen Wortklassen abzuheben. Wo Präfixe, besonders die schwachtonigen, fest mit ihrer Basis verbunden wie *er-* oder *be-*, bei anderen Wortklassen auftauchen, sind sie ein deutliches Anzeichen einer deverbativen Ableitung (s.40). Im Unterschied zum Nomen zeigt das Verb im heutigen Deutsch jedoch nicht den Typus der Negationsbildung mit *un-* (s.128 und 155), wenn wir von Partizipialbildungen wie *un-geschrieben*, *un-geöffnet* absehen (vgl. 159).

193 Die in mittelhochdeutschen Texten nachweisbaren *un*-Verba sind Ableitungen aus *un*-Adjektiven/Substantiven; so *un-ēren* (‚in Unehre bringen'), *un-kiuschen* (‚sich unkeusch verhalten'). Mhd. *Dā unērt er sich selbe mite* muß jedenfalls im Nhd. wiedergegeben werden mit *Damit bringt er sich selbst in Unehre* oder: *Damit ent-ehrt er sich*. Sofern das *un-* überhaupt beibehalten wird, muß ein schwachtoniges Präfix davortreten; vgl. *be-unruhigen*, *ver-unglimpfen*.[21]

194 Vom Nomen unterscheidet sich das deutsche Verb weiterhin durch seine Armut an Suffixen. Das einzige, deutlich strukturierte und einigermaßen

---

[18] Vgl. die entsprechenden Beiträge in der „Deutschen Wortgeschichte" (Maurer-Rupp); Zutt, Präfigierung sowie Kayser, Präfixe 11 ff.
[19] Vgl. Dt. Wortbildung 1, 85 f. und 222 f. sowie über ‚die Verlagerung von Informationen des Simplex auf neu gebildete Präfixverben' und die Tendenz zur ‚Monosemierung' und ‚relationalen Profilierung' Solms, Wortbildung 27, 29 und 30.
[20] Über „Funktionsverbformeln" s. Erben, Abriß 74 und zur geschichtlichen Entwicklung Polenz, Funktionsverben 30 ff.
[21] Vgl. Kamihara, *un*-Verba 45 f. und Kühnhold, Doppelpräfigierung 199.

häufig gebrauchte Formans *-ier-*(en) mit der Variante *-isier-en* (s. o. 113) ist ein
Lehnsuffix, das im 12. Jh. aus dem Französischen übernommen worden ist
und sich vor allem bei fremdwörtlichen Verben im Deutschen — weit über
die Verwendung im Altfranzösischen hinausgehend (vgl. z. B. mhd. *walopie-
ren/galopieren* < afrz. *galoper*) — durchgesetzt hat, weil es durch das franz.
Suffix *-ier* (< lat. *-arius*) der Nomina agentis gestützt wurde.[22] In der Folge
sind auch zahlreiche lat. Verben mit *-ieren* eingebürgert worden (vgl. *informieren, reform-ieren* aus lat. *informare, reformare*); und schließlich wurden sogar eine Reihe heimischer Basen mit *-ieren* verbunden — trotz puristischer
Bekämpfung „hybrider" Bildungen; vgl. *hof-ieren, gast-ieren, sinn-ieren, stolz-
ieren.*[23]

Deadjektivische Ableitungen — auch aus entlehntem BA (*quitt-ieren, fanat-is-ieren*) —
werden erst im 17./18. Jahrhundert häufiger. Im Neuhochdeutschen kommt es zur systematischen Nutzung denominaler (desubst. und deadj.) *-ieren*-Bildungen, die heute
etwa 23 % aller Verbableitungen ausmachen.[24] Vorbedingung war die Integration eines
umfangreichen Lehnwortschatzes, welcher zur weiteren Entwicklung der Schrift- und
Fachsprachen eine ausreichende Anzahl basis- und kompositionsfähiger Grundmorpheme (Konfixe, s. o. 31) aufwies und auch die Motiviertheit sonst isolierter *-ieren*-Ver-
ben ermöglichte. Vgl. Schebben-Schmidt, Verbbildungen 34 ff.

Ingesamt läßt sich feststellen, daß die Anzahl der abgeleiteten, schwach flek-
tierten Verben ständig zunimmt — hier liegt ‚die eigentliche Produktivität
der Verbalbildung'[25] —, während die altererbten Typen der starken Verben
zwar noch Grundlage für präfigierende Ausgestaltungen und nominalisierende Umgestaltungen sind, aber ihre ‚semantische Schlüsselposition'[26] allmählich verlieren.

[22] Vgl. Öhmann, *-ieren* 338 und: *-ier* 527.
[23] Vgl. Henzen, Wortbildung 228 f.
[24] Vgl. Dt. Wortbildung 1, 27.
[25] Meid, Wortbildungslehre 231.
[26] Sonderegger, Sprachgeschichte 259.

2. Entwicklungstendenzen in der Wortbildung des Nomens

a) Die Neigung zur Komposition (Univerbierung syntaktischer Gruppen) und zur Ausbildung neuer Kompositionstypen

195 Bei der Wortbildung des N o m e n s fällt vor allem der Reichtum an Baumustern der Z u s a m m e n s e t z u n g (s. 90 ff. und 109) auf. Vor allem die hypotaktisch aufgebauten Determinativkomposita (s. 54 und 91 ff.) sind in einer Vielzahl von Kompositionstypen sprachüblich geworden. Das ist deshalb nicht verwunderlich, weil es offenbar naheliegt, ausdrucksnotwendige Größen so genau wie möglich zu nennen (bzw. identifizieren) oder zu charakterisieren und zu diesem Zweck ein näher bestimmendes Zeichen vor ein anderes Sprachzeichen zu stellen, das — wie in der deutschen Substantivgruppe, wo determinierende Anglieder (ursprünglich auch genitivische Attribute, s. u. 198) dem Kern voranstehen, oder in additiven Zahlwortverbindungen des Typus *vier-zehn, vier-und-zwanzig,* wo die Einer vor den Zehnern stehen — die begriffliche Grundklasse festlegt. Wir finden daher schon in den ältesten deutschen Texten zusammengesetzte Wörter und Namen, wenngleich sich insofern eine Entwicklung feststellen läßt, als die Anzahl der Zusammensetzungen entsprechend den ‚wachsenden Bedürfnissen nach typisierender gedanklicher Bewältigung der gegenständlichen und geistigen Wirklichkeit'[27] zunimmt, und neue Typen aufkommen. Davon stellen wir hier nur e i n e n Typ genauer vor, weil dieser besonders wichtig ist und exemplarisch zeigt, wie sich Kombinationsregeln ändern können und neue Baumuster entstehen.

196 Da ahd. Nominalkomposita wie *slāf-hūs* oder *decki-lachan* (mit den deverbativen Substantiven *Schlaf* und *Decke* als Bestimmungsglied) auch auf Verben bezogen und als unmittelbare Komposition mit dem V e r b verstanden werden konnten, kommt es — anschließend an dieses Scheinmuster — schon im 9./10. Jh. zu eindeutigen Fügungen des Typus *melc-faz, scenki-faz* (mit einem st. Verb oder einem schw. Verb der 1. Klasse als Erstglied).[28] Dabei herrscht offenbar zunächst der Adverbialtyp (s. 105) vor: *faz* (Gefäß) zum *Melken, (Ein-)Schenken/*mit dem man m. oder sch. kann. Mit Üblichwerden dieses neuen Typs, der die Dinge nach ihrer V e r w e n d b a r k e i t kennzeich-

---

[27] Pavlov, Zusammensetzung 105.
[28] Belegnachweise bei Gröger, Kompositionsfuge 394 und 437.

net[29], wurden auch alte Substantivkomposita wie *beta-hūs* („Haus des Gebetes‘) im Sprachgefühl auf Verben bezogen, was aus Schreibvarianten wie *betohūs* hervorgeht, die statt des Stammvokals *a* der starken Feminina das *o* des schwachen Verbs *betōn* zeigen.[30] Heute, wo das Substantiv *beta* längst unüblich geworden ist, wird *Bet-haus* ohnedies nur als *Haus*, wo man *beten* kann, verstanden.

197 In der älteren Zeit werden allerdings oft noch ‚ganze Sätze gebildet, wo später ein Substantiv eintritt, z.B. Nibelungenlied 37,1 *dô giengen ’s wirtes geste, dâ man in sitzen riet* „in den Speisesaal‘‘‘ (Behaghel, Syntax 1,20).

Erst später kommt es auch bei Zusammensetzungen mit adjektivischem Grundwort zur Ausbildung des wohl erst im Neuhochdeutschen wirklich geläufigen Typus Verbalstamm + Adjektiv (vgl. 109). Als einer der ältesten Belege des neuen Baumusters gilt[31]: *die drî réchegérnun suésterâ* (ultrices ... tres furie).[32] Freilich könnte hier auch Substantivierung des Adjektivs vorliegen: ‚die Rache-gierigen‘, doch ist jedenfalls verbales Erstglied möglich.[33] Im übrigen ist im mittelalterlichen Deutsch offenbar die prädikative Wortgruppe und noch nicht die informationsverdichtende Zusammensetzung üblich; so heißt es z.B. im altsächsischen (altniederdeutschen) Heliand des 9. Jhs.: *te huî bist thu sô gern tharod ... te faranne?* (‚Warum bist du so begierig, dorthin zu gelangen?‘).[34]

198 Eine genauere historische Aufarbeitung der Kompositionstypen[35] wird zeigen, wie sich das Verhältnis zwischen syntaktischer Gruppenbildung und Wortbildung im Laufe der Sprachgeschichte zugunsten der Wortbildung, d.h. zur Univerbierung (s.o. 25 ff.) und zum bevorzugten Aufbau komplexer Wörter hin verschiebt. Dies ist besonders deutlich bei dem eben erwähnten Typ (s. 197) zu beobachten und am Aufkommen der oben vorgestellten Großformen der Dekomposita (s. 42), aber auch sonst festzustellen, z.B. beim Muster der sog. uneigentlichen Zusammensetzung. Diese entsteht ursprünglich aus der Zusammenfügung einer syntaktischen (meist genitivischen) Gruppe, deren Glieder zu einer fester gefüg-

---

[29] Vgl. Carr, Compounds 178. Andere semantische Typen dieses Baumusters sind zunächst schwächer vertreten oder unsicher bezeugt; vgl. Kienpointner, Wortstrukturen 297 ff. und 323.

[30] Vgl. Gröger, a.a.O. 67 und 169 f.

[31] Vgl. Grimm, Grammatik 2, 675 und Wilmanns, Wortbildung 544 sowie Kienpointner, Wortstrukturen 319.

[32] Notker, Schriften 1, 223, 27.

[33] Vgl. Gröger, Kompositionsfuge 38 und 173.

[34] Vgl. Ed. Behaghel V. 3987 f. Weiteres bei Behaghel, Syntax 2, 352 ff.

[35] Zum Typ „Adjektiv + Substantiv" in ahd. Texten vgl. Erben, Gelegenheitsbildungen.

ten Ganzheit verbunden werden. Diese neue Ganzheit kann lexikalisiert werden, d.h. sie kann — ebenso wie die eigentliche Zusammensetzung — eine Lexikoneinheit mit einem spezifischen Wortinhalt werden (vgl. 62). Besonders frühe Beispiele stellen unsere Wochentagsnamen dar, die schon in den ersten nachchristlichen Jahrhunderten als Lehnübersetzung lateinischer Wortgruppen aufgekommen sind: lat. *Iovis dies* (ital. *giovedì*) > ahd. *Donares tag* > *Donares-tag* (nhd. *Donnerstag*).[36] Da der nicht-partitive Genitiv ursprünglich gemeinhin vor dem Kern der Substantivgruppe stand, konnte zunächst ‚die Grenze zwischen Genitivcompositum und syntaktischem Gefüge oft kaum gezogen werden‘.[37] Doch kommt es im Gefolge wechselseitiger Beeinflussung zwischen der uneigentlichen und der eigentlichen Zusammensetzung, wo nach alter indogermanischer Regelung der reine Nominalstamm als Erstglied gesetzt wurde (*beta-hūs* und *decki-lachan*), zu einer Entfernung von den Formen des Flexionsparadigmas.[38] Die Flexionselemente im Kompositum verloren allmählich im Sprachbewußtsein ihren grammatischen Wert als Flexiv und wurden zum F u g e n z e i c h e n (s.o. 95 f.), das analog auch da gesetzt wurde, wo z.B. gar kein *-s* oder *-en* im Paradigma des Erstglieds gegeben war (vgl. *Geburt-s-tag, Tint-en-faß,* aber durch Kasusform, Artikelbegleitung und Position verschieden: *der Tag der Geburt, das Faß der/für die Tinte*). Wir haben es dann nicht mehr mit der Univerbierung ursprünglicher syntaktischer Gruppen, sondern mit a n a l o g e n Zusammensetzungen nach eingebürgerten Mustern zu tun. Jedenfalls hat sich dieses Baumuster zunehmend gegenüber der einfachen Zusammensetzung ohne Fugenzeichen durchgesetzt, ‚am Maßstab des Wesentlichsten am Kompositum gemessen, an

---

[36] In dieser Zusammensetzung ‚wurde der germanische Gott Donar an die Stelle des römischen Jupiter gesetzt‘ Eggers, Sprachgeschichte 1, 137. Vgl. auch Meid, Wortbildungslehre 18. Bemerkenswert ist, daß anscheinend auch bei den Ortsnamen früh ‚die echten Komposita mit Fugenvokal mehr und mehr durch genitivische Zusammensetzungen verdrängt worden‘ sind, und der Typ „Personenname im Genitiv + typisches Grundwort" bei der Benennung der Neugründungen erheblich zugenommen hat, veranlaßt durch ‚die stärkere Ausbildung des persönlichen Besitzes und der Grundherrschaft‘ (Bach, Namenkunde II, 2, 149).

[37] Gröger, Kompositionsfuge 35. Zur Stellung des Genitivs s. Behaghel, Syntax 4, 181 ff. und zum Grundsätzlichen des Übergangs ‚von syntaktischem Gefüge zum Kompositum‘ Paul, Prinzipien 328 ff. sowie Pavlov, Zusammensetzung 85 und Nitta, Zusammensetzung.

[38] Vgl. Gröger, a.a.O. 36.

seiner artattributiven Funktion, im ausgehenden Fnhd. pauschal gleichfunktional geworden'.[39]

199 Zusammenfassend läßt sich jedenfalls sagen, daß die deutsche Sprache in ihren vielfältigen Baumustern der Nominalkomposition leistungsfähige Ausdrucksformen bekommen hat, die in den großen europäischen Nachbarsprachen ohne strukturelle Parallele sind. Dies ‚stellt vor allem den romanischen Übersetzer oft vor unüberwindliche Schwierigkeiten, ... weil die einer solchen deutschen Ballung gleichkommende Aussage in einem entsprechenden französischen, italienischen, spanischen, portugiesischen Satz nicht unterzubringen ist. Das Englische kennt die prädeterminierende Nominalkompositon in verschiedener Form (*sound waves, sound-box, soundproofing*), macht aber alles in allem weniger davon Gebrauch als das Deutsche, zieht oft den sächsischen Genitiv, die präpositionale Postdetermination oder die adjektivische Prädetermination vor'.[40] Das Verhältnis zwischen der Bildung syntaktischer Gruppen und der Wortbildung ist hier also anders, wobei die ökonomische Form der deutschen Wortbildung eine knappe, umrißhaft andeutende Benennung erlaubt (s.o. 27 und 101). Andererseits zeigt gerade der Übersetzungsvergleich, ‚daß diese großartige deutsche Möglichkeit oft dazu führt, die Dinge übergenau zu sagen, durch Nominalkomposition explizit zu machen, was in anderen Sprachen implizit im Kontext mit enthalten ist'[41], vgl. *Takt-gefühl* und engl./franz. *tact, Besuchs-reisen* und engl. *visits*, franz. *visites*. Die Neigung zu mehrgliedrigen motivierten Zeichen ist offenbar im Deutschen sehr groß. Jedenfalls ist es eine strukturelle Auffälligkeit, daß der deutschen Zusammensetzung in anderen Sprachen oft ein Einzelwort entspricht, was auch Beispiele wie *Augen-blick*, engl./franz. *moment* und *Schall-platte*, engl. *record*/franz. *disque* verdeutlichen.[42]

---

[39] Pavlov, Form-Funktion-Beziehungen 121. Zur Entwicklungsgeschichte vgl. Henzen, Wortbildung 54 ff. Nach Maurer, Wortbildung 85 ist die ‚Scheidung in „echte" und „unechte" Komposita ... durch die in w i r k l i c h e und a n a l o g i s c h e zu ersetzen', wobei letztere nicht aus der Univerbierung syntaktischer Gruppen hervorgegangen, sondern ‚nur in Analogie nach bestehenden Mustern gebildet worden' sind (84), also ‚sekundär durch Analogie' (85) und daher ‚nicht als syntaktische Gruppe denkbar' (85).

[40] Wandruszka, Übersetzungsvergleich 320. Für die slawischen Sprachen vgl. Schwanzer, Wortbildung 423 ff. und Eichler, Aufgaben 12 ff., bes. 15 f.

[41] Wandruszka, a.a.O. 322.

[42] Vgl. Wandruszka, a.a.O. 325.

b) Die Tendenz zur Grammatikalisierung bevorzugter Kompositionsglieder zu Affixen

200 Der früh entwickelte Reichtum an Baumustern der Zusammensetzung, die Neigung, bestimmte Morpheme bevorzugt als Erst- oder Zweitglied zu verwenden, haben sich sprachgeschichtlich auch dahingehend ausgewirkt, daß immer wieder aus solchen bevorzugten Kompositionsgliedern neue Affixe entstehen können. Durch die zunehmende Bindung an Basen bestimmter Klasse geben sie ihren Status als freies Morphem allmählich auf, ein Vorgang, der selbstverständlich erst dann abgeschlossen ist, wenn das betreffende Morphem nicht mehr selbständig vorkommt oder wenn zumindest eine lautliche (vgl. *bei/be-*) oder inhaltliche Differenzierung eintritt, d.h. der reihenbildende präfix- oder suffixartige Gebrauch nicht mehr vom Funktionswert und Zeicheninhalt des homonymen freien Morphems her voll erklärbar ist (vgl. o. 33), und — dies ist nicht das Unwichtigste — wenn das neue Affix seinen besonderen Stellenwert im System der Präfixe/Suffixe erhalten hat.

201 Dies ist z.B. bei *-los* der Fall, das nur in verbalen Fügungen (*etwas*) *los sein/werden* u.ä. noch den ursprünglichen Motivationsbezug zu *ver-lier-en/Ver-lus-t* bewahrt, aber in der festen Verbindung mit substantivischen Basen einfach das „Nichtvorhandensein des Basisinhalts" in bezug auf das syntaktisch verbundene Substantiv signalisiert: *gefahr-los* (‚ohne Gefahr'), konkurrierend mit dem Typus = *un-gefährlich* und in Opposition zu *gefahr-voll/gefähr-lich*.

202 Die Entwicklung vom selbständigen Wort, d.h. vom wortfähigen Morphem zum Affix als einem wortbildenden gebundenen Morphem führt für gewöhnlich über eine Zwischenstufe. Auf dieser Stufe hat das betreffende Morphem den Status eines reihenhaft vorkommenden Kompositionsgliedes. Eine für Kombinationen geeignete Lautstruktur (bes. Einsilbigkeit) und ein zum Ausdruck kommunikationswichtiger allgemeiner Kategorien fähiger Inhaltswert können die Entwicklung zum Affix begünstigen: M-(Erstglied) > m-(Präfix) bzw. -M(Zweitglied) > -m(Suffix). In exemplarischer Weise soll die Entstehung und Geschichte von *-heit/keit* skizziert werden, da es sich hierbei um eines unserer produktivsten Substantivsuffixe handelt.

203 Im Gotischen der Wulfilabibel des 4. Jhs. finden wir nur das selbständige Wort *haidus* (mask. *u*-Stamm), das — dativisch in beinahe formelhafter Verbindung mit einem pronominalen Begleitwort (Dat. sing. *ƕamma/þamma haidau*, Dat. plur. *allaim haidum*) — griechisch τρόπος ‚Art und

Weise' übersetzt.[43] In den frühesten deutschen Texten des 8./9. Jhs. findet sich *heid/heit* ebenfalls als selbständiges Wort, das vor allem als Entsprechung von lat. *persona* und *sexus* auftaucht und sich offensichtlich auf die ,(personale) Erscheinungsform' bezieht (vgl. altind. *kētú* ,Lichterscheinung' und das etymologisch verwandte Adjektiv *heiter*). Um 800 spricht man sogar in Hinblick auf die Trinität von *dhero dhrio heideo gotes* und erklärt, es sei *in dhesem dhrim heidem ein namo* (in tribus personis unum nomen).[44]

204 Schon im „ältesten deutschen Buch", in dem lateinisch-deutschen Wörterbuch, das nach seinem ersten lateinischen Stichwort „Abrogans" genannt wird und in der zweiten Hälfte des 8. Jhs. entstanden ist, treffen wir außer der Glossierung sexus *heid*, sexu *haiti/(h)eiti*[45] auch schon Z u s a m m e n s e t z u n g e n des Typus *mana-heiti*[46], *narra-heit* (socordia/stulticia)[47] und *camait-hait/kimeit-heit* (insolentia)[48], also *-heit* mit einem substantivischen bzw. adjektivischen Erstglied verbunden. Otfrids Evangelienbuch (um 870) weist bereits 12 Komposita mit *-heit* auf, davon 10 mit einem meist wertenden a d j e k t i v i s c h e n Erstglied[49], d.h. die spätere Entwicklung zum Suffix, das fast ausschließlich deadjektivische und departizipiale Abstrakta bildet, zeichnet sich bereits ab, wobei es bemerkenswert ist, daß die *-heit*-Bildungen das Genus femininum der *i*-Deklination angenommen haben, wohl in Anschluß an die in älterer Zeit sehr produktiven Abstraktbildungen auf *-t(i)*: ahd. *far-t* (zu *faran*), *fluh-t* (zu *fliohan*), *tā-t* (zu *tuon*). Wir heben hier nur e i n Beispiel heraus, das neben der Komposition noch das Simplex zeigt: (zwei Diener mehrten das anvertraute Gut) *ther thrítto* (Diener) *uuas nihein héit thúruh sina zágaheit*[50] (,Er war keine Persönlichkeit, war kein großes „Kirchenlicht", aus Feigheit'). Freilich ist unverkennbar, daß die *-heit*-Bildungen im frühmittelal-

---

[43] Vgl. Streitberg, Bibel 2, 53.

[44] Isidor 251 und 260 (S.29 f.). Vgl. hierzu Wiesner, *heit* 54 f., dessen weitgehende Annahme einer ursprünglichen germ. Bedeutung ,Priester' (11) allerdings etwas problematisch ist, und Gindele, Lehnmuster 385 sowie Chr. Kühnhold, Wortbildung 20.

[45] Glossen, 1, 30 f., 14 und 246, 20.

[46] Glossen 1, 87, 8; vgl. *unmanaheideo* ebda 185, 12.

[47] Glossen 1, 248, 20.

[48] Glossen, 1, 186, 16 und 187, 16.

[49] Vgl. Kelle, Glossar 266. Zu Otfrids Wertungen vgl. auch Erben, Gelegenheitsbildungen. Beim Kompositionstyp „Adjektiv + Substantiv" werden demgegenüber im neueren Deutsch weniger wertende als artkennzeichnende Adjektive gewählt (vgl. o.61). Den Bildungen mit *-heit* entsprechen später z.T. wertende deadj. Personenbezeichnungen mit *-ling*; vgl. *Feig-heit* und *Feig-ling*.

[50] Otfrid IV 7, 76.

terlichen Deutsch noch verhältnismäßig selten und wohl auf den Sprachgebrauch weniger, geistlich gebildeter Autoren beschränkt waren. Einige Bildungen wie *bōs-heit, kuon-heit, tumb-heit*, die sich nicht nur in Otfrids Evangelienbuch finden und bis ins Neuhochdeutsche weitergelebt haben, müssen jedoch bald weiteren Kreisen bekannt geworden sein; *tumb-heit* (‚Unverständigkeit des Unerfahrenen, Unreifen‘) wird ja dann im hohen Mittelalter zu einem Schlüsselwort in Wolframs Parzival — ein Beispiel dafür, wie die Grundlagen der mittelhochdeutschen Dichtersprache z. T. von den Geistlichen des frühen Mittelalters erarbeitet worden sind. Doch zeigt gerade der Modellfall *-heit* noch eine sehr viel allgemeinere sprachgeschichtliche Erfahrung: ‚Einzelne individuen und einzelne kreise eilen immer der grossen gesamtheit voraus, die nur auf abstand ihnen folgt. Es kommt sogar vor, dass von den einzelnen besetzte positionen von der gesamtheit nicht gehalten werden‘[51], was natürlich auch für viele *-heit*-Bildungen der spätmittelalterlichen deutschen Scholastik und Mystik gilt.

205 Ab wann hat *-heit* den Status eines S u f f i x e s erreicht? Dazu müssen wir feststellen, daß das Substantiv *heit* im Mittelhochdeutschen nur noch ganz vereinzelt vorkommt; einige der letzten literarischen Belege bietet offenbar Oswald von Wolkenstein: ‚*Von gueter hait* (Art) *vil manger wein ward mir geschankt / zu Augspurg*‘[52] und ‚*besunderlichen in der hait, / da iederman auff seinen ait / ertailen sol*‘.[53] Während der selbständige Gebrauch fast ganz geschwunden ist, ist im Mhd. bereits die Formvariante *-(e)cheit/keit* entstanden, wobei der häufige Auslaut des Basisadjektivs *-ic/ec* verstärkend zum Zweitglied gezogen und — vor dem Hintergrund von Kurzformen wie *trûre* (‚Trauer‘) — als Suffix *-(e)keit* gewertet wurde: *trûric-heit* > *trûri-cheit* > *Traur-ig-keit* (mit analoger Erneuerung von *-ig* in Anschluß an das Adjektiv). Danach waren dann Bildungen wie *bitter-keit, ehr-bar-keit* möglich (s. o. 140). Es war somit auch formal die Abhebung vom Simplex erfolgt. Ausschlaggebend aber scheint die Feststellung zu sein, daß schon in frühmittelhochdeutscher Zeit, also in Handschriften des 11./12. Jhs., nicht selten ī-Abstrakta der handschriftlichen Vorlagen durch *-heit*-Bildungen ersetzt worden sind[54], d. h. ein eindeutiges Suffix wird durch ein suffixartiges Morphem ersetzt; der mittelalterliche Abschreiber vollzieht sozusagen die Ersatz- und Einsetzprobe an Stellen, die ein deutliches Suffix erfordern. Das neue Suffix erhält nunmehr

---

[51] Öhmann, adjektivabstrakta 17.
[52] Ed. Schatz Nr.100, V.21 f.
[53] Ebda Nr.118, V. 85 f.
[54] Vgl. Öhmann, adjektivabstrakta 22.

zunehmend seinen Platz im System der Substantivsuffixe (vgl. Dt. Wortbildung 2, 72 f. und 290 ff. sowie Oberle, Ableitungen 64 ff. und 363 ff.), auf Kosten der älteren Abstraktsuffixe -ī und -ida, die — weniger deutlich strukturiert und durch die allgemeine Reduktion tonschwacher Endsilben besonders geschwächt — ihre Produktivität verloren haben, zumindest in der Schriftsprache, wo heute nur noch vergleichsweise wenig Abstrakta dieser Art anzuführen sind, z.B. *Dicht-e, Fläch-e, Näh-e* bzw. *Freu-de* (zu *froh*), *Zier-de* (zum Adj. *zier*). Im übrigen ist die Produktivität des neuen Suffixes -*heit/keit*, das sich als besonders brauchbar erwiesen hat, auch im Mittelniederländischen und Mittelniederdeutschen zu beobachten, die dieses Bildungselement im 14./15. Jh. den skandinavischen Sprachen vermittelt haben.[55]

206 Wir müssen uns hier mit diesem Beispielfall begnügen, der als Muster dafür gelten darf, wie aus s e l b s t ä n d i g e n Wörtern S u f f i x e entstehen können. Ähnliche Entwicklungen zeigen etwa -*schaft* (zu ahd. *scaf/scaft* ‚Beschaffenheit‘)[56] und -*tum* (zu ahd. *tuom* ‚Urteil‘, vgl. engl. *doom* neben -*dom*)[57] sowie -*haft* (zu ahd. *haft* ‚behaftet, gebunden‘, vgl. lat. *captus*)[58] und -*sam* (zu ahd. *daz sama, der samo* ‚das-, derselbe‘, vgl. engl. *same* und nhd. *gleich-sam*)[59], in neuerer Zeit z.B. -*werk*, das als selbständiges Wort zunehmend von *Arbeit* verdrängt wird und seit dem 14. Jh. immer mehr die Rolle eines Kollektivsuffixes übernimmt.[60] Es scheint jedenfalls so zu sein, daß substantivbildende Suffixe in der Regel aus zweiten Kompositionsgliedern entstehen, die Substantive sind und entsprechend adjektivbildende Suffixe aus solchen, die Adjektive sind.

So zeigt das Adjektiv *voll* als Zweitglied schon im Althochdeutschen eine ‚Bedeutungsabschwächung‘, eine Annäherung an ‚mit‘, um das ‚bloße Vorhandensein‘ des durch das Erstglied Bezeichneten, meist einer abstrakten Größe, auszudrücken (vgl. engl. -*ful* neben *full*); ahd. *ungiloub-fol* ist also fast ‚synonym mit der Ableitung *ungiloub-ig*‘ („ungläubig“). Vgl. Urbaniak, -*voll* 139 f. sowie Dt. Wortbildung 3, 168, 431 ff. und 521.

---

[55] Vgl. Öhmann, a.a.O.5.

[56] In ahd. Zeit ‚noch nicht zu einem reinen Formationsmorphem geworden‘ B. Meineke, -*scaf*(*t*)-Bildungen 176, doch ist der ‚Übergang‘ erkennbar (ebda 118), wobei ‚der Aspekt der Ordnung bzw. Gestaltung‘ ‚als gemeinsamer durchgehender inhaltlicher Zug erkannt werden konnte‘ (ebda 176).

[57] Vgl. E. Meineke, Abstraktbildungen 501 ff.

[58] Über ahd. Bildungen mit -*haft* vgl. Bergmann, Prolegomena 47 f. und 52 f.

[59] Vgl. Erben, Tristan 188 f.

[60] Vgl. Erben, Kollektiva 224 ff., bes. 227 f. (auch Anm.24) sowie Seidelmann, Kollektivbildungen 127. Zur ‚Typologie der Suffixentstehung‘ vgl. den gleichnamigen Aufsatz von Stein.

207 Zu widersprechen scheinen der oben erwähnten Erfahrung allerdings das produktive Adjektivsuffix *-lich* und das Adverbialsuffix *-weise* (s. u. 223). Das Adjektivsuffix *-lich*, dem wir uns hier zuwenden wollen, ist nach allgemeiner Überzeugung aus einem Substantiv entstanden: ahd. *līh*, mhd. *līch*, nhd. *Leiche* (mit Bedeutungsverengung von ‚Körper‘ zu ‚toter Körper‘). Die lautliche Entwicklung bietet keine Schwierigkeit des Verstehens: Vokalkürzung im Nebenton (*ī* > *i*) vor Eintritt der Diphthongierung (*ī* > *ei*), womit das Suffix formal vom Substantiv abgehoben war. Aber wie konnte es Adjektivsuffix werden? Man könnte an einen alten Kompositionstyp denken, der resthaft in unser heutiges Deutsch hineinragt: der Typus *bar-fuß*. Er geht *bar-fuß* ist wohl eigentlich zu verstehen als *bar* (d. h. ‚nackt‘) *den Fuß* oder als ‚*bar* (den) *Fuß* habend‘[61], also ein P o s s e s s i v k o m p o s i t u m, das später deutlicher zum Adjektiv geprägt wurde: *bar-füß-ig*. Analog könnte man dann *wib-lih* zunächst verstehen als ‚Weibgestalt habend‘ oder die „Erscheinung/Art eines Weibes habend‘.

208 Falls es neben dem Substantiv *līh* ein homonymes Adjektiv in der Bedeutung ‘gleich, glatt, passend’ gegeben haben sollte, wie Wilmanns unter Verweis auf die ahd. Verben *līchên*, *līchôn*, *līchisôn* meint (Wortbildung 477), könnte dies die Entwicklung zum adjektivbildenden Suffix begünstigt haben (vgl. Schmid, *-līh*-Bildungen 97 ff. u. Winkler, *-lich* 48 ff.). Daß *-līh* sehr früh zum reihenbildenden, suffixartigen Zweitglied geworden sein muß, zeigt unsere älteste deutsche Überlieferung des 8./9. Jhs. Im „Abrogans“ (s. o. 204) finden wir *līh* nicht nur als Interpretament von lat. *corpus*[62], sondern auch als Zweitglied in vielen Bildungen, die ohne Zweifel adjektivischen Charakter haben; z. B. *regale(m) potestatem/chunniclih maht*[63], *odiosum/fiantscaflih*[64] (hier nach dem suffixartigen *-scaf*), *pius, religiosus/aerlih, aerhaft*[65] (in Parallele zu dem Suffixoid *-haft*), *qua potestate/huuelihheru mahdi*[66] (mit pron. Basis). Wir finden bereits den doppelmotivierten Typus *loplih* (laudabilis[67], auf das Substantiv, aber auch schon auf das Verb beziehbar) und Bildungen zu Verbaladjektiven (Partizipien): *inexorabilis, unarpittent-lih/unirpetontlih*[68]. Sogar Ansätze, zu Adjektiven Adverbialformen zu bil-

---

[61] Vgl. Meid, Wortbildungslehre 32, der darauf hinweist, daß dieser Typ der Possessivkomposition ‚im frühen Idg. zu einer Zeit, als weder die Flexion noch der Unterschied zwischen Adjektiv und Substantiv voll entwickelt war, aus attributiven oder parenthetischen Nominalsätzen erwachsen ist, die zur Qualifizierung eines Subjekts dienten‘.
[62] Glossen, 1, 213, 23.
[63] Ebda 186, 32. Über Ansätze zur Verwendung als Bezugsadj. s. Lauffer 445.
[64] Ebda 190, 19 und 191, 19.
[65] Ebda 229, 13 f.
[66] Ebda 237, 9.
[67] Ebda 138, 12.
[68] Ebda 193, 4.

den, lassen sich hier feststellen: *certe/chundlih(h)o*[69]; *confidenter/catriulihho*[70] — eine Funktion, die engl. *-ly* besonders reich entwickelt hat, wohl in struktureller Entsprechung zu den roman. Adverbialformen. Besonders aufschlußreich erscheint mir die angeführte Bildung zu einer pronominalen Basis. Schon im Gotischen des 4. Jhs. finden wir nämlich drei pronominale Bildungen mit *-līh*, die bis heute wichtig geblieben sind: *hvi-leiks? swa-leiks* und *ga-leiks* = ahd. *hwe-līh? su/so-līh* und *ga-/gi-līh* = nhd. *welch? solch* und *gleich*. Auch sie lassen sich im Prinzip als Possessivkompositum interpretieren: ‚was für eine Gestalt/Art habend‘? ‚so eine Gestalt/Beschaffenheit/Art habend‘ und ‚in der Gestalt zusammentreffend‘. Es wäre immerhin möglich, daß diese kleine Gruppe sehr häufig gebrauchter *-lich*-Bildungen allgemeinen Inhalts, zu denen früh auch *et(hes-we)līh* (ali-quis) und *(io-)gi-(hwe)līh*(quis-que) kommen (= nhd. *etlich, jeglich*), den grammatikalisierenden Übergang des Substantivs zum adjektivbildenden Suffix gefördert hat. Bei einer kleinen semantischen Nische unserer *-lich*-Adjektive ist übrigens das Nachwirken alter pronominaler Fügungen und die Nähe von *jeglich* noch spürbar; *stünd-, täg-, wöchen-t-, monat-, jähr-lich* (= ‚zu jeder Stunde/Woche‘ usw.). Die Multifunktionalität des überaus produktiven Adjektivsuffixes wird im neueren Deutsch durch andere Suffixe (z.B. *-bar*) etwas eingeschränkt. Vgl. Fleischer, Charakteristika 188 sowie Dt. Wortbildung 3, 284, 293 und 398 ff.

c) Die Tendenz zur Morphematisierung fremdsprachiger Elemente

209 Eine weitere Möglichkeit, den Affixbestand zu vermehren, ist gerade beim Nomen in besonderem Ausmaß genutzt worden: die Morphematisierung fremdsprachiger Elemente (s.o. 77) bzw. die Transferenz von Fremdmorphemen (Fremdpräfixen, Fremdsuffixen) aus anderen Sprachen in das Wortbildungssystem der deutschen Sprache. Wird dabei der grammatische Funktionswert der übernommenen Formantien beibehalten (vgl. 214), so ist dies Teil eines Prozesses der strukturellen Angleichung, wobei bald die eine, bald die andere Sprache zuerst Bildungen aufweist, die dann im internationalen Kommunikationsprozeß, besonders in der Wissenschaftssprache, allgemein üblich werden können, als Internationalismen bzw. Europäismen (Bergmann) oder Eurolexeme (Chr. Schmitt).

210 Vgl. reihenhafte Entsprechungen wie dt. *Real-ismus, Real-ist, real-ist-isch, Real-ität, real-isieren*; franz. *réal-isme, réal-iste, réal-ité, réal-iser*; engl. *real-ism, real-ist, real-ist-ic, real-ity, to real-ize*; russ. *real-ism, real-ist, real-ist-ičeski, real-nost, real-isirovat'*. Während deutsche Verben auf *-ieren* schon im 13./14. Jahrhundert weithin eingebürgert sind, und vor allem die Bildungen zu lateinischen Basen zunehmen (vgl. o. 194 sowie

---

[69] Ebda 243, 8.
[70] Ebda 24, 15 und 25, 15. Vgl. Heinle, Wortbildungsmorphologie 325 ff.

Frisch, French Suffixes 194 f. und 199 f.), sind die substantivischen Bildungen mit *-ismus, -ist, -(i)tät* im Deutschen erst im Neuhochdeutschen produktiv geworden, obwohl einzelne Lehnwörter auf *-tät* und *-ist(e)* schon im Mittelhochdeutschen übernommen werden, so *moraliteit*[71] und *evangelist(e)*.[72] Erst seit der Reformationszeit war es offenbar ein Ausdrucksbedürfnis, geistige/ideologische Bewegungen, die sie tragenden Menschen(gruppen) und deren geistige Haltung zu klassifizieren (s. 75 ff. u. Worstbrock, Sophisten 245 ff.). Adjektive werden in der Regel weniger häufig und später als Substantive entlehnt, sodaß adjektivbildende Fremdsuffixe (*-abel/-ibel, -al/-ell, -ant/-ent, -är/-ar, -iv, -ös/-os*) erst seit dem 16./17. Jahrundert aufkommen und eine besondere Produktivität im 18./19. Jahrhundert erhalten, mit zunehmendem Ausbau des Deutschen im Bereich der wissenschaftlich-technischen Fachsprache (vgl. Russ, adj. suffixes 33 ff.). Über ‚Konvergenzen und Divergenzen in der Integration des klassischen Erbes in das jeweilige Sprachsystem' vgl. Munske u. Kirkness, Eurolatein VI sowie Schmitt (Affinitäten 434), der für eine Beschreibung der „Euromorphologie" eintritt.

211 Da in der Neuzeit die internationalen Austauschbeziehungen besonderts intensiv geworden sind, erfolgt auch die Übernahme von Fremdwörtern (meist subst. Bezeichnungen neuer „Größen") und Fremdmorphemen am häufigsten im Neuhochdeutschen (vgl. 75 ff., 131, 137 und 184), wo selbst Modewellen sprachliche Auswirkungen haben können; vgl. das mit engl. *mini-skirt* gesetzte Muster, das freilich auch von Bildungen wie *mini(ature)-camera, -golf* gestärkt wurde, doch: ‚The real vogue, however, set in when the *miniskirt* was introduced'.[73] Man darf darüber aber nicht vergessen, daß intensive sprachliche Kontakte auch schon im frühen Mittelalter bestanden haben, und hierbei haben alle europäischen Sprachen eine mehr oder minder große Prägung durch das Latein der Römer und der mittelalterlichen Kirche erfahren. Eines unserer systemwichtigsten und produktivsten Suffixe ist dadurch gewonnen worden, wobei die Einbürgerung vielleicht durch eine ähnliche, heimische Bildungssilbe erleichtert wurde (s.u. 216, Ziffer 4): *-er* (< *-ere/aere* < *ări* < **-ārja*) < lat. *āri(us)*. Gerade dieses Suffix ist wie kein anderes geeignet, uns den Vorgang der Affixentlehnung, der formalen und funktionalen Weiterentwicklung eines — in das Ableitungssystem integrierten — Fremdmorphems und der konkurrenzhaften Suffix- bzw. Typen-Ablösung exemplarisch vor Augen zu stellen.

---

[71] Diese im Tristan Gottfrieds von Straßburg belegte Form zeigt die Suffixgestalt *-teit* der angrenzenden ostfranz. Mundarten. Vgl. zur Formgeschichte Öhmann, *-(i)tät* 242 ff. u. über die Erweiterungsvariante *-izität* Grosse.
[72] Weitere Beispiele bei Kluge, Wortbildungslehre 34.
[73] Marchand, Types 130.

212 Schon in den Jahrhunderten vor Beginn unserer deutschen Überlieferung im 8. Jh. müssen unter römischem Kultureinfluß zahlreiche Lehnwörter auf *-āri(us)* aufgenommen worden sein. Die charakteristische Bildungssilbe ‚in typischen Berufs- und Täterbezeichnungen, die von Nomina, welche den Bereich der Tätigkeit bezeichnen, abgeleitet sind, wird anhand zahlreicher früher Entlehnungen auch im Germ. produktiv'.[74]

Wir heben wieder einige Belege aus dem früh-ahd. „Abrogans" (s.o. 204) hervor. Hier finden wir z.B. *telonium* glossiert durch das frühe Lehnwort *zol*[75] und *telonari(us)* durch die — laut Zeugnis der übrigen germ. Sprachen ebenfalls früh übernommene, auch durch die Bibelübersetzung verbreitete — Personenbezeichnung *zol(l)anari*[76]; daneben auch schon Bildungen zu einem heimischen Substantiv (*wurz*): (*h*)*erbarius/ uurzari*.[77]

213 Die Basis der Ableitung ist ein Substantiv, wie das den Bildungen auf *-ārius* entspricht, die im Lateinischen fast alle denominative Ableitungen sind. Überraschend ist aber, daß wir im „Abrogans" auch schon eine Vielzahl von Bildungen mit *-ari* finden, die offensichtlich Deverbativa sind, also schon dem modernen Typ der Nomina agentis auf *-er* entsprechen. Im heutigen Deutsch machen ja die Ableitungen von einem Basisverb über 80 % aller *-er*-Bildungen aus, wobei selbst Ableitungen aus Wortgruppen (Phrasenderivate wie *Heimlich-tu-er, Geld-geb-er*) in großer Zahl vorkommen, s.o. 44.

Bereits im „Abrogans" finden wir: *scribe* (*legis periti*)/*scribare* (*euu kilerte, zu scrīban*)[78], *bellator/f(a)ehtari* (zu *fehtan*)[79], *doctores/laerari, lerare* (zu dem schw. Vb. der 1.Kl. *lēren*).[80] Könnte hier auch ein Bezug auf die Substantive *fehta* bzw. *lēra* erwogen werden, so scheidet in anderen Fällen jeder Zweifel aus; z.B. wird lat. *uenator* in der St. Galler (K) und Pariser (Pa) Handschrift mit dem Part. I *iacondi*, in der Wiener Hs. (R, 1. H. 9. Jh.), die eine modernisierende Bearbeitung des Glossars um 790 darstellt, aber mit *iagari*. Da das Substantiv *jag(e)t* erst später, in mhd. Zeit, aus *jagōn* abgeleitet worden ist, haben wir hier einen eindeutigen Frühbeleg für eine deverbative *-ari*-Bildung. Für das althochdeutsche Sprachgefühl aufschlußreich ist noch ein anderes Beispiel: *detractor* (‚Verkleinerer, Ehrabschneider', zu *detrahere*) wird in der Reichenauer Hs. vom Anfang des 9. Jhs. als Nachtrag von 2. Hand die Glossierung *bisprechare*[81] zugesetzt. Diese nur einmal bezeugte Form ist ‚vermutlich eine an *sprehhan* angelehnte Neben-

---

[74] Meid, Wortbildungslehre 81 f.
[75] Glossen 1, 233, 12.
[76] Ebda.
[77] Glossen 1, 263, 25.
[78] Glossen 1, 253, 26 f.
[79] Ebda 56, 35 und 57, 35.
[80] Ebda 114, 23 und 115, 23.
[81] Glossen, 1, 17, 5.

form zu *bísprâhhâri*[82], das üblicherweise in Anschluß an das Basissubstantiv *bisprāhha* (,verleumderische Rede') gebraucht wird. Jedenfalls scheint der Motivationsbezug auf das Verb im 9. Jh. schon nahezuliegen.

214 Wieso kann ein Lehnsuffix einem anderen Baumuster dienstbar werden als in der Ausgangssprache? Zunächst muß man wohl zugeben, daß deverbative Bildungen mit *-arius* im Lateinischen nicht völlig fehlen, doch waren Ableitungen wie *emissarius* anscheinend nicht sehr zahlreich.[83] Zahlreich vertreten, auch im lateinischen Wortbestand des „Abrogans", waren jedoch die Nomina agentis auf *-tor*, von denen wir ja bereits einige Beispiele genannt haben (vgl. *detrac-tor, doc-tor, vena-tor*). Und hier hat nun die Vermutung viel Wahrscheinlichkeit, daß *-arius* die strukturell brauchbare Form des Suffixes geliefert hat, und andererseits die Masse der lat. Täternamen auf *-tor* zur Funktionserweiterung des neuen Morphems beigetragen hat.[84] Man entlehnt nicht gleich zwei Suffixe, eins für die Bildung von Personenbezeichnungen zu substantivischen Basen und eins für Ableitungen aus verbalen Basen, sondern das eine Morphem übernimmt allmählich beide Funktionen, bis dann eine formale Differenzierung im Deutschen einsetzt, und die — in Anschluß an Basen auf *-n/l* (*wagn-er, sattl-er*) gewonnenen, der üblichen Morphemstruktur kvk (k = Konson., v = Vokal) angeglichenen — Erweiterungsformen *-ner* und *-ler* besonders für nominale Basen vorgesehen werden (s.o. 135).

Übrigens haben auch die teilweise konkurrierenden Komposita mit *-mann* ein Substantiv oder Verb als Erstglied: *Forst-mann* (neben: *Först-er*), *Sports-mann* (neben *Sportler*); *Bettel-mann* (neben *Bettl-er*), *Wanders-mann* (neben *Wander-er*). Vgl. Dt. Wortbildung 2, 102, 362 f. und 389 f. sowie Voetz, *-man* 373 f. und 380 f.

215 Wann ist dieses wichtigste und älteste Lehnsuffix dem Deutschen gewonnen worden? Wahrscheinlich lange vor Beginn der schriftlichen Überlieferung. Das Bibelgotische des 4. Jhs. weist bereits eine Reihe von Lehnbildungen mit heimischer Basis auf: *bok-areis* (lies: *bốkarīs*), *wull-areis* wohl nach lat. *libr-arius, lan-arius*. Besonders interessant sind die deverbativen Bildungen *lais-areis* (n. ag. zu *lais-jan* ,lehren') und *sok-areis* (n. ag. zu *sok-jan* ,suchen'); beide Rollenbezeichnungen, neben denen nur die fem. Verbalabstrakta *sōkns* (,Untersuchung') und *laiseins* (,Lehre') bezeugt sind, die als BS ausscheiden, finden wir dann auch in der ältesten deutschen Überlieferung: *laerari, lerare* (s.o.) und *sohhari* (*questor*).[85]

---

[82] Althochdeutsches Wörterbuch 1, Sp.1127.
[83] Vgl. die Nachweise bei Weinreich, Suffixablösung 151.
[84] Vgl. Weinreich, a.a.O. 153 f. und 214.
[85] Glossen 1, 235, 34.

216 Warum konnte das Lehnsuffix so r a s c h durchdringen und — spätestens im hochmittelalterlichen Deutsch — auch über die Redeweise der Gebildeten hinaus allgemeineres Sprachmittel werden, sodaß an den geläufigen *-er*-Bildungen der verschiedenen Texte ablesbar ist, welche menschlichen Sozialrollen ausdruckswichtig geworden sind? Offenbar sind hier mehrere günstige Bedingungen zusammengekommen:

1. war zunehmend ein B e d a r f nach einem Suffix zur Bildung von T ä t e r - Bezeichnungen gegeben, da alte Bildungsmittel durch die Abschwächung in tonschwacher Silbe undeutlich wurden.

Dies gilt vor allem für den Typ *beck-o* (noch im Eigennamen *Beck*), *geb-o* (noch im Namen *Leitgeb*), *sprehh-o* (noch in *Fürsprech*), der von der neuen Bildungsweise des vordringenden Typus *bäck-er, geb-er, sprech-er* bis auf einige Fälle (*Schenk, Nachkomme, Vorfahr; Kämpe* noch in nd. Form neben *Kämpf-er*) verdrängt worden ist.[86] Viele Bildungen sind natürlich unmotivierte Restvokabeln geworden, so z.B. *Bote, Herzog, Heuschrecke*, die nicht mehr auf *bieten*, (vor dem Heer) *ziehen* und (*auf-*) *schrecken* ‚springen' bezogen werden.

2. war die Transferenz in das System einer verwandten Sprache ähnlicher Struktur verhältnismäßig leicht, zumal gemeinsame Grundwortschatzelemente wie *piscis* und *fisc* es geradezu nahelegten, auch entsprechende Suffixbildungen zu schaffen.

3. war das Suffix *-āri(us)* leicht in das Flexionssystem einzufügen, also *fiscari* wie *hirti* (mask. *ja*-Stamm, zu *herde*) zu deklinieren.

4. war die Einbürgerung dadurch erleichtert, daß eine heimische (germanische) Bildungssilbe ähnlicher Lautung und Verwendung vorhanden war: **-warja* (‚bewohnend').[87]

Dies ist ein Bildungsmittel für Stammes- und Pesonengruppennamen, das nicht nur latinisiert (*-varii*) bei antiken Autoren begegnet, sondern wohl auch in ahd. *burg-(w)ari* und *Rōm-(w)ari* (vgl. altengl. *burg-ware* ‚Burg-/Stadtbewohner', *Rōm-ware* ‚Röm-er', *Lunden-waru* ‚Londons Bürgerschaft')[87] vorliegt. Der Einfluß dieses Bildungselements könnte auch das frühe Auftreten kurzvokalischer Suffixfor-

---

[86] Vgl. Weinreich, Suffixablösung 156 ff.
[87] Vgl. Meid, Wortbildungslehre 223. Foerste, *-varii* 64 ff. erschließt für das Urgerm. einen *i*-Stamm **wariz* (Plur. *warīz*) ‚Bewohner' als Ableitung von dem femininen *ō*-Stamm ags. *waru*, ahd. *wara*, anord. *vara*, der die Bedeutung ‚Wehr-Schutz' hatte und in *Ware* ‚(in Obhut/„Gewahrsam" genommenes) Handelsgut' fortlebt, d.h. die *i*- oder *j*-Ableitung *-warīz/-warjōz* (lat. *varii*) bezieht sich auf ‚Gruppen, die vermutlich zu einem Herrschafts-, Verteidigungs- oder Kultmittelpunkt gehörten' 70.

men erklären sowie die bis heute wichtige Ableitungsmöglichkeit von Bewohner-
bezeichnungen auf *-er* (vgl. 136 und 178).

5. konnte das Suffix — wie entsprechende ältere Derivationsmittel der Nomina agentis — auch für weitere Funktionen herangezogen werden, besonders zur Bildung von Nomina instrumenti (vgl. o. 145 und 147 sowie
Dressler, Universalien 113 und Meibauer, Wortbildung 118 f.).

217 Die Geschichte von *-er* ist auch in der Hinsicht als Musterfall anzusehen, als sie die Auswirkungen lautgeschichtlicher Veränderungen auf
der Ebene der Morphologie und Wortbildung zeigt. Im Althochdeutschen
war die Unterscheidung von *geb-a* (f.) und *geb-o*(m.) durch die Opposition des
Vokals gesichert; mit Abschwächung der klangvollen Endsilbenvokale zu *e*
(ə) wurden solche Oppositionen neutralisiert und deutlichere Unterschei-
dungsmittel notwendig: an die Stelle von *geb-e*(< *geb-a*) trat die neue Ableitung vom Präteritalstamm des Verbs (*gābe*, f.); und *geb-e* (< *geb-o*), das noch
dazu mit der Form des Konj. I von *geben*[88] lautgleich geworden war, wurde
durch *geb-er* ersetzt, auch und vor allem dann in Zusammenbildungen verbaler Wendungen (*Rat-geb-er*); noch deutlichere Personenbezeichnungen schaffen dann Zusammensetzungen bzw. Zusammenbildungen mit *-macher* (*Uhr-
mach-er, Schuh-mach-er, Lieder-mach-er,* vgl. Fleischer u. Barz, Wortbildung
152 f. u. Joeres, Wortbildungen). Entsprechende Zusammenhänge zwischen
Laut- und Wortbildungslehre finden sich auch sonst.

218 Ich verweise hier nur auf das Nebeneinander von Wortpaaren wie *herr-o* (domi-
nus) und *herr-a* (domina) im frühen Althochdeutschen.[89] In solchen Fällen wird dann
die undeutlich werdende Femininform durch den vordringenden Typus *herr-in* ersetzt. Das Suffix *-in* (*inna/inne*) tritt dann zunehmend auch an Maskulina auf *-er: web-
er-in, zaub(r)-er-in.* Über den Typus *mörd-er-isch,* der im Neuhochdeutschen den einfa-
cheren Typ *mörd-isch* ablöst, s.o. 166 (A. 112). Weiteres s.u. 224.

d) Ansätze zur Umfunktionierung von Flexionsendungen zu Suffixen und zur strukturellen Abhebung des adverbialen Beiworts

219 Man sollte erwarten, daß auch Zusammenhänge zwischen Flexion
und Wortbildung wahrzunehmen sind, in dem Sinne nämlich, daß alte
Formantien der Wortbildung zu Flexionsendungen werden und umgekehrt

---

[88] Auch mit der 1. Sing. Präs. Ind. des mhd. schwachen Verbs *geben* (< ahd. *geb-ēn/
ōn*).
[89] Vgl. Glossen 1, 127, 19. 24.

Flexionsmorpheme (Flexeme, s. 32) zu wortbildenden Suffixen werden.
Doch ist dies, soweit wir das in der geschichtlichen Überlieferung des Deutschen verfolgen können, nur vereinzelt zu beobachten, so im Falle des -er-
Plurals, der schon im frühmittelalterlichen Deutsch aus dem stammbildenden Morphem alter neutraler s-Stämme (lat. *genus, gener-is* < **genes-es*) gewonnen worden ist.

Deren Singular hat sich im Althochdeutschen — nach auslautgesetzlichem Verlust des
ir (< *iz*) im Nom./Akk. Sing. — der *a*-Deklination (Paradigma *wort, -es, -e, -u*) angeschlossen, während im Plural die Stammformen bewahrt blieben und -ir nun als Pluralmorphem erschien, dessen Umlautung umlautfähiger Stammvokale (*lamb, lemb-ir*)
zusätzlich den Plural von der Singularreihe abgehoben hat. Ein Rest des ursprünglichen Stammauslauts im Singular ist in *Ähre* (ahd. *ehir*, n.) bewahrt, doch in Anschluß
an die schwache Pluralform *Ähr-en* eine neue, feminine Singularform üblich geworden.

220 Der umgekehrte Fall der Entstehung eines wortbildenden Morphems
aus einer Flexionsendung ist, wenn wir einmal von mundartlichen Sonder-
entwicklungen[90] und von den „interfixalen" Fugenzeichen (s.o. 95 f. sowie
198) absehen, nur beim Adverbsuffix -s gegeben. Es entsteht offensichtlich durch eine Umfunktionierung der Genitivendung -s. Zur Erklärung
kann man anführen, daß gerade dieses Flexem ein deutliches Signal war und
daß der Genitiv seit der Frühzeit unserer Sprachgeschichte auch die adverbiale Verwendung des Substantivs in sein Anwendungsgebiet einschließt, so daß
wir den adverbialen (lokalen, temporalen, modalen) Genitiv und den Objektsgenitiv nebeneinander finden: *Eines Abends* (oder: *abends*) *erinnerte er
sich des verstorbenen Freundes und ging eilends* (< *eilendes Fußes*)[91] *zum Fried-
hof.* Je mehr der Objektsgenitiv auf wenige Verben eingeschränkt wurde, um
so mehr konnte das Genitivzeichen im Bereich der verbalen Gruppe adverbialen Signalwert bekommen. Es kommt dann zu einer Lösung und Isolie-
rung vom Flexionsparadigma. Die Formvariation -es/s, die beim nicht-adv.
Genitiv unter Umständen möglich ist (vgl. *des Vortrag-es/Vortrag-s*), wird
aufgegeben, und die Setzung des -s richtet sich nicht mehr nach flexionsparadigmatischen, sondern nach syntaktischen Regeln.

[90] z.B. sind ostfränk. Bildungen wie *Lump-es, Krumb-es* (‚kleiner Lump', ‚Krüppel')
z.T. auf lautgleich gewordene Flexionselemente zurückzuführen (-es, dazu lat.-roman.
-us, -is-, -os, -es, jidd. -es), doch scheinen auch alte Kompositionsglieder (*Schult-es*
< -heiß) und Namenselemente (*Hann-es*) am Zustandekommen dieses Typs beteiligt
zu sein; vgl. Werner, -es/-as 274.
[91] Vgl. Behaghel, Syntax 1, 603.

221 -*s* wird dann nicht mehr nur in Fällen wie *flug-s, anfang-s, donnerstag-s, gerades-weg-s, keines-weg-s, ehe-mal-s*[92] oder *stet-s, recht-s, bereit-s; zusehend-s, vergeben-s* gebraucht, sondern auch dort, wo niemals ein Genitiv-s im Paradigma gegeben war, bei femininen Basen: *nacht-s, mittwoch-s* (analoge Ausbreitung nach *abend-s, tag-s, donnerstag-s*), sodann dort, wo ursprünglich ein Dativ/Akk. Sing. bzw. ein Gen. Plur. gegeben war: *hinter-rück-s, unter-weg-s, meist-en-s* (zu *am meisten*); *aller-ding-s, neuer-ding-s*. Wie vor allem die Beispiele *meiner-seit-s* und *beider-seit-s* (eig. ‚von meiner Seite/von beiden Seiten‘) zeigen, sind Kasus- und Numerusopposition aufgehoben, weshalb auch Verdeutlichungen wie *tags-über* (‚den Tag über‘) möglich werden und hinter das nicht mehr als genitivisch empfundene *s* vereinzelt ein -*t* als deutlicheres Schlußzeichen getreten ist: *ein-s-t, läng-s-t, (da-)selb-s-t* (vgl. *jetzt* und *sonst*). Das -*s* ist nicht mehr an den Genitiv Sing. der Maskulina und Neutra gebunden, auch nicht nur an Adjektive oder Partizipien, wo man Ersparung eines entsprechenden subst. Bezugswortes annehmen könnte,[91] sondern g r a m m a t i s c h e s S i g n a l für das adverbial gebrauchte Beiwort geworden. Daher kann es auch bei Wörtern auftreten, die schon Adverb sind und nur aus Analogie (Reihenzwang) das „Gruppenabzeichen" -*s* annehmen: *nirgend-s, jenseit-s* (eig. ein adv. Akk.); *blind-, jäh-, rück-ling-s*.

222 Im Deutschen wird jedoch keineswegs jedes Adverb oder adverbial gebrauchte Adjektiv durch -*s* gekennzeichnet. Frühe Ansätze zur Kennzeichnung (durch -*o* oder -*lihh-o* s.o. 208) werden nicht systematisch ausgebaut. Diese Tatsache zeigt ebenso wie die Nebeneinanderverwendung von adj. und adv. Erstglied in der Komposition (*Neu-zeit, Jetzt-zeit*, s.o. 63) und der attributive wie adverbiale Gebrauch der Bildungen auf (BS-)*weise* und -*mäßig* (s.o. 185), daß im Deutschen das Adjektiv und das Adverb eher als Subklassen derselben Wortart anzusehen sind, deren Unterschiede syntaktische Erscheinungen der Oberflächenstruktur sind. Von einer besonderen Wortbildung des Adverbs im Sinne einer geregelten Bestandserweiterung nach produktiven Mustern kann man jedenfalls im Neuhochdeutschen nur mit Vorbehalt sprechen.[93]

223 Als einigermaßen produktive Ableitungsmöglichkeit wäre höchstens das Baumuster: BA-*er-weise* zu erwähnen: *schnöd-er-weise, anständig-er-weise, be-dauerlich-er-weise, unbesonnen-er-weise, unverschämt-er-weise*. Sie haben ‚aber den gewöhnlichen Adjectivadverbien gegenüber eine eigentümliche Bedeutung, indem sie nicht sowohl das Verbum qualitativ bestimmen, als vielmehr ein U r t e i l über die Handlung aussprechen‘[94]: *Bedauerlicherweise ist er gestürzt* → *Es ist bedauerlich, daß er gestürzt ist.*

---

[92] Hier ist die alte Präposition *ehe*, die den Genitiv forderte, mit dem Substantiv *Mal* verbunden.
[93] Vgl. Fleischer, Wortbildung 296 ff. u. Ronca, Adverbialbildungen sowie Heinle, Wortbildung 11 ff.
[94] Wilmanns, Wortbildung 627, vgl. Erben, Abriß 178 u. Dt. Wortbildung 3, 376 sowie Paraschkewoff, -*weise* 197 ff.

Wie die vergleichbaren romanischen Bildungen des Typus *certa-mente* wird das feminine Substantiv *Weise* mit der Femininform des vorangestellten Adjektivs verbunden, doch ist dieser Genusbezug (-*er*-) mit der Grammatikalisierung von -*weise* undeutlich geworden. Nur Sprachreflexion kann noch *gleich-er-weise* auf die (präp./genit.) Substantivgruppe *in gleich-er Weise/gleich-er Weise* zurückführen. Im übrigen wird *gleicherweise* wie *gleichermaßen* empfunden und gebraucht, wo der formale Bezug auf das zum Neutrum gewordene Substantiv *Maß* nicht mehr besteht. Aus einem Partizip II abgeleitete Satzadverbien werden eher mit -(*er*-)*maßen* gebildet: *anerkannter-, gezwungener-, nachgewiesenermaßen*.

3. Ergänzendes und Ausblick

224 Anschließend können wir festhalten, daß f o r m bildende Morpheme (Flexeme) und w o r t bildende Morpheme (Derivateme) im heutigen Deutsch deutlich voneinander abgehoben sind. Formelemente wie -*e*, die in der Flexion eine vorrangige Rolle spielen, werden im Bereich der Wortbildung aufgegeben bzw. durch eindeutige Suffixe ersetzt.

Vgl. außer den schon in Abschn.217 f. genannten Beispielen die bekannten Entwicklungsreihen der Typen: ahd. *scōn-ī* (f.), mhd. *schoen-e*, mhd.-nhd. *schön-heit*; ahd. *ziar-i* (adj.), mhd. *zier-e*, mhd.-nhd. *zier-lich*; ahd. *gilīhh-o* (adv.), mhd. *gelīch-(e)*, nhd. *gleich/gleich-er-weise/maßen*. Bei den Stoffadjektiven setzt sich in Anschluß an Basen auf -*r* (*silber-n*) die deutlichere Formvariante -*ern* durch, um störende Lautgleichheiten zu vermeiden (*gips-ern* neben dem Verb *gips-en*, *knöch-ern* mit Ersatz der Basisendung -*en* durch umlautbewirkendes -*ern*). Dabei kommt es nicht selten auch zu einer Anpassung alter Ableitungen an das neue Baumuster: ahd. *stein-īn*, mhd. *stein-in/en*, nhd. *stein-ern*. Auch sonst besteht die Neigung, relikthafte Formen den produktiven Mustern anzugleichen, welche die Wortbildungskategorie deutlicher ausprägen. So wird *bar-fuß* zu *barfüß-ig* umgeprägt (s.o. 207) und *Dolmetsch*, wovon *dolmetsch-en* abgeleitet ist, zu *Dolmetsch-er* (vgl. o. 217 und 218).

225 Das Adjektivsuffix -*icht/e*(*h*)*t*, das in Texten des älteren Nhd. nicht selten begegnet (z.B. *blum-icht, lock-icht, streif-icht*), wird in der Hoch- und Schriftsprache bis auf die Ausnahme *tör-icht* aufgegeben. Dabei wird einerseits der z.T. drohende — mundartlich (im Mbair.) eingetretene[95] — Formzusammenfall mit dem Partizip, andererseits vor allem die lautliche und funktionale Ähnlichkeit mit -*ig* und nicht zuletzt auch die Homophonie mit dem alten Kollektivsuffix -*icht* (*Dick-icht, Röhr-icht, Kehr-icht*) mitgewirkt haben. Gerade die Tendenz zur deutlichen strukturellen Scheidung zwischen Sub-

---

[95] Im Mbair. sind part. -*end* und adj. -*eht/oht* in -*et* zusammengefallen, d.h. *spinn-et* (< *spinn-end* ‚verrückt‘) und *depp-et* (‚töricht, dumm‘). Vgl. Reiffenstein, Suffixsynkretismus 179 ff.

stantiv und Adjektiv ist jedenfalls in der deutschen Sprachgeschichte unverkennbar.[96] In unserem letzten Beispielfalle ist aber nicht zu übersehen, daß eine zunächst im älteren Nhd. bestehende Opposition zwischen *öhl-ig* ‚Öhl enthaltend' und *öhl-icht* ‚dem Öhle ähnlich, eine dem Öhle ähnliche Fettigkeit enthaltend'[97], aufgegeben wird. Nach Adelung werden bereits ‚im gemeinen Leben' ‚die an sich verschiedenen Ableitungssylben *-icht* und *-ig* daselbst sehr häufig verwechselt'.[98] Das Suffix *-ig* übernimmt ökonomischerweise auch die Funktion von *-icht*, so daß nun *holz-ig* (‚wie Holz, holzartig') dem Stoffadjektiv *hölz-ern* gegenübersteht, entsprechend *seid-ig* und *seid-en*. Die in Anschluß an Ableitungsbasen auf *-l* (z. B. *buckel-echt*) aufgekommene Erweiterungsform *-licht/leht* wird nach BS gewöhnlich ebenfalls durch *-ig* abgelöst (*buckl-ig, runzl-ig*), nach BA hingegen durch *-lich*, das damit eine semantische Nische ‚A n n ä h e r u n g an eine Eigenschaft'[99] erhält; vgl. *gelb-lich(t)*.

226 Dies mag ein letztes Beispiel dafür sein, daß sich die Wortbildung in diachronischer Sicht nicht nur mit dem Zustandekommen und der Veränderung bestimmter Baumuster (der Kompositions- und Derivationsregeln) sowie mit Funktionsdifferenzierungen und entsprechenden Veränderungen (Ab-/Ausbau)[100] des Affixbestandes zu befassen hat, sondern auch mit Konvergenzen, Konkurrenzen (s. o. 51), Beeinflussungen und Ablösungsprozessen, die in den einzelnen Wortbildungsparadigmen wahrnehmbar sind, bei den Soziativa (s. 127 f.) z. B. die Ablösung des alten Typus *Ge-fährt-e* (s. 130 Ende) durch neue deutlichere „Partnernamen" wie *Mit-fahrer, Ko-pilot*. Die Neigung zur charakteristischen Ausprägung der funktionalen Kategorien (Wortbildungsbedeutungen) und zum Aufbau deutlich motivierter Zeichen (vgl. 19) läßt auch neue Muster von Affixsequenzen üblich werden; z. B. *un-ver-(änder-bar)*, *(er-find)-er-isch*, *(Gesell-schaft)-er-in*, *(Wissen-schaft)-lich-keit*, *(Ahn-ungs)-los-igkeit* und andere eher meiden (s. o. 164). Ableitungen höheren Grades (vgl. 41) werden ebenso wie die komplexen Muster der Dekomposita (vgl. 42 f.) sowie Abbreviationsstrukturen (vgl. 27) und ‚Ellipsen von Wort-

---

[96] Vgl. Erben, Morphologie 132 ff.
[97] Adelung, Wörterbuch 3, 593.
[98] Adelung, a. a. O. 4, 340 s. u. *steinicht*.
[99] Kluge, Wortbildungslehre 43 und Paul, Grammatik 5, 97 und 103.
[100] Gewöhnlich ist damit eine Neuverteilung des Anwendungsbereiches zwischen den Mitgliedern eines Affixensembles verbunden, d. h. es tritt eine Änderung der funktionalen Belastung und Distribution ein. Vgl. auch Fleischer, Wortbildungstypen 57.

bestandteilen' (Stricker, Ellipsen, s. o. 42) erst auf einer bestimmten Stufe der Entwicklung des Wortschatzes und des Wortbildungssystems möglich und üblich. Es bleibt eine lohnende Aufgabe, das Vordringen produktiver Typen der Wortbildung in bestimmten Textarten zu untersuchen, ihre syntaktische und stilistische Wirksamkeit sowie ihren Anteil beim Aus- und Aufbau bestimmter lexikalischer Paradigmen (Wortfelder), die der Sprachgemeinschaft oder bestimmten sozialen Gruppen kommunikationswichtig werden. Der jeweils verfügbare, herkömmliche Wortschatz kann ein Hemmnis der Weiterbildung und Nutzung aller Bildungsmöglichkeiten sein (vgl. z. B. 134 und 160), aber auch Grund und Möglichkeit für treffendere Neubildungen, welche die bisherige Ausdrucksskala genauer werden lassen. Man darf hoffen, daß die Weiterentwicklung der Wortbildungslehre unter synchronischen und diachronischen Gesichtspunkten auch dem Fortgang der strukturellen Untersuchung des Wortschatzes förderlich ist und daß mit der genaueren Erkenntnis der strukturellen Organisation (instrumentalen Konvention) der Sprache auch ein Einblick in die besonderen Verfahrensweisen gelingt, mit denen die erfahrene Wirklichkeit für die jeweilige Lebenspraxis einer Sprachgemeinschaft geistig-sprachlich verfügbar gemacht wird.[101] Da in Wortbildungen ‚die kommunikativen Bedürfnisse einer Sprach- und Kulturgemeinschaft kristallisationsartig sichtbar werden' (Wilss, *Nichteuropäische Nichtverfolgerstaaten* 4), kann die Sprachwissenschaft als Kulturwissenschaft zugleich einen wichtigen Beitrag zum Aufschluß der jeweiligen „lebensweltlichen Bewußtseinsstrukturen" leisten (s. auch Wilss, *selbst*).

---

[101] Vgl. Erben, Sprachgeschichte 16 ff.

IV. Versuch einer Modellskizze

227 Die folgende Skizze soll eine Vorstellung von der zentralen Stellung der Wortbildung zwischen Lexikon und Syntax[1] vermitteln und ihren Zusammenhang mit der kommunikativen Praxis verdeutlichen. Zugleich soll das in früheren Abschnitten Gesagte nochmals in einigen wesentlichen Linien vor Augen gestellt werden.

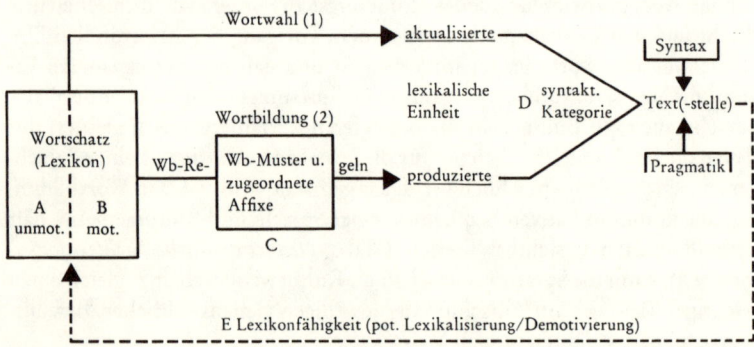

Die Wortbildung stellt ein Bedarfssystem dar. Sofern nicht einfach eine Wortwahl (1) erfolgt, kann es aus kognitiven oder kommunikativen Notwendigkeiten (s. 17—25) gleichsam zu einem Produktionsauftrag für die Bildung eines Neuwortes (2) kommen. Dieses Neuwort ist insofern kategoriell geprägt (D), als es sich um ein zur Sachverhaltsdarstellung passendes Verb, Adjektiv oder Substantiv der benötigten Bezeichnungsklasse handelt. Diese produzierte lexikalische Einheit stellt in gewissem Sinne die lexikalische Füllung einer Leerstelle im Konstruktionsverband eines gewählten syntaktischen Programms (s.50) dar. Im Gegensatz hierzu wird im Falle der Wortwahl eine aktualisierte lexikalische Einheit aus dem „Gedächtnisspeicher" des aktiven Wortschatzes (A bzw. B) abgerufen, die man für eine bestimmte Textstelle gemäß der geltenden Bezeichnungsnorm für angemessen hält.

---

[1] Wir teilen die Meinung Coserius, daß die vieldiskutierte Alternative „Wortbildung in der Syntax oder im Lexikon", ‚schon als Alternative falsch ist' (Wortbildungslehre 56). Vgl. Kastovsky, Wortbildungslehre 353 f.

Andernfalls erfolgt die Prägung eines Neuwortes, und zwar für gewöhnlich im Hinblick auf einen sprechsituationellen bzw. textuellen Bezugsrahmen, der dem Sprecher wie auch dem Hörer bekannt ist. An der Sicherung der Eindeutigkeit sind nicht allein die eingesetzten Morpheme (s. 30) und das vertraute Strukturschema der konventionellen Wortbildungsmuster (s.u.) beteiligt, sondern auch der Kontext bzw. Kotext (s. 101 und 115).[2] Im übrigen wird das rechte Verstehen des Gemeinten dadurch gesichert, daß Neuwörter (d.h. nicht-primäre Wörter) durch kompositionellen Ausbau vertrauter Grundwörter (d.h. Primärwörter) oder durch die Modifikation/Transposition von Basis-Lexemen (s. 89) gewonnen werden. In beiden Fällen werden also für gewöhnlich lexikalische Morphemgefüge aus dem jeweils sprachüblichen Bestand der wort-, kompositions- und basisfähigen Grundmorpheme (s. 31) aufgebaut. Diese stellen zu einem Gutteil den besonders disponiblen „Grundwortschatz" dar und liegen auch schon — z.T. als Zusammensetzung freier oder in Kombination mit gebundenen Affixen — in zahlreichen, reihenhaft „gespeicherten" Morphemgefügen vor. Der mo t i v i e r t e (bzw. motivierbare s. o. 19 f.) oder auch grammatikalisierte Teil des Wortschatzes (B) einer Sprache ist gewissermaßen das deutlich strukturierte Ergebnis regulärer Wortbildungsprozesse, darum auch nicht ohne Wirkung auf die weitere Wortbildung (s.o. 72 f.); er bietet Mittel und Muster für weitere Wortbildungsprozesse. Insofern gilt, ‚daß das Wo r t die bevorzugte Basis von Wortbildungsregeln ist‘[3], und daß sich Wortbildung grundsätzlich ‚auf der Basis des Le x i k o n s ... vollzieht‘.[4] Dieses bestimmt ja auch das jeweilige sprachliche Wortstrukturwissen der Sprecher (Vertrautheits- und Wohlgeformtheitsurteile) und bietet gleichsam ‚Schemata für mögliche (Lexikon-)Einträge‘,[5] d.h. für potentielle Wörter. Man könnte die — in einem Sprachsystem zu ei-

---

[2] Weiteres über den pragmatischen Aspekt der Wortbildung s. Erben, Zur dt. Wortbildung 305 f. und 310 sowie Fleischer, komm.-pragm. Aspekte 324 ff. und Carroll-Tanenhaus, Functional Theory.

[3] Dressler, Wortbildungslehre 76.

[4] Müller, Wortbildung 155. ‚Der Grad der Produktivität einer Regel ist von den im Lexikon bereits vorhandenen Vorbildern abhängig‘ (Th. Becker, Wortbildungsregeln 161). ‚Das Wortbildungssystem umfaßt auch die in gespeicherten Einheiten des Wortschatzes repräsentierten Wortbildungsparadigmen‘ (Fleischer, Sprachbau 16).

[5] Steinitz, Wissen 77. Vgl. auch Coulmas, words 231: ‚neologisms ... are subject to constraints by existing structures. If they deviate too much from established structures, they have no chance to enter the system as it evolves‘. Herbermann, Wort 347 spricht von einem ‚Angebot an Benennungsprinzipien‘, die sich in den vorhandenen komplexen Lexemen manifestieren und für den Sprachteilhaber ‚die Funktion von Lexembildungsmustern‘ haben.

ner bestimmten Zeit gegebenen und beim Spracherwerb mehr oder weniger aufgenommenen (s.o. 49 f.) — Bildungsmöglichkeiten der produktiven Wortbildungsmuster (C) geradezu als ‚Abstraktion der *langue* aus einer Reihe syntaktisch-semantisch gleich gebauter lexikalischer Einheiten‘[6] ansehen. Von den Baumustern (Strukturschemata für alternative Ausdrucksstrukturen, s.o. 50)[7] unterschieden sind im skizzierten Modell (C) die zugeordneten Formantien: Affixe (s. 32 u. 51). Diese bilden — den Flexiven (Flexionsmorphemen) vergleichbar — paradigmatische Verbände, d.h. zur Verwirklichung der sprachüblichen Wortbildungsmuster steht für die verschiedenen Arten der Ableitung (Derivation, s.o. 38 und 87) jeweils ein geordnetes Inventar von Affixen (Präfixen und Suffixen) bereit, z.T. ein größeres Affixensemble, wenn es um die Ausprägung einer kommunikativ besonders wichtigen Derivationskategorie geht (vgl. z.B. die zahlreichen Ableitungsmittel im Funktionsstand der nomina agentis, s.o. 134 f.). Affixe erscheinen also gemeinhin nicht isoliert als einzige Funktionsträger, sondern, wie schon das einfache Beispiel der Deminutivbildungen mit *-chen/- lein* zeigt, als systematisch zusammengehörige und in bestimmter (geregelter) Verteilung zusammenwirkende Glieder eines besonderen Funktionsstandes (s. 51 und 110).[8] Affixe sind (ziel-)wortklassenspezifisch (s. 64) und mehr oder weniger darauf spezialisiert, eine spezifische Modifikation oder Transposition bestimmter Basislexeme (Basis-adjektive, -substantive oder -verben s. 65) zu bewirken, wobei auch formale Basisveränderungen eintreten können. So bewirken antretende Deminutivsuffixe im Deutschen meist Basisumlaut (s. 129, Weiteres u. 176), auch dies eine Auswirkung geltender Wortbildungsregeln (s. 49 ff.). Die Modellskizze sucht schließlich der bekannten Tatsache gerecht zu werden, daß Neubildungen ‚prinzipiell lexikonfähig‘[9] sind (E). Sie können zwar Augenblicks- oder Gelegenheitsbildungen für eine bestimmte Textstelle bzw. Situation sein, aber auch — auf

---

[6] Höfler, Wortbildung 551.

[7] Fleischer, Wortbildungstypen 48 unterscheidet ‚Wortbildungsmodell‘ (produkt. Bildungsmögl.) von ‚Wortbildungstyp‘ (verwendungsfähig, doch wie *töricht* oder *barfuß* relikthaft ohne Musterwirkung) und versteht ersteres als ‚ein morphologisch und lexikalisch-semantisch bestimmtes Strukturschema, nach dem Reihen gleichstrukturierter Wortbildungskonstruktionen gebildet werden‘.

[8] Weiteres s. Erben, inhaltbezogene Wortbildungslehre.

[9] Kastovsky, a.a.O. (s. Anm.1) 354. Es empfiehlt sich daher nicht, Textwort und Lexikonwort bzw. „Basisbildung“ und „Lexembildung“ so scharf zu unterscheiden, wie dies Herbermann (Wort 144, 283 u.ö.) tut; vgl. Ortner, Wortbildung 145 f. und Schlerath, Rezension 198 f.

Grund einer Eignung zur Fixierung wichtiger Denotate — Bestandteil der in einer Sprachgemeinschaft geltenden lexikalischen Norm werden. Dabei geht die Wortbedeutung oft semantisch über die vom Bildungstyp bestimmte Wortbildungsbedeutung hinaus (vgl. z.B. die Berufsbezeichnung *Tisch-ler*, eig. 'Person, die Tische macht').

Die Motivierung aus dem Bildungstyp (Funktionsstand) kann dann — besonders deutlich z.B. im Falle von *häß-lich* 'unschön' (eig. 'voll Haß' bzw. 'hassenswert, verhaßt') — von der Motivation aus dem Wortfeld (lexikalischen Paradigma) überlagert werden (s. Abriß 48), was natürlich Prozesse gelegentlicher Remotivierung nicht ausschließt (s. Augst, Wortfamilienwörterbuch 1999, 556).

Wortbildungsergebnisse können aber nicht nur im Lexikon für künftige Sprechsituationen verfügbar gehalten, sondern im Bedarfsfalle sogar w e i t e - r e n Wortbildungsprozessen unterworfen werden, wie die zahlreichen Ableitungen h ö h e r e n Grades und die D e c o m p o s i t a erweisen (s.o. 41 f.) Allerdings scheint die ‚Derivationsaktivität … bei komplexen Basen, die ihrerseits Wortbildungskonstruktionen darstellen, deutlich geringer als die Kompositionsaktivität,'[10] doch besteht grundsätzlich die Möglichkeit der erneuten Regelanwendung und der Schaffung weiterer Wortbildungsstrukturen. Hieran, wie an der Anzahl der jeweils usuell gewordenen durchsichtigen Wortbildungskonstruktionen (s. 19) sowie an der Häufigkeit oder Seltenheit anschließender okkasioneller Bildungen läßt sich ermessen, welche R e i c h - w e i t e bestimmte Wortbildungsregeln haben und welche Bildungsmöglichkeiten zu einer bestimmten Zeit als p r o d u k t i v anzusehen sind (s.o.72 f.). Es ist wohl nicht abzustreiten, daß ‚die q u a n t i t a t i v e Besetzung eines als produktiv gefühlten Musters einen Hinweis auf den G r a d der P r o d u k t i - v i t ä t dieses Musters gibt'.[11] Daher ist auch im Forschungsbereich der Wortbildung die Sammlung eines für die Urteilsbildung zureichenden Beobachtungsmaterials sowie dessen qualitative und quantitative Analyse unumgänglich. ‚Ein Linguist, der von einem Corpus als Basis ausgeht, ist nicht notwendig einer, der sich auf das Corpus beschränkt.'[12] Das Hinausgehen über eine begrenzte Menge möglichst vielseitiger Texte[13] geschieht einerseits durch gezielte Weitersuche, durch Achten auf Belege in der täglichen Mediensprache, andererseits durch das Hinzunehmen der lexikographischen

---

[10] Fleischer, Produktivität 14.
[11] Graser, Semantik 114.
[12] Crystal, Einführung 90.
[13] Vgl. Polenz, Quellenwahl 372 f. Dabei ist das in den Abschn. 75—85 Gesagte zu berücksichtigen.

Befunde, wobei vor allem das ‚Wörterbuch der deutschen Gegenwartssprache' und ‚Das große (Duden-)Wörterbuch der deutschen Sprache' als Kontrollmöglichkeit genutzt werden können. Was noch in keinem Wörterbuch erfaßt worden ist und auch für das eigene Sprachgefühl ein Neuwort ist, kann als okkasionelle Bildung gezählt werden. Selbstverständlich sind dann auch gezielte Fragen an Gewährsleute möglich und nützlich (Bewertungs- und Hervorlockungs-Proben), zur weiteren Klärung gegenwartssprachlicher Regularitäten. Um Entwicklungstendenzen und Produktivitätsverschiebungen (s. 187 ff.) genauer fassen zu können oder Veränderungen im Affixbestand (s. 76 f. und 200), hilft freilich nur die Durchsicht älterer Wörterbücher und Texte, die einen Vergleichsbefund gewinnen helfen (s. Dt. Wortbildung 1, 11 f. und 3, 16 sowie P. O. Müller, Historische Wortbildung) und unserer auf die Gegenwartssprache eingeschränkten „Sprachkompetenz" zu Hilfe kommen, indem sie uns eine Art „Ersatzkompetenz" für die Beurteilung der Wortbildungskonstruktionen älterer Texte verschaffen.[14]

---

[14] Weiteres s. demnächst Erben: Hauptaspekte der Entwicklung der deutschen Wortbildung.

Verzeichnis der wichtigsten Abkürzungen und Symbole

A./adj.	adjektiv(isch)
adv.	adverb(ial)
akk.	akkusativ(isch)
attr.	attributiv
BA	Basisadjektiv
Badv	Basisadverb
BN	Basisnomen
BS	Basissubstantiv
BV	Basisverb
dat.	dativ(isch)
EN	Eigennamen
fak.	fakultativ
fem.	feminin(um)
fl.	flexiv(isch)
gen.	genitiv(isch)
intr.	intransitiv
KS	kombiniertes Substantiv
M	Grundmorphem
m	wortbildendes Morphem
mask.	maskulin(um)
nom.	nominativ(isch)
n.	nomen
n. act.	nomen actionis
n. ag.	nomen agentis
n. collect.	nomen collectivum
n. instr.	nomen instrumenti
n. loc.	nomen loci
n. pat.	nomen patientis
n. qual.	nomen qualitatis
neg.	negiert
part.	partizip(ial)
plur.	plural(isch)
pot.	potentiell
präd.	prädikativ
präp.	präposition(al)
Präs.	Präsens
pron.	Pronomen/pronominal
sb. Inf.	substantivierter Infinitiv

schw. Verb	schwaches Verb
sing.	singular(isch)
subst.	substantiv(isch)
synt.	syntaktisch
st. Verb	starkes Verb
trans.	transitiv
verb.	verb(al)

1, 2, 3 …	Hochzahlen dienen zur Indizierung der semantischen Nischen eines Affixes, z. B. *er-*[1] für die stichwortstärkste Funktionsgruppe ‚erfolgreicher Abschluß' (*er-arbeiten*)
=	Identität
≠	Nicht-Identität
/	alternativ
Ø	Null(allo)morphem
*	konstruierte, nicht bezeugte und nicht usuelle Bildung
°	bezeugte, aber nicht usuelle Bildung
~	entspricht in etwa
∩	Schnittmenge
⊂	Teilmenge
x, y, z	für Werte (Größen), die in einer funktionalen Beziehung stehen
<	entstanden aus
>	wird zu
→	analysierende Umformung der Wortbildung in ein entsprechendes Syntagma
⇒	synthetische Umformung der ermittelten semantisch-syntaktischen Strukturen (Propositionen) in eine lexikalische Einheit (Wortstruktur)

Verzeichnis der abgekürzt zitierten Literatur

1. Quellenschriften

(Selbstverständlich bilden außer den hier zitierten Quellen auch die in „Dt. Wortbildung" 1, 365 ff. genannten die Grundlage vieler Formulierungen.)

Die gotische Bibel, hg. v. W. STREITBERG, 2 Bde., Heidelberg 1908—1910.

BRECHT, B.: Fünf Schwierigkeiten beim Schreiben der Wahrheit, Berlin 1959.

FONTANE, Th.: Werke, Schriften und Briefe, Abt.1, Bd. 1, München ³1990.

Die althochdeutschen Glossen, ges. v. E. STEINMEYER u. E. SIEVERS, Bd. 1, Berlin 1879.

GRASS, G.: Aus dem Tagebuch einer Schnecke , Neuwied—Darmstadt 1972.

HANDKE, P.: Kaspar, Frankfurt a. M. 1968.

—, Prosa, Gedichte, Theaterstücke, Hörspiel, Aufsätze, Frankfurt a. M. 1969.

Heliand und Genesis, hg. v. O. BEHAGHEL, Halle ⁶1948.

Der althochdeutsche ISIDOR, hg. v. H. EGGERS, Tübingen 1964.

KÄSTNER, E. (Hrsg.): Heiterkeit in Dur und Moll, Frankfurt a. M.—Wien—Zürich 1964.

MANN, Th.: Ges. Werke, 12 Bde., Berlin 1955.

Merian, Sachsen (= Monatsheft der Städte und Landschaften, Jg. 13, H.10), Hamburg 1960.

MORGENSTERN, Ch.: Alle Galgenlieder, Wiesbaden 1947.

Die Schriften NOTKERS und seiner Schule, hg. v. P. Piper, Bd. 1, Freiburg i. B.—Tübingen 1882.

Die Gedichte OSWALDS VON WOLKENSTEIN, hg. v. J. SCHATZ, Göttingen ²1904.

OTFRIDS VON WEISSENBURG Evangelienbuch, hg. v. J. KELLE, Regensburg 1856.

RINGELNATZ in kleiner Auswahl, Berlin ⁹1966.

Süddeutsche Zeitung, München (= SZ).

Texte gesprochener deutscher Standardsprache I, erarbeitet im Institut f. dt. Sprache, Forschungsstelle Freiburg i. Br., München—Düsseldorf 1971.

TUCHOLSKY, K.: Ges. Werke, hg. v. M. GEROLD-TUCHOLSKY u. F. RADDATZ, Bd. 2 u. 3, Reinbek b. Hamburg 1961.

Die Gedichte WALTHERS VON DER VOGELWEIDE, hg. v. K. LACHMANN u. C. v. KRAUS, Berlin ¹¹1950.

2. Wissenschaftliche Schriften

(Einige Titel nicht zitierter Arbeiten sind zusätzlich genannt; weitere Fachliteratur s. „Dt. Wortbildung" 1, 369 ff.; 2, 476 ff.; 3, 528 ff.; 4, 842 ff. und in der Studienbibliographie (Bd. 10) „Deutsche Wortbildung" von L. M. EICHINGER, Heidelberg 1994. Eine vollständige Verzeichnung des Schrifttums ist in einer Einführung weder möglich noch zweckmäßig. Hinsichtlich der abgekürzten Zeitschriften- und Reihentitel s. H. BUSSMANN, Lexikon der Sprachwissenschaft, Stuttgart ²1990, 28—39.)

ABRAMOV, B.: Destruktion und Verschmelzung der Komposita und Derivata im Text, in: Das Wort. Germanistisches Jahrbuch 8 (Dt. akad. Austauschdienst), Bonn 1993, 10 ff.

ADELUNG, J. Ch.: Umständliches Lehrgebäude der Deutschen Sprache, 2 Bde., Leipzig 1782.

—, Grammatisch-kritisches Wörterbuch der Hochdeutschen Mundart, 4 Bde., Leipzig ²1793—1801.

ALBERTUS, L.: Die deutsche Grammatik, hg. v. C. MÜLLER-FRAUREUTH, Straßburg 1895.

Althochdeutsches Wörterbuch, hg. v. E. KARG-GASTERSTÄDT u. Th. FRINGS, Bd. 1, Berlin 1968.

ARONOFF, M.: Word Formation in Generative Grammar, Cambridge/Mass. 1976.

AUGST, G.: Lexikon zur Wortbildung. Morpheminventar, Tübingen 1975.

—, Das Wortfamilienwörterbuch, in: Wörterbücher, 2. Teilbd., hg. v. F. J. HAUSMANN u. a., Berlin—New York 1990, 1145 ff.

—, Wortfamilienwörterbuch der deutschen Gegenwartssprache, Tübingen 1998.

AUGST, G., BAUER, A., STEIN, A.: Grundwortschatz und Ideolekt, Tübingen 1977.

BACH, A.: Deutsche Namenkunde II.2, Heidelberg 1954.

BARZ, I.: Zur funktionalen Determiniertheit der verbalen Wortbildung, in: ZfG 9 (1988) 655 ff.

—, Motivation und Wortbildungsbedeutung, in: BES 2 (1982) 5 ff.

—, Nomination durch Wortbildung, Leipzig 1988.

—, Die Wortbildung sekundärer Verben, in: FS f. W. FLEISCHER, Frankfurt 1992, 79 ff.

—, Wortbildung und Nomination, in: Zur Theorie der Wortbildung im Deutschen (= SB der Akad. d. Wiss. der DDR, Gesellschaftswiss., Jg. 1988, Nr. 4), Berlin 1988, 19 ff.

—, Wortbedeutung und Wortbildungsbedeutung, in: ZfG 4 (1983) 65 ff.

BECKER, K. F.: Die Deutsche Wortbildung oder die organische Entwickelung der deutschen Sprache in der Ableitung, Frankfurt a. M. 1824.

BECKER, Th.: Bildungsregeln, Wohlgeformtheitsbedingungen und Prototypen in der Morphologie, in: Sprachw. 22 (1997) 161 ff.

BEHAGHEL, O.: Deutsche Syntax, 4 Bde., Heidelberg 1923—1932.

BELLMANN, G.: Zur Variation im Lexikon: Kurzwort und Original, in: WW 30 (1980) 369 ff.

BENZING, W.: Konkurrenz zwischen denominativem Adjektiv und Kompositum im Deutschen, Diss. Mainz 1967 (Druck: München 1968).

BERGMANN, R.: Autonomie und Isonomie der beiden Wortbildungssysteme im Deutschen, in: Sprachw. 23 (1998) 167 ff.

—, Das morphologische Prinzip in der Rechtschreibreform, in: Sprachw. 23 (1998) 217 ff.

—, Verregnete Feriengefahr und Deutsche Sprachwissenschaft, in: Sprachw. 5 (1980) 234 ff.

—, Prolegomena zu einem Rückläufigen Morphologischen Wörterbuch des Althochdeutschen, Göttingen 1984.

BORN, J.: Wortbildung im europäischen Kontext. „euro" auf dem Weg vom Kompositionselement zum Präfix, in: Mu 105 (1995) 347 ff.

BREINDL, E. u. THURMAIR, M.: Der *Fürstbischof* im *Hosenrock*. Eine Studie zu den nominalen Kopulativkomposita des Deutschen, in: DS 20 (1992) 32 ff.

BREKLE, H. E.: Generative Satzsemantik und transformationelle Syntax im System der englischen Nominalkomposition, München 1970.

—, Reflections on the Conditions for the Coining, Use and Understanding of Nominal Compounds, in: Akten des XII. Int. Linguistenkongresses Wien 1977, hg. v. W. U. DRESSLER u. W. MEID, Innsbruck 1978, 68 ff.

—, Zur Stellung der Wortbildung in der Grammatik, in: Flexion und Wortbildung, hg. v. H. RIX, Wiesbaden 1975, 26 ff.

BREKLE, H. E. u. KASTOVSKY, D.: Wortbildungsforschung, in: Perspektiven der Wortbildungsforschung, hg. von H. E. BREKLE u. D. KASTOVSKY, Bonn 1977, 7 ff.

BRINKMANN, H.: Die deutsche Sprache, Düsseldorf ²1971.

—, Studien zur Geschichte der deutschen Sprache und Literatur 1: Sprache, Düsseldorf 1965.

BÜHLER, K.: Sprachtheorie, Jena 1934 (2., unveränderte Auflage Stuttgart 1965).

BÜNTING, K.-D.: Morphologische Strukturen deutscher Wörter, Diss. Bonn 1969.

BZDĘGA, A. Z.: Reduplizierte Wortbildung im Deutschen, Posen 1965.

CAMPE, J. H.: Wörterbuch zur Erklärung und Verdeutschung der unserer Sprache aufgedrungenen fremden Ausdrücke, 2 Bde., Braunschweig 1801.

—, Wörterbuch der Deutschen Sprache, 5 Bde., Braunschweig 1807—1811.

CARR, C. T.: Nominal Compounds in Germanic, London 1939.

CARROLL, J. M. u. TANENHAUS, M. K.: Prolegomena to a Functional Theory of Word Formation, in: Papers from the Parasession on Functionalism, eds. M. E. GROSSMAN, L. J. SAN, T. J. VANCE, Chicago 1975, 47 ff.

CLAJUS, J.: Die deutsche Grammatik, hg. v. F. WEIDLING, Straßburg 1894.

CORT, de J.: Nominale Komposita aus drei oder mehr Konstituenten, in: Fachsprache 4 (1982) 18 ff.

COSERIU, E.: Einführung in die strukturelle Betrachtung des Wortschatzes, Tübingen 1970.

—, Synchronie, Diachronie und Geschichte, München 1974.

—, Inhaltliche Wortbildungslehre, in: BREKLE u. KASTOVSKY (Hg.), Perspektiven (s. dort), 48 ff.

COULMAS, F.: New words, complexity and arbitrariness, in: Process linguistics, ed. by Th. T. BALLMER and W. WILDGEN, Tübingen 1987, 227 ff.

CRYSTAL, D.: Einführung in die Linguistik, Stuttgart 1975.

DEDERDING, H.-M.: Wortbildung, Syntax, Text, Erlangen 1982.

DITTMER, E.: Die althochdeutschen Verbalabstrakta auf *-ida, -nissa* und *-unga*, in: Althochdeutsch, Bd. I, hg. v. R. BERGMANN, H. TIEFENBACH u. L. VOETZ, Heidelberg 1987, 290 ff.

DOKULIL, M.: Zur Frage der sog. Nullableitung, in: Wortbildung, Syntax und Morphologie. FS f. H. MARCHAND, The Hague — Paris 1968, 55 ff.

—, Zur Theorie der Wortbildung, in: WZUL, Ges.-Sprachwiss. Reihe, H. 2/3, 17. Jg. (1968) 203 ff.

—, Zum wechselseitigen Verhältnis zwischen Wortbildung und Syntax, in: TRAVAUX linguistiques de Prague 1, Prag 1964, 215 ff.

DONALIES, E.: *Da keuchgrinste sie süßsäuerlich.* Über kopulative Verb- und Adjektivkomposita, in: ZGL 24 (1996) 273 ff.

DOPPLER, A.: Poetisches Bild als historisches Abbild, Paris 1974.

DOWNING, P.: On the Creation and Use of English Compound Nouns, in: Language 53 (1977) 810 ff.

DRESSLER, W.: Zur Wertung der Interfixe, in: Wiener slav. Almanach 13 (1984) 36 ff.

—, Universalien von Agens-Wortbildungen, in: Wege zur Universalienforschung, hg. v. G. BRETTSCHNEIDER u. Chr. LEHMANN, Tübingen 1980, 110 ff.

—, Sprechaktkonstituierende vs. sprechaktmodifizierende Wortbildung, in: FS f. N. DENISON, hg. v. K. SOMIG, D.W. HALWACHS, Ch. PENZINGER u. G. AMBROSCH, Graz 1995, 47 ff.

—, Zur semiotischen Begründung einer natürlichen Wortbildungslehre, in: Klagenfurter Beiträge zur Sprachwissenschaft 8 (1982) 72 ff.

Dt. Wortbildung: s.u. Deutsche Wortbildung.

DUDEN. Grammatik der deutschen Sprache, Mannheim—Wien—Zürich ³1973 (⁴1984), (⁶1998).

DUDEN. Rechtschreibung der deutschen Sprache, Mannheim—Leipzig—Wien—Zürich ²⁰1991 (²¹1996).

DUDEN. Deutsches Universalwörterbuch, Mannheim—Wien—Zürich ²1989.

DUDEN. Das große Wörterbuch der deutschen Sprache, 6 Bde., Mannheim—Wien—Zürich 1976—1981.

EGGERS, H.: Deutsche Sprachgeschichte 1. Das Althochdeutsche, Reinbek bei Hamburg 1963.

—, Kompositionsattribute, in: Germanistische Streifzüge, hg. v. G. MELLBOURN u.a., Stockholm 1974.

EICHINGER, L. M.: Raum und Zeit im Verbwortschatz des Deutschen, Tübingen 1989.

—, Syntaktische Transposition und semantische Derivation. Die Adjektive auf *-isch* im heutigen Deutsch, Tübingen 1982.

—, Wegweiser durch Textwelten. Wozu komplexe Substantive gut sind, in: Rand und Band (FS f. E. FAUCHER), hg. v. R. MÉTRICH u. M. VUILLAUME, Tübingen 1995, 169 ff.

EICHLER, E.: Aufgaben der kontrastiven russisch-deutschen Wortbildungslehre, in: LAB 9 (1974) 12 ff.

EISENBERG, P.: Grundriß der deutschen Grammatik, Bd. 1: Das Wort, Stuttgart—Weimar 1998.

ERBEN, J.: Deutsche Grammatik. Ein Abriß, München ¹²1980.

—, Hauptaspekte der Entwicklung der Wortbildung in der Geschichte der deutschen Sprache, in: Sprachgeschichte, hg. v. W. BESCH, A. BETTEN, O. REICHMANN u. St. SONDEREGGER, Berlin—New York (zweite Aufl. im Druck).

—, Textspezifische Gelegenheitsbildungen des Kompositionstyps Adjektiv + Substantiv in althochdeutschen Texten, in: Althochdeutsch, Bd. I, hg. v. R. BERGMANN, H. TIEFENBACH u. L. VOETZ, Heidelberg 1987, 366 ff.

—, Grundzüge der deutschen Syntax (Germanistische Lehrbuchsammlung 12; jetzt im Weidler Buchverlag), Berlin 2. neubearb. Aufl. 1998.

—, Bemerkungen zur „inhaltbezogenen" Wortbildungslehre, in: WW 29 (1979) 158 ff.

—, Zur Geschichte der deutschen Kollektiva, in: Sprache — Schlüssel zur Welt, hg. v. H. GIPPER, Düsseldorf 1959, 221 ff.

—, Komposition und Tradition im „Ackermann aus Böhmen", in: FS f. W. STEINHAUSER, hg. von P. WIESINGER, Wien 1980, 81 ff.

—, Zur Morphologie der Wortarten im Deutschen, in: Satz und Wort im heutigen Deutsch (= SdG1), Düsseldorf 1967, 128 ff.

—, Neologismen im Spannungsfeld von System und Norm, in: Logos Semantikos 5, hg. v. B. SCHLIEBEN-LANGE, Berlin—New York—Madrid 1981, 35 ff.

—, Zum Problem der Nominationsvarianten. Bemerkungen zu Benennungsversuchen in Theaterkritiken Alfred Kerrs, in: Nominationsforschung im Deutschen (FS f. W. FLEISCHER), hg. v. I. BARZ u. M. SCHRÖDER, Frankfurt a.M. 1997, 399 ff.

—, Warum Grammatik wieder interessant sein kann. Versuch einer Orientierungsskizze, in: DU 38 (1986) 5 ff.

—, Quali-tas/Welch-heit, Zur Wortbildung der Pronomina im Deutschen, in: WW 26 (1976) 227 ff.

—, Der Schluß des zweiten Merseburger Zauberspruchs, in: FS f. W. BAETKE, hg. v. K. Rudolph u.a., Weimar 1966, 118 ff.

—, Sprachgeschichte als Systemgeschichte, in: Sprachwandel und Sprachgeschichtsschreibung im Deutschen (= SdG 41), Düsseldorf 1977, 7 ff.

—, Wortbildung und Sprachstil in Walthers Alterslied (L 66, 21—68,7), in: FS f. I. REIFFENSTEIN, hg. v. P. K. STEIN, A. WEISS u. G. HAYER, Göppingen 1988, 31 ff.

—, Der sinnesame Tristan, in: FS f. H. EGGERS, hg. v. H. BACKES (= Sonderheft zu: PBB 94), Tübingen 1972, 182 ff.

—, Über Nutzen und Nachteil der Ungenauigkeit des heutigen Deutsch, Mannheim—Wien—Zürich 1970.

—, *Es sitzt, weil er gestanden hat* oder Über den Zusammenhang von Valenz und Mitteilungswert des Verbs, in: Studien zur Syntax des heutigen Deutsch (= SdG 6), Düsseldorf 1970, 97 ff.

—, Vergleichsurteile und Vergleichsstrukturen im Deutschen, in: Sprachw.13 (1988) 309 ff.

—, Vorstöße oder Verstöße. Versuch einer Einschätzung von A. KERRS Neologismen (Theaterkritiken 1905–33), in: Sprachgeschichtliche Untersuchungen (FS f. H. WELLMANN), hg. v. W. KÖNIG u. L. ORTNER, Heidelberg 1996, 1 ff.

—, Deutsche Wortbildung in synchronischer und diachronischer Sicht, in: WW 14 (1964) 83 ff.

—, Zur deutschen Wortbildung, in: Probleme der Lexikologie und Lexikographie (= SdG 39), Düsseldorf 1976, 301 ff.

—, Wortbildung und Textbildung, in: FS f. G. HELBIG, hg. v. H. POPP, München 1995, 545—552.

EROMS, H.-W.: „Was man nicht bespricht, bedenkt man nicht recht." Bemerkungen zu den verbalen Präfixen, in: Neuere Forschungen zur Wortbildung und Historiographie der Linguistik, hg. v. B. ASBACH-SCHNITKER u. J. ROGGENHOFER, Tübingen 1987, 109 ff.

ETTINGER, St.: Form und Funktion in der Wortbildung. Die Diminutiv- und Augmentativmodifikation im Lateinischen, Deutschen und Romanischen, Tübingen 1974.

FANDRYCH, Chr.: Wortart, Wortbildungen und kommunikative Funktion. Am Beispiel der adjektivischen Privativ- und Possessivbildungen im heutigen Deutsch, Tübingen 1993 (hierzu ZDL 62, 1995, 100 ff.).

FANSELOW, G.: Zur Syntax und Semantik der Nominalkomposition, Tübingen 1981.

FAUST, M.: Schottelius' concept of word formation, in: Logos Semantikos, Vol.1, hg. v. J. TRABANT, Berlin 1981, 359 ff.

FLEISCHER, W.: Stilistische Aspekte der Wortbildung, in: Actes du Xe Congrès Intern. des Linguistes 3, Bucarest 1970, 483 ff.

—, Zur Geschichte der Wortbildungsforschung: Karl Ferdinand Becker, in: Acta Universitatis Tamperensis, ser A, vol 183, Tampere 1984, 21 ff.

—, Charakteristika frühneuhochdeutscher Wortbildung, in: Studien zum Frühneuhochdeutschen, hg. v. P. WIESINGER, Göppingen 1988, 185 ff.

—, Deonymische Derivation, in: Studia Onomastica 1 (1980) 15 ff. (Neudr. in: Reader zur Namenkunde I, hg. v. F. DEBUS u. W. SEIBICKE, Hildesheim—Zürich —New York 1989, 253 ff.).

—, Typen funktionaler Differenzierung in der Wortbildung der deutschen Sprache der Gegenwart, in: PBB 98 (Halle 1977), 131 ff.

—, Entlehnung und Wortbildung in der deutschen Sprache der Gegenwart, in: Slawistik in der DDR 1977 (= SB der Akad. d. Wiss. der DDR, Gesellschaftswiss., Jg. 1977, Nr.8), Berlin, 110 ff.

—, Kommunikativ-pragmatische Aspekte der Wortbildung, in: Sprache und Pragmatik, hg. v. I. ROSENGREN, Lund 1979, 317 ff.

—, Konfixe, in: Wort und Wortschatz, hg. v. I. POHL u. H. EHRHARDT, Tübingen 1995, 61 ff.

—, Unmittelbare Konstituenten in der deutschen Wortbildung, in: Probleme der strukturellen Grammatik und Semantik, hg. v. R. RŮŽIČKA, Leipzig 1968, 35 ff.

—, Zum Charakter von Regeln und Modellen in der Wortbildung, in: Theoretische und methodologische Fragen der Sprachwissenschaft, hg. v. W. NEUMANN (= LSt.A 62/III), Berlin 1979, 75 ff.

—, Produktivität — Akzeptabilität — Aktivität, in: Zur Theorie der Wortbildung im Deutschen (= SB der Akad. d. Wiss. der DDR, Gesellschaftswiss., Jg. 1988, Nr. 4), Berlin 1988, 8 ff.

—, Regeln der Wortbildung und der Wortverwendung, in: DaF 15 (1978) 78 ff.

—, Sprachbau und Wortbildung, in: Synchrone und diachrone Aspekte der Wortbildung im Deutschen, hg. v. H. Wellmann, Heidelberg 1993, 7 ff.

—, Sprachgeschichte und Wortbildung, in: BES 6 (1986) 27 ff.

—, Tendenzen der deutschen Wortbildung, in: DaF 9 (1972) 132 ff. u. 145 ff.

—, Wortbildung der deutschen Gegenwartssprache, Leipzig ³1974 (⁵1982).

—, Zur Wortbildungsaktivität des Adverbs im Deutschen, in: German Life and Letters 43 (1990) 125 ff.

—, „Wort-Bildung" und Wortbildungsbeschreibung, in: ZfG 9 (1988) 645 ff.

—, Wortbildungstypen der deutschen Gegenwartssprache in historischer Sicht, in: ZfG 1 (1980) 48 ff.

—, Das Zusammenwirken von Wortbildung und Phraseologisierung in der Entwicklung des Wortschatzes, in: Wortbildung und Phraseologie, hg. v. R. Wimmer u. F.-J. Berens, Tübingen 1997, 9 ff.

FLEISCHER, W. u. BARZ, I.: Wortbildung der deutschen Gegenwartssprache, Tübingen 1992/2., durchgesehene und ergänzte Auflage 1995.

FLURY, R.: Struktur- und Bedeutungsgeschichte des Adjektiv-Suffixes *-bar*, Winterthur 1964.

FOERSTE, W.: Die germanischen Stammesnamen auf *-varii*, in: Frühmittelalterliche Studien, Bd. 3, Berlin 1969, 60 ff.

FOURQUET, J.: Die verbalen Zusammensetzungen des Neuhochdeutschen, in: Recueil d Études, réunies par D. BUSCHINGER et J.-P. Vernon, Vol. II, Paris 1979, 272 ff.

FRANCESCATO, G.: Systèmes coexistants ou systèmes diachroniques, in: NPh 45 (1961) 37 ff.

FRISCH, Sh.: Usage Patterns of French Suffixes in Middle High German (*-îe, -ier, -ieren*), in: NPhM 80 (1979) 193 ff.

GABELENTZ, G. von der: Die Sprachwissenschaft, Nachdr. der 2. Aufl. von 1901, Tübingen 1972.

GATAULLIN, R.: Zu wortbildenden Textpotenzen, in: DaF 27 (1990) 240 ff.

GAUGER, H.-M.: Determinatum und Determinans im abgeleiteten Wort?, in: Wortbildung, Syntax und Morphologie, FS f. H. MARCHAND, The Hague—Paris 1968, 93 ff.

—, Untersuchungen zur spanischen und französischen Wortbildung, Heidelberg 1971.

—, Durchsichtige Wörter, Heidelberg 1971.

GAWELKO, M.: Die Elemente *-ig* und *-lich* im Deutschen, in: Mu 89 (1979) 179 ff.

GERSBACH, B. u. GRAF, R.: Wortbildung in gesprochener Sprache, Bd. I u. II, Tübingen 1984 u. 1985.

GINDELE, H.: Griechisch-Lateinisch-Deutsch. „Lehnmuster" als historische Elemente einer strukturellen Analogie in der Wortbildung, in: Sprachliche Interferenz, FS f. W. BETZ, hg. v. H. KOLB u. H. LAUFFER, Tübingen 1977, 376 ff.

GIPPER, H.: Gibt es ein sprachliches Relativitätsprinzip?, Frankfurt a. M. 1972.

GRASER, H.: Die Semantik von Bildungen aus *über-* und Adjektiv in der deutschen Gegenwartssprache (= SdG28), Düsseldorf 1973.

GREULE, A.: Reduktion als Wortbildungsprozeß der deutschen Sprache, in: Mu 106 (1996) 193 ff.

GRIMM, J.: Deutsche Grammatik, Bd. 2 u. 3, neuer vermehrter Abdruck, Gütersloh 1878 u. 1890.

GRIMM, J. u. W.: Deutsches Wörterbuch, 16 Bde., Leipzig 1854—1960.

GRÖGER, O.: Die althochdeutsche und altsächsische Kompositionsfuge mit Verzeichnis der althochdeutschen und altsächsischen Composita, Zürich 1911.

GROSSE, S.: Die Erweiterung des deutschen Suffixes -ität zur -izität, in: Deutsche Sprache: Geschichte und Gegenwart, FS f. F. MAURER, hg. v. H. MOSER, H. RUPP u. H. STEGER, Bern—München 1978, 93 ff.

GROTE, M.: Generatives Lexikon und autonome Wortbildungsprozesse, Diss. Göttingen 1987.

GÜNTHER, H.: Das System der Verben mit *be-* in der deutschen Sprache der Gegenwart, Tübingen 1974.

—, Wortbildung, Syntax, *be-*Verben und das Lexikon, in: PBB 109 (Tübingen 1987) 179 ff.

GÜTZLAFF, K.: Der Weg zum ‚Stammwort‘, in: Sprachw.14 (1989) 58 ff.

HAAS, A.M.: *Schwermütigkeit*, in: Verborum amor (FS f. St. SONDEREGGER), Berlin— New York 1992, 273 ff.

HABERMANN, M.: Verbale Wortbildung um 1500, Berlin—New York 1994.

HALLE, M.: Prolegomena to a Theory of Word Formation, in: Linguistic Inquiry 4 (1973), 3 ff. (übers. in: Morphologie und generative Grammatik, hg. v. F. KIEFER, Frankfurt 1975, 103 ff.).

HANDLER, P.: Wortbildung und Literatur. Panorama einer Stilistik des komplexen Wortes, Frankfurt a.M. 1993.

HASELBACH, G.: Grammatik und Sprachstruktur. K. F. BECKERS Beitrag zur Allgem. Sprachwissenschaft, Berlin 1966.

HEINLE, E.-M.: Wortbildung des Adverbs, in: Werkstattbericht, 9 ff.

—, Zur Wortbildungsmorphologie des Adverbs im Althochdeutschen, in: Althochdeutsch, Bd. I, hg. v. R. BERGMANN, H. TIEFENBACH u. L. VOETZ, Heidelberg 1987, 320 ff.

—, Die Zusammenrückung, in: Synchrone und diachrone Aspekte der Wortbildung im Deutschen, hg. v. H. WELLMANN, Heidelberg 1993, 65 ff.

HENZEN, W.: Schriftsprache und Mundarten, Bern ²1954.

—, Deutsche Wortbildung, Tübingen ³1965.

HERBERMANN, C.-P.: Wort, Basis, Lexem und die Grenze zwischen Lexikon und Grammatik, München 1981.

HINDERLING, R.: Einleitung, in: Tendenzen verbaler Wortbildung in der deutschen Gegenwartssprache, hg. v. L. M. EICHINGER, Hamburg 1982, IX ff.

—, Konkurrenz und Opposition in der verbalen Wortbildung, in: Tendenzen verbaler Wortbildung in der deutschen Gegenwartssprache, hg. v. L. M. EICHINGER, Hamburg 1982, 81 ff.

HÖFLER, M.: Wortbildung und Analogie, in: ZRPh 86 (1970) 550 ff.

HÖHLE, T. N.: Über Komposition und Derivation, in: ZS 1 (1982) 76 ff.

HOLLY, W.: Wortbildung und Wörterbuch, in: Lexikographica, Tübingen 1986 (H.2), 195 ff.

—, Wortbildung im Deutschen, in: ZGL 13 (1985) 89 ff.

HOLMBERG, M. Å.: Studien zu den verbalen Pseudokomposita im Deutschen, Lund 1976.

HOLST, F.: Untersuchungen zur Wortbildungstheorie mit besonderer Berücksichtigung der Adjektive auf *-gerecht* im heutigen Deutsch, Diss. Hamburg 1974.

HOPPE, G.: Das Präfix *ex-* Beiträge zur Lehn-Wortbildung (IdS: Studien zur dt. Sprache 15), Tübingen 1999.

HOTZENKÖCHERLE, R.: Gegenwartsprobleme im deutschen Adjektivsystem, in: NPhM 69 (1968) 1 ff.

INGHULT, G.: Die semantische Struktur desubstantivischer Bildungen auf *-mässig*, Stockholm 1975.

ISING, E.: Die Herausbildung der Grammatik der Volkssprachen in Mittel- und Osteuropa, Berlin 1970.

ISSATSCHENKO, A.: Das „Schwa mobile" und „Schwa constans" im Deutschen, in: Sprachsystem und Sprachgebrauch, FS f. H. MOSER (= SdG 33), Düsseldorf 1974, 142 ff.

JAKOBSON, R.: Der grammatische Aufbau der Kindersprache, Opladen 1977.

—, Poetik. Ausgewählte Aufsätze 1921—1971, hg. v. E. HOLENSTEIN u. T. SCHELBERT, Frankfurt a.M. ³1993.

JEITTELES, A.: Neuhochdeutsche Wortbildung, Wien 1865.

JELLINEK, M. H.: Geschichte der neuhochdeutschen Grammatik von den Anfängen bis auf Adelung, 2 Bde., Heidelberg 1913 u. 1914.

JOERES, R.: Wortbildungen mit *-macher* im Althochdeutschen, Mittelhochdeutschen und Neuhochdeutschen, Heidelberg 1995.

KALIUŠČENKO, V. D.: Deutsche denominale Verben, Tübingen 1988.

KAMIHARA, K.: Über die *un-*Verben im Mittelhochdeutschen, in: ZDS 25 (1969) 37 ff.

KASTOVSKY, D.: Wortbildung und Nullmorphem, in: LBer.2 (1969) 1 ff.

—, Zum gegenwärtigen Stand der Wortbildungslehre des Englischen, in: LuD 9 (1978) 351 ff.

KAYSER, W.: Wandlungen im Gebrauch der verbalen Präfixe in der deutschen Sprache des 18. Jahrhunderts, in: Die Vortragsreise, Bern 1958, 9 ff.

KELLE, J.: Glossar der Sprache Otfrids, Regensburg 1881.

KIENPOINTNER, A. M.: Wortstrukturen mit Verbalstamm als Bestimmungsglied in der deutschen Sprache, Innsbruck 1985.

KIRCHMEIER, M.: Entlehnung und Lehnwortgebrauch, Tübingen 1973.

KLOSA, A.: Negierende Lehnpräfixe des Gegenwartsdeutschen, Heidelberg 1996.

KOBLER-TRILL, D.: Das Kurzwort im Deutschen (Germanistische Linguistik 149), Tübingen 1994.

KLUGE, F.: Unser Deutsch, Leipzig ⁵1929.

—, Abriß der deutschen Wortbildungslehre, Halle (Saale) ²1925.

KNOBLOCH, J.: Bandwurmkomposita im heutigen Deutsch, in: MSpråk 72 (1978) 147 ff.

—, Reduzierte Trikomposita, in: Linguistische Studien III (= SdG 23), Düsseldorf 1973, 135 f.

—, (Hg.): Sprachwissenschaftliches Wörterbuch, Heidelberg 1961 ff.

KOLB, H.: Über das Suffix -*igkeit*, in: Studien zur deutschen Grammatik, hg. v. E. KOLLER u. H. MOSER, Innsbruck 1985, 159 ff.

—, Das verkleidete Passiv, in: STZ 19 (1966) 173 ff.

KOOPMANN, H.: Die Vorteile des Sprachverfalls. Zur Sprache der Lyrik im 19. Jahrhundert, in: Das 19. Jahrhundert (IdS-Jahrbuch 1990), hg. v. R. WIMMER, Berlin—New York 1991, 307 ff.

KRAHE, H.: Einleitung in das vergleichende Sprachstudium, hg. v. W. MEID, Innsbruck 1970.

KÜHNHOLD, Chr.: Wortbildung und Sprachinnenraum, in: North-Western European Language Evolution 3 (Odense 1984) 3 ff.

KÜHNHOLD, I.: Über *veranlassen, anvertrauen* und verwandte Typen der verbalen Doppelpräfigierung im neueren Deutsch, in: Sprachsystem und Sprachgebrauch, FS f. H. MOSER (= SdG 33), Düsseldorf 1974, 193 ff.

—, Präfixverben, in: Dt. Wortbildung 1 (s.d.), 141 ff.

—, Zum „System" der deutschen Verbalpräfixe, in: Neue Beiträge zur deutschen Grammatik, hg. v. U. ENGEL u. P. GREBE, Mannheim—Wien—Zürich 1969, 94 ff.

—, Über das Verhältnis von *auf-* und *er-*, in: Germanistische Studien, hg. v. J. ERBEN u. E. THURNHER, Innsbruck 1969, 327 ff.

—, Wortbildung des Neuhochdeutschen seit dem 17. Jahrhundert, in: Sprachgeschichte, 2. Halbbd., 1614 ff.

KÜNG, K.: Die festen Verbalpräfixe in den tirolischen Mundarten. Bestand — Verteilung — Funktion, masch.-schriftl. Diss. Innsbruck 1972.

KÜRSCHNER, W.: Zur syntaktischen Beschreibung deutscher Nominalkomposita, Tübingen 1974.

—, Wortbildungstheorien und Deutsch als Fremdsprache, in: JbDaF, hg. v. A. WIERLACHER u.a., Bd. 5, Heidelberg 1979, 14 ff.

KUTZELNIGG, A.: Ein fachsprachlicher deskriptiv-integrativer Wortbildungstyp, in: Mu 81 (1971) 407 ff.

LANG, E.: Semantik der koordinativen Verknüpfung, Berlin 1977.

LATOUR, B.: *innerparteilich — parteiintern.* Zur Konkurrenz zweier gegenwartssprachlicher Wortbildungsmuster, in: DS 4 (1976) 336 ff.

—, Adjektivische Zusammenbildungen des Typus *innerseelisch — intrapsychisch*, in: Mu 90 (1980) 299 ff.

LAUFFER, H.: Sprachwandel durch Interferenz beim Adjektiv, in: Sprachliche Interferenz (s.o. unter GINDELE), 436 ff.

LAWRENZ, B.: *Das-Graue-Maus-Dasein* und das *Brave-Mädchen-Image*, in: DaF 1 (1995) 39 ff.

—, *Der Zwischen-den-Mahlzeiten-Imbiß* und *der Herren-der-Welt-Größenwahn*: Aspekte der Struktur und Bildungsweise von Phrasenkomposita im Deutschen, ZGL 24 (1996) 1 ff.

—, *Zu-spät-Kommer* und *Dumme-Fragen-Steller* im *Mann-von-Welt-Look*. Phrasenkomposition und Phrasenderivation im Deutschunterricht, in: WW 47 (1997) 112 ff.

LENZ, B.: *un*-Affigierung. Unrealisierbare Argumente. Argumentblockierung, Tübingen 1995.

LEROT, J.: Transformationelle Behandlung der Verbzusammensetzungen im Deutschen, in: Fragen der strukturellen Syntax und der kontrastiven Grammatik (= SdG 17), Düsseldorf 1971, 66 ff.

LESER, M.: Das Problem der Zusammenbildungen. Eine lexikalistische Studie, Trier 1990.

LEUMANN, M.: Gruppierung und Funktionen der Wortbildungssuffixe des Lateins, in: Probleme der lateinischen Grammatik, hg. v. K. STRUNK, Darmstadt 1973, 131 ff.

LIPKA, L.: *Kugelsicher — à l'épreuve des balles*, in: Wortbildung, Syntax und Morphologie, FS f. H. MARCHAND, The Hague—Paris 1968, 127 ff.

—, Prolegomena to 'Prolegomena to a Theory of Word Formation'. A Reply to M. HALLE, in: Amsterdam Studies in the Theory and History of Linguistic Science, IV: Current Issues in Linguistic Theory Vol.1, ed. by E. F. K. KOERNER, Amsterdam 1975, 175 ff.

LIST, G.: Psycholinguistik, Stuttgart—Berlin—Köln—Mainz 1972.

LÖFFLER, H.: Kontrastive Grammatik Mundart — Hochsprache. Ein Werkstattbericht, in: Dialekt als Sprachbarriere?, hg. v. H. BAUSINGER u.a., Tübingen 1973, 100 ff.

LUTZ, G.: Freigesetzte Adjektive. Überlegungen zur Vermehrung der Adjektivkomposita, in: Volksüberlieferung, FS f. K. RANKE, Göttingen 1968, 503 ff.

MARCHAND, H.: A Set of Criteria for the establishing of derivational relationship between words unmarked by derivational morphemes, in: IF 69 (1964) 10 ff.

—, On content as a criterion of derivational relationship with backderived words, in: IF 68 (1963) 170 ff.

—, The Categories and Types of Present-Day English Word-Formation, München [2]1969.

MARTINET, A.: Grundzüge der Allgemeinen Sprachwissenschaft, Stuttgart 1963.

MATER, E.: Rückläufiges Wörterbuch der deutschen Gegenwartssprache, Leipzig [3]1970 ([6]1989).

MATZKE, B.: Wohin mit *Gesinge, besänftigen, verarzten*? Einige grundsätzliche Bemerkungen zu Status und Abgrenzung der kombinatorischen Derivation, in: DaF 1 (1998) 24 ff.

MAURER, F.: Über Arten der deutschen Wortbildung, in: Volkssprache, Düsseldorf 1964, 82 ff.

MAURER, F. u. RUPP, H. (Hg.): Deutsche Wortgeschichte, Bd. 2, Berlin [3]1974.

MEIBAUER, J.: Wortbildung und Kognition. Überlegungen zum deutschen -*er*-Suffix, in: DSp 23 (1995) 97 ff.

MEID, W.: Wortbildungslehre; Bd. 3 der Germanischen Sprachwissenschaft von H. KRAHE, Berlin 1967.

—, Beziehungen zwischen äußerer und innerer Sprachform: Verschränkte Zeichen und fusionierte Inhalte, in: Veröff. der Komm. für Linguistik und Kommunikationsforschung 6, Wien 1977, 294 ff.

MEINEKE, B.: Abstraktbildungen im Althochdeutschen, Göttingen 1994.

—, Althochdeutsche *-scaf(t)*-Bildungen, Göttingen 1991.

—, Das Substantiv in der deutschen Gegenwartssprache, Heidelberg 1996.

MEINEKE, E.: Springlebendige Tradition. Kern und Grenzen des Kompositums, in: Sprachw.16 (1991) 27 ff.

MEYER, C. F.: Die Vor- und Nachsylben der hochdeutschen Sprache, Magdeburg 1835.

MICHELS, V.: Deutsch, in: Stand und Aufgaben der Sprachwissenschaft, FS f. W. STREITBERG, Heidelberg, 1924, 463 ff.

MIKOLAJCAK, S.: Der gegenwärtige Stand der Untersuchungen zum Verhältnis zwischen Wortbildung und Syntax, in: Studia Germanica Posnaniensia IV, Poznan 1975, 89 ff.

MÖLLER, H.: *Thränen-Samen* und *Steckdosenschnauze*. Linguistische Beschreibung von Neubildungen Catharina Reginas von Greiffenberg und Wolfdietrich Schnurres, Diss. Zürich 1975.

MOSER, H.: Zum Problem der verbalen „Pseudokomposita" in der heutigen deutschen Standardsprache, in: Standard und Dialekt, FS f. H. RUPP, hg. v. H. LÖFFLER, K. PESTALOZZI u. M. STERN, Bern—München 1979, 55 ff.

MOTSCH, W.: Analogie und Regel in der Wortbildung, in: Zur Theorie der Wortbildung im Deutschen (= SB der Akad. d. Wiss. der DDR, Gesellschaftswiss., Jg. 1988, Nr.4), Berlin 1988, 30 ff.

—, Semantische und pragmatische Aspekte der Wortbildung, in: Deutsch als Fremdsprache (FS f. G. HELBIG), hg. v. H. POPP, München 1995, 513 ff.

—, Semantische Grundlagen der Wortbildung, in: Die Ordnung der Wörter. (IdS-Jahrbuch 1993), hg. v. G. HARRAS, Berlin 1995, 193 ff.

—, Deutsche Wortbildung in Grundzügen, Berlin—New York 1999.

—, Analyse von Komposita mit zwei nominalen Elementen, in: Progress in Linguistics, ed. by M. BIERWISCH and K. E. HEIDOLPH, The Hague—Paris 1970, 208 ff.

—, Ein Plädoyer für die Beschreibung von Wortbildungen auf der Grundlage des Lexikons, in: Perspektiven, hg. v. BREKLE u. KASTOVSKY (s. dort) 180 ff.

—, Zu einigen Problemen der Wortbildung, in: Actes du Xᵉ Congrès Intern. des Linguistes, Bd. 4, Bucarest 1970, 561 ff.

—, Zur Stellung der ‚Wortbildung' in einem formalen Sprachmodell, in: SG 1 (31966) 31 ff.

—, Wieviel Syntax brauchen Komposita?, in FS f. W. FLEISCHER, Frankfurt 1992, 71 ff.

—, Veränderungen im Bereich der Wortbildung, in: Acta Universitatis Tamperensis, ser A., vol 183, Tampere 1984, 29 ff.

—, Wortbildungen im einsprachigen Wörterbuch, in: Wortschatzforschung heute, hg. v. E. AGRICOLA, J. SCHILDT u. D. VIEHWEGER, Leipzig 1982, 62 ff.

—, Wortbildungsaffixe. Einheiten des Lexikons oder Indikatoren für semantische Wortstrukturen?, in: Phraseologie und Wortbildung, hg. v. J. KORHONEN, Tübingen 1992, 99 ff.

—, Wortbildungsfakten, Wortbildungstheorien, in: Grammatik und deutsche Grammatiken, hg. v. V. ÁGEL u. R. BRDAR-SZABÓ, Tübingen 1995, 61 ff.

—, Fortschritt und Tradition in der Wortbildungsforschung, in: Bedeutungen und Ideen in Sprachen und Texten, hg. v. W. NEUMANN u. B. TECHTMEIER, Berlin 1987, 112 ff.

—, Wortbildungsregeln, in: FS f. K. HYLDGAARD-JENSEN, Kopenhagen 1987, 207 ff.

—, Wortstrukturen und Phrasenstrukturen, in: ZfG 10 (1989) 445 ff.

MÜHLEFELD, K.: Einführung in die deutsche Wortbildungslehre mit Hilfe des Systems der Bedeutungsformen, Halle 1908.

MÜLLER, P. O.: Historische Wortbildung. Forschungsstand und Perspektiven, in: ZDPh 112 (1993) 394 ff.

—, Substantiv-Derivation in den Schriften Albrecht Dürers, Berlin—New York 1993.

MÜLLER, W.: Wortbildung und Lexikographie, in: Studien zur neuhochdeutschen Lexikographie II, hg. v. H. E. WIEGAND, Hildesheim—New York 1982, 153 ff.

—, Die real existierenden grammatischen Ellipsen und die Norm. Eine Bestandsaufnahme, in: Sprachw. 15 (1990) 334 ff.

MUNSKE, H. H.: Ist das Deutsche eine Mischsprache, in: Deutscher Wortschatz, hg. v. H. H. MUNSKE u. a., Berlin 1988, 46 ff.

—, Die Rolle des Lateins als Superstratum im Deutschen und in anderen germanischen Sprachen, in: Die Leistung der Strataforschung und der Kreolistik, hg. v. P. St. URELAND, Tübingen 1982, 237 ff.

MUNSKE, H. H. u. KIRKNESS, A. (Hgg.): Eurolatein. Das griechische und lateinische Erbe in den europäischen Sprachen (Germanistische Linguistik 169), Tübingen 1996.

NAUMANN, B.: Einführung in die Wortbildungslehre des Deutschen, Tübingen ²1986.

—, Wortbildung in der deutschen Gegenwartssprache, Tübingen 1972.

NAUMANN, H.: Differenzierungserscheinungen bei gleichartigen Wortbildungsmodellen, in: ZPhon 27 (1974) 149 ff.

NEUSS, E.: Kopulativkomposita, in: Sprachw. 6 (1981) 31 ff.

NITTA, H.: Zur Erforschung der ‚uneigentlichen' Zusammensetzung im Frühneuhochdeutschen, in: ZDPh 106 (1987) 400 ff.

OBERLE, B. E.: Das System der Ableitungen auf *-heit, -keit* und *-igkeit* in der deutschen Gegenwartssprache, Heidelberg 1990.

ÖHMANN, E.: Zur geschichte der adjektivabstrakta auf *-ida, -î* und *-heit* im deutschen (= Annales Acad. Scient. Fennicae. Ser. B. Tom. XV. No. 4), Helsinki 1921.

—, Das deutsche Substantivsuffix *-ier*, in: NPhM 72 (1971) 526 ff.

—, Das deutsche Verbalsuffix *-ieren*, in: NPhM 71 (1970) 337 ff.

—, Das deutsche Suffix *-(i)tät*, in: NPhM 68 (1967) 242 ff. Mit einem Nachtrag in: NPhM 72 (1971) 540.

ÖLINGER, A.: Die deutsche Grammatik, hg. v. W. SCHEEL, Halle 1897.

OLSCHANSKY, H.: Volksetymologie (Germanistische Linguistik 175), Tübingen 1996.

OLSEN, S.: Konversion als ein kombinatorischer Wortbildungsprozeß, in: LBer.127 (1990) 185 ff.

—, Über Präfix- und Partikelverbsysteme, in: Wortbildung. Theorie und Anwendung, hg. v. A. ŠIMEČKOVÁ u. M. VACHKOVÁ, Prag 1997, 111 ff.

—, Wortbildung im Deutschen. Eine Einführung in die Theorie der Wortstruktur, Stuttgart 1986 (hierzu BNF 22, 1987, 195 ff.).

OHNHEISER, I.: Zu neueren Ergebnissen in der sowjetischen Wortbildungsforschung, in: LAB 12, Leipzig 1975, 95 ff.

—, Zu theoretischen Problemen der Wortbildung und zur konfrontierenden Untersuchung von Wortbildungssystemen verschiedener Sprachen, in: LAB 22, Leipzig 1979, 2 ff.

ORTEGA Y GASSET, J.: Der Mensch und die Leute, Stuttgart 1957.

ORTNER, H.: Neuere Literatur zur Wortbildung, in: DS 12 (1984) 141 ff.

ORTNER, H. u. ORTNER, L.: Zur Theorie und Praxis der Kompositaforschung, Tübingen 1984.

ORTNER, L.: Zur angemessenen Berücksichtigung der Semantik im Bereich der deutschen Kompositaforschung, in: Wortbildung und Phraseologie, hg. v. R. WIMMER u. F. J. BERENS, Tübingen 1997, 25 ff.

PARASCHKEWOFF, B.: Zur Entstehungs- und Entwicklungsgeschichte der Bildungen auf *-weise* (Teil 1), in: PBB 97 (Halle 1976) 165 ff.

PAUL, H.: Über die Aufgaben der Wortbildung, in: SB der philos.-philolog. u. hist. Classe der k. b. Akad. d. Wiss. zu München, Jg. 1896, München 1897, 692 ff. (Neudr. in: Wortbildung, hg. v. L. LIPKA u. H. GÜNTHER, 17 ff.).

—, Deutsche Grammatik, Bd. 5, Halle (Saale) 1920.

—, Prinzipien der Sprachgeschichte, Tübingen ⁸1970.

PAVLOV, Vl. M.: Die Form-Funktion-Beziehungen in der deutschen substantivischen Zusammensetzung als Gegenstand der systemorientierten Sprachgeschichtsforschung, in: Sprachgeschichte des Neuhochdeutschen, hg. v. A. GARDT, K.J. MATTHEIER u. O. REICHMANN, Tübingen 1995, 103 ff.

—, Die substantivische Zusammensetzung im Deutschen als syntaktisches Problem, München 1972.

PENNANEN, E.: Current Views of Word-Formation, in: NPhM 73 (1972) 292 ff.

PILHAK, L.: Das Adjektiv in den Dichtungen G. TRAKLS, masch.-schriftl. Diss. Innsbruck 1975.

PLANK, F.: Morphologische (Ir-)Regularitäten, Tübingen 1981.

POLENZ, P. von: Funktionsverben im heutigen Deutsch, Düsseldorf 1963.

—, Neue Ziele und Methoden der Wortbildungslehre, in: PBB 94 (Tübingen 1972) 204 ff. u. 398 ff.

—, Zur Quellenwahl für Dokumentation und Erforschung der deutschen Sprache der Gegenwart, in: Satz und Wort im heutigen Deutsch (= SdG 1), Düsseldorf 1967, 363 ff.

—, Wortbildung, in: LGL, hg. v. H. P. ALTHAUS u. H. HENNE und H. E. WIEGAND, Tübingen ²1980, Bd. I, 169 ff.

—, Wortbildung als Wortsoziologie, in: Wortgeographie und Gesellschaft, hg. v. W. MITZKA, Berlin 1968, 10 ff.

POLHEIM, K. K.: Studien zu Friedrich Schlegels poetischen Begriffen, in: Friedrich Schlegel und die Kunsttheorie seiner Zeit, Darmstadt 1985, 278 ff.

POLLAK, H.: Zu H. Eggers' Wortbildungstheorie, in: PBB 97 (Tübingen 1975) 440 ff.

PORSCH, P.: Zum System der wichtigsten Wortbildungsarten der deutschen Gegenwartssprache, in: DaF 14 (1977) 208 ff.

PORZIG, W.: Das Wunder der Sprache, Tübingen ⁸1986.

PRELL, H.-P.: Die Ableitung von Verben aus Substantiven in biblischen und nichtbiblischen Texten des Frühneuhochdeutschen, Frankfurt a. M.—Bern—New York—Paris 1991.

PRELL, H.-P. u. SCHEBBEN-SCHMIDT M.: Die Verbableitung im Frühneuhochdeutschen, Berlin—New York 1996.

RAJNIK, E.: Zum Bestand und zur Struktur der Zusammenbildungen im Deutschen, in: Studia Germanica Posnaniensia 3 (1974) 87 ff.

REIFFENSTEIN, I.: Endungszusammenfall (Suffixsynkretismus) in diachroner und synchroner Sicht, in: Sprache. Gegenwart und Geschichte (= SdG 5), Düsseldorf 1969, 171 ff.

REINHARDT, W.: Zur Rolle der Wortbildungslehre im fachsprachlichen Unterricht, in: DaF 11 (1974) 56 ff.

REIS, M.: Gegen die Kompositionstheorie der Affigierung, in: ZS 2 (1983) 110 ff.

—, Hermann Paul, in: PBB 100 (Tübingen 1978) 159 ff.

RHEE, F. VAN DER: Die germanischen Wörter in den langobardischen Gesetzen, Diss. Utrecht — Druck Rotterdam 1970.

RICKHEIT, M.: Wortbildung. Grundlagen einer kognitiven Wortsemantik, Opladen 1993.

ROGALLA, H. u. W.: Zur Wortbildung in wissenschaftlichen Texten, in: ZD 4 (1976) 21 ff.

ROHRER, Ch.: Die Wortzusammensetzung im modernen Französisch, Diss. Tübingen 1967.

RONCA, D.: Morphologie und Semantik deutscher Adverbialbildungen. Diss. Bonn 1975.

ROSENGREN, I.: Ein Frequenzwörterbuch der deutschen Zeitungssprache, Lund 1972—1977.

RUF, B.: Augmentativbildungen mit Lehnpräfixen. Eine Untersuchung zur Wortbildung der deutschen Gegenwartssprache, Heidelberg 1996.

RUOFF, A.: Häufigkeitswörterbuch gesprochener Sprache, Tübingen 1981.

RUSS, Ch. V. J.: The foreign element in German derivational morphology: the adjectival suffixes, in: Foreign influences on German, ed. by Ch. V. J. Russ, Dundee 1984, 27 ff.

SANDBERG, B.: Die neutrale -(e)n-Ableitung der deutschen Gegenwartssprache, Malmö 1976.

SAUSSURE, F. de: Grundfragen der allgemeinen Sprachwissenschaft, Berlin ²1967.

SCHAEFER, Chr.: Zur semantischen Klassifizierung germanischer denominaler ō-Verben, in: Sprachw. 9 (1984) 356 ff.

SCHEBBEN-SCHMIDT, M.: Deadjektivische Verbbildungen mit dem Suffix -ieren im Frühneuhochdeutschen, in: Werkstattbericht, 33 ff.

SCHIRMUNSKI, V. M.: Deutsche Mundartkunde, Berlin 1962.

SCHLAEFER, M.: Die Adjektive auf *-isch* in der deutschen Gegenwartssprache, Heidelberg 1977.

SCHLERATH, B.: Rezension von C.-P. HERBERMANN: Wort, Basis, Lexem, 1981, in: BNF 18 (1983) 195 ff.

SCHMIDT, G. D.: Das Kombinem, in: Deutsche Lehnwortbildung, hg. v. G. HOPPE, A. KIRKNESS u. a., Tübingen 1987, 37 ff.

—, *Roll-in*, in: DS 7 (1979) 160 ff.

SCHMITT, Chr.: Affinitäten und Konvergenzen in der Entwicklung westeuropäischer Sprachen. Für eine soziokulturell ausgerichtete Wortbildungslehre der romanischen Nationalsprachen und des Deutschen, in: Sprachgeschichte des Neuhochdeutschen, hg. v. A. GARDT, K. J. MATTHEIER u. O. REICHMANN, Tübingen 1995, 413 ff.

SCHNERRER, R.: Funktionen des Wortbildungsmorphems *un-* in der deutschen Gegenwartssprache, in: BES 2 (1982) 22 ff.

SCHONEBOHM, M.: Wortbildung, Text und Pragmatik, Lund 1979.

SCHOTTELIUS, J. G.: Ausführliche Arbeit von der Teutschen Haubt-Sprache, hg. v. W. HECHT, Tübingen 1967.

SCHRÖBLER, I.: Langobardisch-deutsches Glossar, in: Die Gesetze der Langobarden, bearb. v. F. BEYERLE, Weimar 1947, 497 ff.

SCHRÖDER, M.: Überlegungen zur textorientierten Wortbildungsforschung, in: Textbezogene Nominationsforschung (= LSt.A 123), Berlin 1985, 69 ff.

SCHÜTZEICHEL, R.: Imperativsätze als Derivationsbasen, in: FS f. K. HYLDGAARD-JENSEN, Kopenhagen 1987, 238 ff.

SCHULZE, W.: Sprachwissenschaft, in: Vom Altertum zur Gegenwart, Leipzig—Berlin ²1921, 138 ff.

SCHWANZER, V.: Zur Wortbildung im Deutschen, Russischen und Slowakischen, in: Orbis 16 (1967) 417 ff.

SCHWARZ, H.: Präfixbildungen im deutschen Abrogans, Göppingen 1986.

SEEBOLD, E.: Diminutivformen in den deutschen Dialekten, in: Dialektologie, hg. v. W. Besch, U. Knoop, W. Putschke, H. E. Wiegand, 2. Halbband, Berlin—New York 1983, 1250 ff.

—, Etymologie, München 1981.

—, Vergleichendes und etymologisches Wörterbuch der germanischen starken Verben, The Hague—Paris 1970.

SEIBICKE, W.: Wörter auf *-mäßig*, in: Mu 1963, 33 ff. u. 73 ff.

SEIDELMANN, E.: Ausdruck- und inhaltbezogene Wortbildungslehre. Grundzüge eines funktionalen Modells, in: ZDL 46 (1979) 149 ff.

—, Zur Geschichte und Geographie der Kollektivbildungen im Bairisch-Österreichischen, in: Mundart und Geschichte, FS f. E. KRANZMAYER, hg. v. M. HORNUNG, Wien 1967, 111 ff.

SEPPÄNEN, L.: Zur Beziehung zwischen Satz (Wortgruppe) und Kompositum bei GRIMM, PAUL und BRUGMANN, in: NPhM 78 (1977), 126 ff.

SEYMOUR, R. K.: A Bibliography of Word Formation in the Germanic Languages, Durham 1968.

SIMMLER, F.: Morphologie des Deutschen (Germanistische Lehrbuchsammlung 4), Berlin 1998.

SKALICKÁ, C.: Slawische Entlehnungen in der Wortbildung der deutschen Gegenwartssprache, in: PBB 98 (Halle 1977) 146 ff.

SOEFFNER, H.-G.: Linguistische Datenverarbeitung und Dynamisierung von Analyseprozessen. Ein Beitrag zur morphologischen Struktur deutscher Wörter, in: Studien zur Morphologie des Deutschen (= Forschungsberichte des Instituts für Kommunikationsforschung und Phonetik der Universtität Bonn 43), Hamburg 1972, 12 ff.

SOLMS, H.-J.: Frühneuhochdeutsche präfixale Wortbildung und die Umstrukturierung des Lexikons, in: Werkstattbericht, 21 ff.

SONDEREGGER, St.: Grundzüge deutscher Sprachgeschichte, Bd. I, Berlin—New York 1979.

SPLETT, J.: Wortbildung des Althochdeutschen, in: Sprachgeschichte, 2. Halbbd., 1043 ff.

Sprachgeschichte, hg. v. W. BESCH, O. REICHMANN u. St. SONDEREGGER, 2 Halbbde., Berlin—New York 1984 u. 1985.

SPYCHER, P. C.: Die Struktur der Adjektive und *-ig* auf *-lich* in der deutschen Schriftsprache der Gegenwart, in: Orbis 4 (1955) 74 ff. u. 6 (1957) 410 ff.

STACKMANN, K.: Über das Wörterbuch der Brüder Grimm, in: Jacob und Wilhelm Grimm. Vorträge und Ansprachen [...], Göttingen 1986, 7 ff.

STECHE, Th.: Neue Wege zum reinen Deutsch, Breslau 1925.

STEIN, G.: Primäre und sekundäre Adjektive im Französischen und Englischen, Tübingen 1971

—, Zur Typologie der Suffixentstehung, in: IF 75 (1970) 131 ff.

STEINITZ, R.: Lexikalisches Wissen und die Struktur von Lexikon-Einträgen, in: Untersuchungen zur deutschen Grammatik III (= LSt. A 116), Berlin 1984, 1 ff.

STEPANOVA, M. D.: Die Zusammensetzung und die „innere Valenz" des Wortes, in: DaF 4 (1967) 335 ff.

STERN, C. u. W.: Die Kindersprache, Leipzig 1928.

STÖTZEL, G.: Ausdrucksseite und Inhaltsseite der Sprache, München 1970.

STRICKER, St.: Zu Ellipsen von Wortbestandteilen bei Johann Wolfgang von Goethe, in: Sprachw. 21 (1996) 37 ff.

SUGAREWA, T.: Adjektivderivate zu Eigennamen, in: PBB 94 (Halle 1974) 199 ff.

—, Zu den Wortbildungstypen *breitkrempig, zielstrebig, langgeschwänzt,* in: PBB 93 (Halle 1972) 259 ff.

TAKADA, H.: Grammatik und Sprachwirklichkeit von 1640—1700 (Germanistische Linguistik 203), Tübingen 1998.

TANCRÉ, I.: Transformationelle Analyse von Abstraktkomposita, Tübingen 1975.

TELLENBACH, E.: Neuhochdeutsche und neuniederländische Bildungen mit dem Präfix *ver-*, in: PBB 96 (Halle 1976) 5 ff.

THIEL, G.: Die semantischen Beziehungen in den Substantivkomposita der deutschen Gegenwartssprache, in: Mu 83 (1973) 377 ff.

TIEFENBACH, H.: *Gelīmidā*, in: Frühmittelalterliche Studien, hg. v. K. HAUCK, Bd. 4, Berlin 1970, 395 ff.

—, *Fischfang* und *Rauchfang*. Zum Problem der deverbalen Rückbildungen, in: Sprachw.9 (1984) 1 ff.

TOBLER, L.: Über die Wortzusammensetzung nebst einem Anhang über die verstärkenden Zusammensetzungen, Berlin 1868.

TOMPA, J.: Ungarische Grammatik, The Hague—Paris 1968.

UNGEHEUER, G.: Sprache und Kommunikation, Hamburg ²1972.

UNGER, Th. u. KHULL, F.: Steirischer Wortschatz, Graz 1903.

URBANIAK, G.: Adjektive auf *-voll*, Heidelberg 1983.

VERMEER, H. J.: Allgemeine Sprachwissenschaft, Freiburg 1972.

VIEREGGE, W.: Zum Gebrauch von Kurzwörtern im Neuhochdeutschen, in: Sprachw.8 (1983) 207 ff.

VOETZ, L.: Komposita auf *-man* im Althochdeutschen, Altsächsischen und Altniederfränkischen, Heidelberg 1977.

VÖGEDING, J.: Das Halbsuffix *-frei*, Tübingen 1981.

VOGEL, P.M.: Wortarten und Wortartenwechsel. Zu Konversion und verwandten Erscheinungen (Studia linguistica Germanica 39), Berlin—New York 1996.

WACKERNAGEL, J.: Genetiv und Adjektiv, in: Mélanges de Linguistique, FS f. F. DE SAUSSURE, Paris 1908, 145 ff.

WANDRUSZKA, M.: Deutsch im Übersetzungsvergleich, in: Sprachsystem und Sprachgebrauch, FS f. H. MOSER (= SdG 33), Düsseldorf 1974, 308 ff.

WEGERA, K.-P.: Wortbildung des Frühneuhochdeutschen, in: Sprachgeschichte, 2. Halbbd., 1348 ff.

WEINREICH, O.: Die Suffixablösung bei den Nomina agentis während der althochdeutschen Periode, Berlin 1971.

WEISGERBER, L.: Zum Sinnbezirk des Geschehens im heutigen Deutsch, in: FS f. J. TRIER, hg. v. W. FOERSTE u. K. H. BORCK, Köln—Graz 1964, 23 ff.

—, Vierstufige Wortbildungslehre, in: Mu 1964, 33 ff.

WEISS, W.: Die Verneinung mit *un-*, in: Mu 1960, 335 ff.

WELLMANN, H.: Fremdwörter des Lexikons oder systemgebundene Ableitungen? Über die Integration der Adjektive auf *-esk* (und *-oid*), in: Sprachsystem und Sprachgebrauch, hg. v. U. ENGEL u. P. GREBE (= SdG 34), T.2, Düsseldorf 1975, 409 ff.

—, Zur Problematik einer wissenschaftlichen Sprachpflege: Die „Ismen", in: Neue Beiträge zur dt. Grammatik, hg. v. U. ENGEL u. P. GREBE, Mannheim—Wien—Zürich 1969, 113 ff.

—, Kollektiva und Sammelwörter im Deutschen, Diss. Bonn 1969.

—, Substantiv, in: Dt. Wortbildung 2 (s.d.).

—, Die Substantivbildung mit *-er* und *-ling* im heutigen Deutsch, in: Germanistische Studien, hg. v. J. ERBEN u. E. THURNHER, Innsbruck 1969, 337 ff.

—, Verbbildung durch Suffixe, in: Dt. Wortbildung 1 (s.d.).

—, Die Wortbildung, in: Duden. Grammatik, Mannheim—Wien—Zürich ⁴1984, 386 ff. (⁶1998).

WELLMANN, H., REINDL, N., FAHRMAIER, A.: Zur morphologischen Regelung der Substantivkomposition im heutigen Deutsch, in: ZDPh 93 (1974) 358 ff.

Werkstattbericht: s. u. Zur Wortbildung des Frühneuhochdeutschen.

WERNER, A.: Blockierungsphänomene in der Wortbildung, in: PzL 52 (1995) 42 ff.

WERNER, O.: Die Substantiv-Suffixe *-es/-as* in den ostfränkischen Mundarten, in: ZfM 30 (1963/64) 227 ff.

WIESNER, J.: Das Wort *heit* im Umkreis althochdeutscher *persona*-Übersetzungen, in: PBB 90 (Halle 1968) 3 ff.

WILDGEN, W.: Dynamic aspects of nominal composition, in: Process linguistics, ed. by Th. T. BALLMER and W. WILDGEN, Tübingen 1987, 128 ff.

—, Makroprozesse bei der Verwendung nominaler Ad-hoc-Komposita im Deutschen, in: DS 10 (1982) 237 ff.

WILLEMS, K.: Tageshöchsttemperaturen, *Billigstflüge* und *Halbknaben*, in: DS 18 (1990) 52 ff.

WILMANNS, W.: Deutsche Grammatik, zweite Abteilung: Wortbildung, Berlin— Leipzig 1930 (= Neudr. der 2. Auflage).

WILLS, W.: *Nichteuropäische Nichtverfolgerstaaten*. Wortbildungserscheinungen mit „NICHT" in der deutschen Gegenwartssprache, in: Sprach-Report 1994, 3, 4 ff.

—, Wortbildungstendenzen in der deutschen Gegenwartssprache, Tübingen 1986.

—, Zusammensetzungen mit *„selbst"* in der deutschen Gegenwartssprache, in: Mu 107 (1997) 330 ff.

WINKLER, G.: Die Wortbildung mit *-lich* im Alt-, Mittel- und Frühneuhochdeutschen, Heidelberg 1995.

WISSEMANN, H.: Untersuchungen zur Onomatopoiie, Heidelberg 1954.

WOLF, N.: Beobachtungen zur Wortbildung Oswalds von Wolkenstein, in: Germanistische Studien, hg. v. J. ERBEN u. E. THURNHER, Innsbruck 1969, 93 ff.

WOLFRUM, G.: Studien zu ahd. *bî* und zur Problemgeschichte der Präpositionen, in: PBB 92 (Halle 1970) 237 ff.

WORSTBROCK, F. J.: Sophisten, Humanisten, Mediävisten und ihre Wortgenossen, in: Landesgeschichte und Geistesgeschichte, hg. v. K. ELM, E. GÖNNER u. E. HILLENBRAND, Stuttgart 1977, 245 ff.

Wortbildung, hg. v. L. LIPKA u. H. GÜNTHER, Darmstadt 1981.

Deutsche Wortbildung. Typen und Tendenzen in der Gegenwartssprache. Eine Bestandsaufnahme des Instituts für deutsche Sprache, Forschungsstelle Innsbruck:
1. Hauptteil: I. KÜHNHOLD u. H. WELLMANN: Das Verb, mit einer Einführung von J. ERBEN (= SdG 29), Düsseldorf 1973.
2. Hauptteil: H. WELLMANN: Das Substantiv (= SdG 32), Düsseldorf 1975.
3. Hauptteil: I. KÜHNHOLD — O. PUTZER — H. WELLMANN: Das Adjektiv (= SdG 43), Düsseldorf 1978.
4. Hauptteil: L. ORTNER u. E. MÜLLER-BOLLHAGEN: Substantivkomposita (= SdG 79), Berlin—New York 1991.
5. Hauptteil: M. PÜMPEL-MADER—E. GASSNER-KOCH—H. WELLMANN: Adjektivkomposita und Partizipalbildungen (= SdG 80), Berlin—New York 1992.
Morphem- und Sachregister zu bd. I—III (= SdG 62), I. KÜHNHOLD u. H.-P. PRELL, Düsseldorf 1984.

Zur Wortbildung des Frühneuhochdeutschen. Ein Werkstattbericht, hg. v. H. MOSER u. N. R. WOLF, Innsbruck 1989.

Wörterbuch der deutschen Gegenwartssprache, hg. v. R. KLAPPENBACH u. W. STEINITZ, 6 Bde., Berlin 1961—1977.

WUNDERLICH, D.: Probleme der Wortstruktur, in: ZfS 5 (1986) 209 ff.

ŽEPIĆ, S.: Morphologie und Semantik der deutschen Nominalkomposita, Zagreb 1970.

ZIMMERMANN, I.: Die Argumentstruktur lexikalischer Einheiten und ihre Veränderung in Wortformenbildung, Derivation und Kompositon, in: Das Lexikon als autonome Komponente der Grammatik (= LSt.A 163), Berlin 1987, 85 ff.

ZUTT, H.: Bedeutungsdifferenzierung durch Präfigierung in den Übersetzungen Notkers des Deutschen, in: Litterae medii aevi, hg. v. M. BORGOLTE, Sigmaringen 1988, 93 ff.

—, Wortbildung des Mittelhochdeutschen, in: Sprachgeschichte, 2. Halbbd., 1159 ff.

Sachregister

Die Zahlen verweisen auf die Abschnitte, nach A. auf die Anmerkungen (in Teil I, II, III und IV).

Wort- bzw. Morphemregister

Die Zahlen verweisen auf die Abschnitte, nach A. auf die Anmerkungen (in Teil I, II, III u. IV).

a- 152, A. IIIA Anm. 1 zur Tabelle S. 103
    a-(moralisch), an-(organisch) 155
ab- 111
    (perf.) *ab-blühen, -messen* 121, 191
    (priv.) *ab(-stiel-en)* 192
-abel/ibel 137, 152
    akzept-abel, dispon-ibel 164, *transport-abel* A. II 57
Abstech-er 145
° *Affen-(hitze)* 131
After-(weisheit) 128
-al/ell 137, 152, A. II 51
    epoch-, ide-, instrument-, katastroph-, koloss-, region-, triumph-al; direktor-, territor-ial; konstitution-, maschin-, person-, punktu-, sensation-, tradition-ell; minister-iell 184
Alt-(Bundespräsident) 77, 128
an- 111
    (Beginn) *an-brennen* 33, *-fahren* 121, *-schneiden* 121
    (Kontakt) *an-bellen* 122, *-lügen* 122
    (Zielzustand: BA) *an-feuchten* 51
    verdeutlichend vor *be-* : *an-be-raum-en* 79
-an
    moment-an 184
-and
    (Konfirm-)and 134
-ant/ent (mask.) 134, 137
    Sympathis-ant, Produz-ent, Denunz-iant, Inspiz-ient 138
-ant/ent (adj.) 152, A. IIIA 132
    charm-ant, turbul-ent 184
anti- 128, 152, 155, A. IIIA 96
    Anti-faschist(isch) 157

-ar
    line-, pol-, pupill-ar 184
-är (mask.)
    (Revolution-)är 134
-är (adj.)
    budget-, famili-, parasit-, revolution-, station-är 184
-āri(us) 211, 213, 215, 216; s. u. *-er*
-arm
    (fett-)arm 172
-artig 172
    trauben-artig 172
    (balladen-)artig 184
Astro-naut 29
-at
    (Präpar-)at 134
-(at)ion 134, 137, 138
    Generalis-ation/-ierung 137
    Exekut-ion, Funkt-ion u. a. 138
    -ion-s 96
-(at)or 134
    Gloss-ator/-ier-er 137
auf- 111, 191
    (Aufwärtsbewegung) *auf-wachsen* 51, *auf-er-stehen* 79, 124, 191
    (Öffnen) *auf-schnüren* 119
    (Beginn: ‚los') *auf-dröhnen, -glimmen* 121
    (Hinüberführen in einen neuen Zustand) *auf-bügeln* 119
auf-einandertreffen 44
aus- 111
    (priv.) *aus(-gräte-n)* 192, *aus-ver-kaufen* 79
    aus-blühen 191